數位時代網路治理

Internet Governance
in Digital Genesis

◎作者─ **黃葳威**

郭　序

　　葳威是學有專精的傳播學院教授，也是一位認真學習的 EMBA 學生，更是一位推動網路安全「白絲帶關懷協會」的志工。她結合理論與實務，寫出這本數位時代下的警世之作。

　　世界改變很快，尤其數位科技的進步，造成了許多商業及服務創新，但是在社會面、文化面及法律面，通常是來不及跟上科技與商業的變革。例如當網路興起後，人類更方便使用各種媒介傳播訊息，帶來的各種新興商業模式已是大家耳熟能詳。

　　但在這同時，大部分人卻很少注意到傳統秩序正在被瓦解，網路上各類真真假假的訊息不僅影響教育、社會、政治，發展中的青少年缺乏足夠的判斷力，可能受到的影響更是深遠。

　　如同書中所言，白絲帶關懷協會針對小學三年級至高中三年級的青少兒學生調查發現，台灣青少兒學生網路社群參與比例大幅增加，由五年前的一成七遽增為五成九以上，將近六成的八歲至十八歲在學學生加入網路社群。青少兒上網動機，主要為聽音樂、使用部落格、看影片，且各接近七成；其次才是玩線上遊戲。

　　青少兒常用電子產品，以可上網的電腦、智慧型手機為主，其次為數位電視、平板電腦，再者為 MP3 / MP4、不能上網的手機及電動遊樂器等。青少兒參與的網路社群以「娛樂流行」類型占最多數，其次依序為「親友學校」。家長以為自己有正確引導孩子的網安教育，與孩子的認知有相當大的差距；孩子僅 40.7%認為可以保護自己與防範陌生網友，與家長認知（89.5%）差距亦大。兒少的入口網站觀察，已出現社群網站當道的現象。

因此，不管是教育工作者或是身為父母，我們應該要用更大的心力來關注這個現象。

在本書中，葳威將內容分成兩大部分，機會篇及關懷篇。機會篇包含了社區文化、社群媒體及生態學習。關懷篇探討了網路霸凌、遊戲沉迷與情緒管理、網路分級過濾、企業社會責任。這其中關懷篇直指當前網路所產生的挑戰，更是需要更多的社會價值重建及管理。

本書的撰寫偏向學術文章的嚴謹性，除了有理論及文獻引述，更加上作者的大量調查報告及個案探討，因此更具可讀性及公信力。看完這本書，我們在擁抱科技的便利同時，更應努力讓兒少擁有免於恐懼的自由（FREE）：

1. F（Filter）：分辨內容及善用過濾軟體。
2. R（Regulation）：業者自律、校園傳遞上網安全規範。
3. E（Education）：各級學校與機構加強預防教育。
4. E（Esteem）：使用者互重且設定溝通分寸與界線。

台灣大學管理學院院長兼副校長

郭瑞祥　謹誌

2018 年 8 月

林　序

　　《數位時代網路治理》是黃葳威教授十幾年來對台灣社會在網路科技急速發展與衝擊下，對兒少青年在環境鉅變下生活與學習的關懷、觀察，以及她長期以來針對網路世代的教育與社會投入的行動實踐紀錄以及知識整理。

　　本書從科技社會發展的層面看閱聽權益、社區文化與社群媒體的變動與形成，再針對社會中最需要關懷的兒少青年，分析歸納學習的生態與網絡，並深入探討之中所衍生的霸凌以及沉迷問題，最後從具體的分級過濾的策略與措施，帶出社會責任的省思。

　　本書相關國際資料的收集、研究結果的報告，對社會問題的剖析、討論以及因應策略的提出，對家長、教師、傳播與教育的研究者，以至於所有關懷科技對世代影響的社會大眾，都是很值得閱讀與參考的書籍。

　　黃葳威教授長期關懷數位落差以及數位安全的議題，二十年來投入在資訊社會行動研究，對於資訊素養教育的推廣更是不遺餘力，成立政治大學數位文化行動研究室，帶領「中華白絲帶關懷協會」（前身為白絲帶工作站），以世代的角度，持續觀察台灣青少兒資訊的使用，掌握青少兒資訊行為的變化與發展，從實證研究的資料看見資訊素養教育的缺口與需要，並確實的投入在基層每一個環節的資訊教育推動上，依據理論與實務的成果，極力呼籲政府、學界、業界重視資訊安全，關懷青少兒的資訊生活與環境。

　　我與葳威教授相識逾二十年，對她長期投入網路兒少青年關懷的心力與行動，非常的敬佩，也從這本書看到她在專業知識上的不斷更新，觀察

實踐後的深入省思以及對世代教育的期待與想像。

　　這本書的發行，讓在網路世代中我們，能因著對數位時代網路治理的瞭解，更有智慧的帶領與陪伴我們的下一代，讓他們在網路世代中，善用科技不迷惘，成為成功的數位時代的網路治理者。

國立清華大學教育學院院長

林紀慧　謹誌

2018 年 8 月 1 日

自序：數位文化治理實踐

數位時代網路治理，是維護數位文化的治理實踐。

一九九九年因著軍史館命案，社工人員關心當時在軍史館服役的大專兵，性侵且殺害一位在館內查資料的景美女中高中生，其服役過程沒有明確生活目標，花大量時間上網且只看色情網站，行為失控犯下這個震驚社會的命案！社工人員問當時在政大廣電系接系所行政職務的我，傳播教師可以做些什麼？

我們結合關心的家長及學者專家，定期開會討論，於是成立「白絲帶工作站」的平台，並在政大公企中心設立數位文化行動研究室，經由全台青少兒網路使用調查，針對數位科技新興議題，製作微電影教案，舉辦公開記者會，呼籲政府立法關注資訊社會兒少權益，推動種子師資訓練，傳遞善用科技、遠離危機的預防教育。

二〇〇八年應邀隨隊前往以色列耶路撒冷參加萬國祈禱大會，聆聽各國代表分享不同職場的挑戰與轉化，當時一些中東學者解讀絲綢之路、香料之路、黃金之路等三條大路，通往耶路撒冷的意義與影響。說明七大職場對社會環境轉化的重要。

回台灣不久，原本的擔任志工的我，陸續接獲媒體、網路公司邀請一起透過白絲帶製播的微電影，在國小有系統地推展網路安全教育，並獲得政大校長的支持，在公企中心研究室設置白絲帶家庭網安熱線，提供社區網安諮詢服務。

直到二〇一〇年初將工作站轉型為白絲帶關懷協會。四月起承接行政院 WIN 網路單 e 窗口計畫辦公室，二〇一三年轉型為 iWIN 網路內容防護

機構。

　　早年在德州大學廣播電視電影所博士論文及博士後研究，關注媒體科技對於新移民的跨文化適應，回台任教期間適逢廣播、有線電視、數位電視、新媒體開放，研究取向從廣電媒體閱聽人、弱勢族群媒體使用、到數位科技使用者分析及社會影響。

　　承接行政院計畫辦公室的七年過程，需統整跨部會的立場與思維，進行政策研擬及推展、議題溝通行銷與危機應變、新媒體自律和社區行動實踐等。這些紛忙但豐富的經歷，拓展了自己對研究議題的視野，每年都要接觸政策治理、國際合作交流、企業社會責任議題、校園社區教育行動、內容創意與規劃製播等。

　　《數位時代網路治理》繼《數位傳播與資訊文化》、《數位時代資訊素養》後，以承接行政院計畫辦公室期間，所紮實經歷的政策研擬、跨部會執行力、數位機會與挑戰等為基礎，檢視為何公權力不足？企業社會責任有限？閱聽人何去何從？以及資訊科技的問世，是否也在網路閱聽選擇的指尖，形成所謂「真理政權」？

　　本書共分為「機會篇」、「關懷篇」兩部分。「機會篇」涵蓋數位時代部落文化傳承、社群媒體創新服務、無所不在的數位學習等。「關懷篇」從跨越挑戰出發，檢視網路霸凌、網路沉迷、過濾軟體、社會責任等行動實踐。

　　感謝郭副校長、紀慧院長的支持與鼓勵，育敏委員、宛如委員、李斌總經理、心慈主任、胡董事長、洪營運長、徐局長、陳副校長、陳秘書長、張董事長、鄭董事長、謝副院長的推薦。謝謝家人長期對我投入白絲帶的支持相伴，揚智編輯群、校對林捷安先生的協助，本書始得完稿，在此一併致謝。

黃葳威　謹誌

於 2018 年盛夏

目　錄

第一章

數位時代閱聽權益

壹、前言

　　一九八九年三月十三日，全球互聯網誕生於日內瓦的核子研究中心。

　　二〇一〇年三月十三日當天，兩岸三地關心青少兒上網安全的媒體主播與中華白絲帶關懷協會，發起「313 華人網安行動」，透過視訊連線，一起為三地青少兒上網安全發聲。

　　網路快速成長，沒有人能夠預期往後的變革。從商業網路、學術網路到網咖，網路世界百家爭鳴。

　　二〇一八年網路安全日在二月六日，英國網路安全中心設定的主題是「創造，聯結及分享尊重：美好網路從你開始」（Create, connect and share respect: A better internet starts with you）。

　　網路安全日自一九九六年在歐洲發起，陸續經由歐盟委員會和國家互聯網安全中心在歐洲各國推動，並結合 Insafe / INHOPE 等非政府組織，至今在全球有一百多個國家響應，目的在呼應全球公民善用網路與手機，成為負責任的數位公民，營造數位公民社會。

　　二〇〇四年，歐盟執行委員會在網路安全計畫架構下成立 INSAFE，主要工作在於提升大眾對於網路功能、線上危險及危機處理的意識，並向兒少、父母、學校、政策制訂者及大眾媒體等宣導網路安全相關議題。

　　INSAFE 在二〇〇四年訂定「網路安全日」（Safer Internet Day），每年二月第二周的星期二，藉由各項活動，提升大眾對網路安全議題的意識，促進使用網路安全，並打擊網路違法及有害資訊與行為，也鼓勵兒少參與活動與比賽，思考網路帶來的正負面價值。二〇一四年已有逾一百個國家加入及響應網路安全日。

　　INSAFE 每年訂下一個年度主題並拍攝宣導短片，依序如下：

- 2008——數位生活，自己決定！
- 2009——拒絕網路霸凌！
- 2010——張貼前想一想！
- 2011——數位人生，網路不是遊戲，是你的生活！
- 2012——世代連結，一同「安全地」探索數位世界！
- 2013——網路有禮，拒絕霸凌。
- 2014——共創更好的網路世界。
- 2015——共創更好的網路世界。
- 2016——盡己之力，共創美好網路空間。
- 2017——變革，攜手共創美好網路
- 2018——創造，聯結及分享尊重：美好網路從你開始

　　英國二〇一六年公布調查發現，十六歲以下兒少花在網路上的時間首次超過觀看電視的時間。Childwise 研究報告發現，五至十五歲的兒童平均一天要花三小時在網路上，而相較於看電視花的二點一小時，兒童在電視前的時間自二〇〇〇年至二〇〇一年的每天三小時，減少至二〇一五年的二點三小時，可見兒童看電視的時間在穩定減少中；但是在網路上的時間卻在急遽提升，比二〇一五年兩小時增加百分之五十。

　　與兒童閱讀書刊的時間相比，已從二〇一二年平均一天一小時，減少到二〇一六年平均閱讀時間僅剩半小時。

　　這個從兩千多個兒童做調查的研究報告，其實並沒有區分出網路上類電視的服務，例如 Netflix、iPlayer 以及在 Facebook 上各式瀏覽行為，這表示其實我們並不清楚兒童是否只是使用不同管道來收看節目。

　　然而報告顯示，YouTube 已經「占據孩子生活的中心」，大約有一半的孩子每天都會進入該網，而幾乎所有孩子都會偶爾使用 YouTube。

　　最多孩子（58％）使用 YouTube 來聽音樂頻道，其次近半數是觀看有趣內容的影片，第三多則是觀看遊戲相關內容、影片部落格、電視節目

以及教學影片等。

　　Childwise 的調查結果大致都與英國電信監理機構（Ofcom）的結果相符，二〇一五年夏天公布調查指出，孩童在電視機前的平均時間下降至兩小時以內，因為他們轉而使用網路服務。孩子花較少時間看電視的原因是他們轉向了網路媒體。

　　Childwise 調查單位形容：這是由設備間「電視內容模糊」造成的「具里程碑意義的行為變化」。

　　無獨有偶，台灣也已經出現青少兒使用網路或手機，較不常看電視的現象。中華白絲帶關懷協會與政大數位文化行動研究室，發表「數位世代上網安全十年觀察報告」，發現台灣八歲至十八歲青少兒學生每周看電視四十八小時、每周上網五十二小時、每周使用手機五十三小時，可見年輕世代對電子 3C 產品的依賴程度。台灣青少兒上網動機以聽音樂、瀏覽影片、玩線上遊戲居前三名。

　　這項數位世代長期觀察調查全國二十二縣市 13,655 名國小三年級到高三的學生，分析顯示：在家不用智慧型手機的人，在數位智財權、網路謠言分辨、上網時間管理知能較佳。在家使用智慧型手機的人，「我在網路上不要給別人自己的個人資料」的得分較高、「網路對我的生活非常重要」的得分較高。在家不用平板電腦的人，對於「我發現網路聊天室沒有見過面的陌生網友，經常和他們描述的身分不一樣」得分較高；在家用平板電腦的人，「我不喜歡和不認識的陌生網友在聊天室聊天」的得分較高。

　　研究計畫建議，擁抱科技便利的同時，也應攜手讓兒少擁有免於恐懼的自由（FREE）。

1.F（Filter）：分辨內容及善用過濾軟體。

2.R（Regulation）：業者自律、校園傳遞上網安全規範。

3.E（Education）：各級學校與機構加強預防教育。

4.E（Esteem）：使用者互重且設定溝通分寸與界線。

　　法國結構主義批判學者傅科（Michel Foucault）關注知識所帶來的權力，而非知識的力量（the power in, rather than to the power of knowledge）。

　　賀依（David Couzens Hoy）認為，知識並非是優先於權力，也非獨立運用來取得權力；每個社會、每個時代都會有源自於權力關係的真理政權（a regime of truth）。真理政權未必是國家政權，可能來自於學術殿堂、階級意識、社團或企業等組織。

　　資訊科技的問世，是否也在網路閱聽選擇的指尖，形成所謂「真理政權」？

　　當代資訊經濟社會，數位落差成為最重要的公民權議題之一。探討數位落差的意涵，實質上則與接近使用（access）、內容、素養、教育及社群等議題相關（Carvin, 2000）。

　　數位落差（Digital Divide）也稱為數位差距或數位鴻溝，根據聯合國經濟合作暨發展組織（Organization for Economic Co-operation and Development, OECD）在二○○一年出版的《瞭解數位落差》（*Understanding the Digital Divide*）一書指出：數位落差係指存在於個人、家庭、組織以及地區，不同社經地位者使用資訊與通訊科技以及網際網路進行各種活動的機會所顯現的差距現象（OECD, 2001: 5）。

　　當網際網路成為素養的新地景，素養不僅是一種能力，還是一場數位文化品味的行動。電腦網路如同刀的兩刃，端賴如何選擇與使用。網路公民參與時代，資訊高速公路的路況需要網路公民協力守護。

　　素養是一種需要學習、內化於日常生活的能力。當人們談及網路利用時，資訊素養更顯得重要。資訊素養是數位落差問題的核心，為促使人們更有效率地使用科技，資訊文盲或缺乏資訊素養，乃成為一項最基本且亟待克服的課題。

　　學者吳明烈（2002）認為，欠缺使用電腦與網路等資訊科技的機會、缺乏應具備的資訊素養、欠缺興趣或排斥使用資訊科技等均是造成數位落

差的主因。

數位落差一般可從以下層面檢視（Norris, 2001；黃葳威，2004）：

1. 全球落差（global divide）：如已開發國家與開發中國家對於網路接近使用的差別（Norris, 2001），例如一些非洲、中亞國家資訊科技的分布，和台灣、日本、美加等已開發國家有所差別。

2. 社會落差（social divide）：不同國家社會中資訊豐富成員或團體，與資訊匱乏成員或團體的差距（Norris, 2001）。台灣部分偏遠或離島地區的網路分布密度，與台北都會地區可隨處上網的規劃也有差距。

3. 民主落差（democratic divide）：即使用或不使用數位資源而涉入、參與、或動員公共活動的人之間的差異（Norris, 2001）。一些政黨候選人針對網路族的需要，在網路上建置個人競選網站，提供網友參與討論，上網不方便者的參與程度與意願，可能受到限制。

4. 親子落差（黃葳威，2004）：同一家族成員，家長或監護人與子女（甚至孫子女）間對於資訊科技使用技能的差距。一般家庭年輕成員上網技能往往高於年長者，年長者不熟悉資訊科技新知，也可能因為彼此生活圈與視野關注有別，致使親子間的觀念、認知落差加劇。

5. 個人落差（黃葳威，2012）：最明顯的個人落差，未必是能否使用資訊科技，而是能否自主使用且不被資訊科技操控。時下備受關注的網路成癮現象，便是在資訊科技使用與否的時間調配、生活作息或生活規劃，產生失控！另一方面，懂得善用資訊科技便利性的人，卻可以從中達到學習、研究、娛樂、休閒等多重目的。

縮減落差意味著資訊公民社會的來臨。目前全球落差、社會落差、民主落差、親子落差等，皆可透過數位科技環境的建置與教育逐步改善；唯

獨個人落差，未必單單僅有硬體設施或軟體程式的需求，還涉及使用者的成長經歷、資訊選擇與判讀、自我管理等，牽涉層次相當個人化、細膩及繁瑣。

貳、網路治理發展

隨著網際網路的發展與普及，兒童少年在上網學習或休閒時，常有機會接觸到違法或是與其年齡不相當的資訊，英國、德國、義大利、澳洲、美國等國近年紛紛破獲大型兒童色情網站集團，逮捕數萬人，顯示出這個問題的嚴重性，也代表各國政府已採取必要行動來守護兒少上網安全（O'Briain, Borne & Noten, 2004）。

一般而言，先進國家對於網路治理採取低度管制（light touch）政策，多集結資訊科技產業、政策制定者、使用者等相關利益關係代表，形成溝通平台（圖 1-1）。

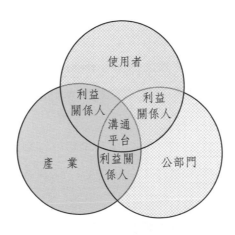

圖 1-1　網路治理關係圖

網路治理發展大致可分為以下三階段（黃葳威，2013）：

一、非法、有害內容階段

網站繁多紛雜，當中所夾雜的誤導或失真的資訊，往往形成不當的社會示範，足以影響兒少建立正確的認知（賴溪松、王明習、邱志傑，2003）。從一九九五、一九九六年開始，關於兒童上網的安全問題漸漸形成需要立法進行管制。歐盟一九九六年所提「網路上非法與有害內容」（illegal and harmful content on the internet），其中非法內容明顯為違反相關法律的內容，而有害內容的界定係以對身心健康造成負面影響為考量（黃葳威，2012；http://www.cordis.lu/en/home.html）。

歐盟除推動一項投資四千五百萬歐元、為期四年的計畫，用以保護兒童在上網時免受色情和種族主義資訊的傷害。歐盟也已經投資三千八百萬歐元，建立了一個「通報熱線」，以指導家長一旦發現不良資訊如何進行投訴。這項四年計畫將增加更多熱線電話、提供更好的過濾色情內容的技術，並促使家長和孩子提高警惕性（程慶華，2004）。

美國聯邦最高法院在一九九七年宣布「傳播端正法」違憲後，固然重視言論自由，但對於所謂「低價值言論」（law value speech）不受到憲法增修條文第一條表意自由條款保障；例如，煽惑他人犯罪之言論（advocacy of unlawful conduct）、挑釁之言論（fighting words）、誹謗性之言論（defamation），以及猥褻和色情之言論（obscenity and pornography）等範疇（葉慶元，1997）。

布希總統在二○○二年底簽署了一項關於在網際網路上建立一個新的兒童網站功能變數名稱的法案，以保護兒童在上網時免受色情或暴力等內容的侵擾。根據新法律，美國有關部門將建立專門針對十二歲以下的兒童網站，這個新的網站的功能變數名稱為"kids.us"。凡在此功能變數名稱上註冊的網站不能與其他外部網站相連接，其內容不包含任何有關性、暴

力、污穢言語及其他成人內容，但可以設立諸如聊天室等功能。

　　美國國會一直在為使兒童能夠在網際網路上遠離色情、暴力和其他成人內容而作努力。為了在學校和公共圖書館的電腦上保護兒童，美國國會在二〇〇〇年二月通過了《兒童網上保護法》。該法要求各學校和公共圖書館在二〇〇一年七月一日之前都要在公用電腦上安裝過濾軟體（經濟日報，2004）。

二、網路內容分級階段

　　有感於全球資訊網被濫用在兒童色情的散布或販賣，有心人士潛伏在網路世界，假借交友趁機對兒童少年伸出魔爪，確實對兒童少年上網安全產生威脅，因此形成 PICS 協定，達到分級效果。

　　爾後，在國際主要的網路與電信業者支持下，網路內容分級協會（Internet Content Rating Association, ICRA）設立，鼓勵網路內容提供者自我標籤，家長或網路使用者則可下載免費軟體，選擇適合孩子或自己的內容，以達到保護兒少免於接觸到有害資訊與尊重內容提供者言論自由之權利的二大目的。

　　教育部電算中心將中小學校園及社區公共網路系統類似不適合存取的網站，定義分為五大類：(1)色情；(2)賭博；(3)暴力；(4)毒品與藥物濫用；(5)其他。其定義說明如下（賴溪松、王明習、邱志傑，2003）：

　　由於這個機制非強制性，僅能依靠網路內容提供者之認同與自律，依照該會標準進行分級的網站還不夠顯著，要求使用者啟動分級軟體也是徒勞無功。因而在積極面如何宣導兒少上網安全益形重要。

　　台灣曾於二〇〇五年在民間團體的推動下成立網站分級機置，也因二〇一一年兒童及少年福利與權益保障法的修法，廢除台灣網站分級制度辦法，網站分級推廣基金會也因設置辦法廢除而解散。

　　二〇〇六年筆者代表台灣兒少非營利組織,出席在希臘雅典舉辦的聯合國第一屆網路治理論壇,與會各國代表關注安全性、多樣性、開放性、接近性四大主軸,兼顧兒少上網安全、平衡區域發展,並推動資訊科技產業的研發應用,形成各國產官學代表交流的課題。

三、網路公民參與階段

　　二〇〇八年間,台灣兒少、婦女民間團體與家長教師代表,透過記者會關心學童可以在網路上下載無碼的日本限制級遊戲軟體電車之狼(Rapelay),質疑政府放任網路不當資訊傳遞,沒有任何作為。二〇一〇年台灣正式啟動行政院跨部會推動網路不良內容通報的單一窗口計畫,自二〇一一年起正式委由社團法人中華白絲帶關懷協會承接,成立「WIN網路單e窗口」通報平台三年。

　　二〇一〇年五月至二〇一三年十二月間運作的「WIN 網路單 e 窗口」,主要工作項目包括:受理民眾申訴及通報網路不妥內容問題。有關網路不妥內容申訴案件類型及處理步驟如下:

　　申訴類型:明顯屬各機關職權者,態樣包括違反相關法令之舉發及政策建議。

　　處理步驟:經檢視後,發現有兒少不宜之網路內容,即進行相關事證保存及通知網路平台服務提供者,提醒其有無違反該平台使用者服務條款需處理,並請網路平台服務提供者將處理情形回覆單一窗口。同時,將申訴內容函轉各相關權責機關處理及回覆當事人,並副知單一窗口,例如屬刑事相關法規者函轉內政部警政署刑事警察局,事屬兒童及少年福利法者函轉內政部兒童局,如屬多機關管轄之業務,則分別函轉相關單位處理及回覆當事人,並副知單一窗口。

　　當時行政院跨部會的共識,係以「通知移除」(Notice and Take-down)

為 WIN 網路單 e 窗口的處理原則。

　　WIN 網路單 e 窗口邀集兒少婦女親師、公民團體、業者、媒體代表，組成網路內容諮詢委員會，定期針對申訴案件進行諮詢會議，作為審議參考。

　　二〇一三年依據兒童及少年福利與權益保障法第四十六條，委由民間成立網路安全防護機構，由中華白絲帶關懷協會經由公開招標程序辦理。

　　為防護兒童及少年避免接觸血腥、暴力、色情等網路內容，依兒童及少年福利與權益保障法（以下簡稱兒少法）第四十六條規定，由國家通訊傳播委員會召集教育部、內政部、文化部、經濟部及衛生福利部等目的事業主管機關，委由民間團體中華白絲帶關懷協會，於二〇一三年八月一日成立 iWIN 網路內容防護機構，進行兒童及少年使用網際網路行為觀察、申訴機制之建立及執行、內容分級制度之推動及檢討、過濾軟體之建立及推動、兒童及少年上網安全教育宣導、推動網際網路平台提供者建立自律機制與其他防護機制之建立及推動等工作。

參、網路公民申訴求助

一、涉及兒少相關法規案件類型與內容來源

　　根據統計，iWIN 網路內容防護機構於二〇一三年八月至二〇一六年七月申訴案量 34,008 件（請參考**圖 1-2**），涉及兒少身心健康之案件為 24,035 件，涉及非兒少身心健康之案件則有 5,410 件；其中涉及兒少身心健康之案件類型則以「色情猥褻」為最多（22,990 件），占兒少案件比例 95.65%；非涉及兒少身心健康之案件類型則以「網路詐欺（山寨機）」2,788 件為最多，占非兒少案件類型比例 51.53%。整體申訴人男性最多有 19,727 件，女性有 11,749 件，其餘有 2,534 件未知及 2 件團體申訴。

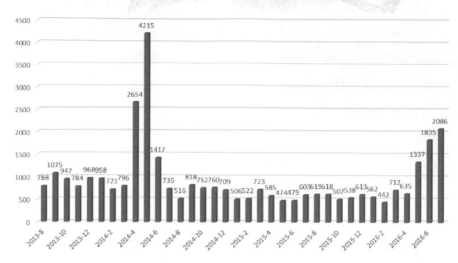

圖 1-2　iWIN 網路內容防護機構 2013 年 8 月至 2016 年 7 月接案量

　　涉及兒少相關法規申訴案件共 24,035 件，案件類型以「色情猥褻」22,990 件為最多，境外 IP 占多數有 18,836 件，境內 IP 有 5,170 件；網站內容來源以「入口網站」1,204 件最多；而無防護措施的網站以「個人 Blog」為最多，共計 1,204 件，有防護措施的網站以「影音網站」最多，共計 112 件。

表 1-1　涉及兒少相關法規案件類型與不當內容來源之對應表

不當內容來源	入口網站	社群網站	個人Blog	網路遊戲	影音網站	APP	其他	總計	比例
色情猥褻	9,917	6,466	2,586	42	3,940	20	19	22,990	95.79%
賭博	65	24	12	47	2	0	0	150	0.63%
毒品及藥物濫用	197	25	11	0	4	0	5	242	1.01%
暴力血腥及自殺	233	116	52	15	103	1	2	522	2.18%
不當揭露兒少個人資訊	61	29	2	0	4	0	0	96	0.40%
總案件數	10,473	6,660	2,663	104	4,053	21	26	24,000	100.00%
註：資料區間為 2014 年 1 月至 2016 年 7 月。									

表 1-2　涉及兒少相關法規案件類型 v.s.不當內容來源與有無防護措施對應表

案件類型	入口網站 有防護措施	入口網站 無防護措施	社群網站 有防護措施	社群網站 無防護措施	個人Blog 有防護措施	個人Blog 無防護措施	網路遊戲 有防護措施	網路遊戲 無防護措施	影音網站 有防護措施	影音網站 無防護措施	APP 有防護措施	APP 無防護措施	其他 有防護措施	其他 無防護措施	總計	有防護	無防護
色情猥褻	1,582	8,317	920	5,543	89	2,470	5	37	200	3,734	2	18	5	12	22,934	2,803	20,131
賭博	3	62	0	24	0	12	7	40	0	2	0	0	0	0	150	10	140
毒品及藥物濫用	7	189	1	24	0	11	0	0	2	2	0	0	0	5	241	10	231
暴力血腥及自殺	23	208	5	110	0	51	0	15	2	101	0	1	0	2	518	30	488
不當揭露兒少個人資訊	1	60	1	28	0	2	0	0	0	4	0	0	0	0	96	2	94
總案件數	1,618	8,846	927	5,737	89	2,547	12	98	205	3,848	2	20	5	20	23,974	2,858	21,116

註：1.資料區間為 2014 年 1 月至 2016 年 7 月。
　　2.不當內容來源之其他：包括未提供網址等。　11.92%　88.08%

　　涉及兒少身心健康之案件中網站類型「入口網站」最多，計有 10,473 件，其次為「社群網站」，計有 6,660 件，「影音網站」4,053 件及「個人 Blog」2,663 件，居第三、四。

　　涉及兒少身心健康之案件，2,858 件案件有防護措施、21,116 件案件無防護措施。

　　設有防護措施的網站中，案件類型以「色情猥褻」1,582 件為最多，無防護措施網站中，案件類型也是以「色情猥褻」8,317 件為最多。

　　有防護措施的網站類型以「入口網站」1,582 件為最多，其次為「社

群網站」的 920 件，再次為「影音網站」200 件；在無防護措施的網站類型以「入口網站」8,317 件最多，其次為「社群網站」的 5,543 件，「影音網站」為 3,734 件，居第三位。

有防護措施的網站 2,858 件中，2,328 件為境外網站、528 件為境內網站；無防護措施的網站 21,116 件中，為境外 IP 的有 16,474 件，境內 IP 有 4,616 件，61 件為不知道有無防護措施。

二、非兒少相關法規申訴案件

案件總數為 6,785 件，其中非兒少相關法規案件為 1,205 件。以 IP 位置來分析是以境內占多數，有 891 件，以案件類型來分析則是「網路詐欺」占最多，有 358 件。

境內 IP 占多數，計有 891 件，境外 IP 有 305 件。從案件類型來看，

表 1-3　非兒少相關法規案件類型與 IP 位置對應表

案件總數共 6,785 件，其中非兒少相關法規申訴案件共 1,205 件				
案件類型對 IP 位置	境內 IP	境外 IP	無法判別	總計	比例（％）
不當訊息（新聞類）	293	78	0	371	30.79%
不當訊息（其他類）	80	101	0	181	15.02%
網路詐欺	303	53	2	358	29.71%
網路侵權	27	33	0	60	4.98%
濫發垃圾郵件	2	4	0	6	0.50%
電信相關問題	161	2	1	164	13.61%
恐嚇行為	2	1	0	3	0.25%
犯罪事件處理	6	3	0	9	0.75%
其他	17	30	6	53	4.40%
總案件數	891	305	9	1,205	100.00%

註：1.不當訊息(新聞類)：未違反兒少法條新聞申訴案件。
　　2.無法判別原因為無網址。

不當訊息（新聞類）30.79％（371 件）為最多，網路詐欺 29.71％（358 件）為其次，再次為不當訊息（其他類）占 15.02％（181 件），電信相關問題占 13.61％（164 件），網路侵權 4.98％（60 件），其他 4.4％（53 件），排名最後為恐嚇行為占 0.25％（3 件）。

　　轉介案件共 976 件，轉介「國內政府機關」497 件為最多，其次為「新聞媒體業者」225 件，再其次為「國內網路業者」146 件。案件類型以「網路不當訊息（新聞類）」330 件為最多，其次為「網路詐欺」288 件，再其次為「網路不當訊息（其他類）」及「電信相關問題」，皆為 141 件。

　　檢視相關數據發現，民眾申訴以網路色情、暴力等兒少不宜的內容居多，現行兒少法對網路平台管理與兒少防護，為維護台灣民主價值與言論自由，採取事後的通報下架作為。

表 1-4　非兒少相關法規申訴案件類型與轉介單位統計表

轉介總件數共 6,304 件，其中涉非兒少相關法規案件共 976 件								
案件類型對轉介單位	國內政府機關	國內網路業者	國外網路業者	電信業者	新聞媒體業者	民間團體	其他	總計
網路不當訊息（新聞類）	37	65	6	0	217	3	2	330
網路不當訊息（其他類）	21	51	62	0	4	1	2	141
網路詐欺	273	10	3	0	2	0	0	288
網路侵權	24	13	14	0	0	2	0	53
濫發垃圾郵件	2	3	0	0	0	0	0	5
電信相關問題	134	0	0	7	0	0	0	141
恐嚇行為	0	0	0	0	0	0	1	1
犯罪事件處理	1	2	0	0	0	0	0	3
其他	5	2	2	0	2	0	3	14
總轉介數	497	146	87	7	225	6	8	976

肆、跨部會防護關懷

隨著資訊社會網路的普及，人們的生活作息與網路密切結合，網路內容可自行上傳張貼，其中不乏非法與有害兒少身心健康發展的訊息，稍有不慎，便有未成年兒少誤觸網路陷阱，如何因應時代變遷守護兒少健康安全成長，刻不容緩。

前行政院政務委員蔡玉玲接受《數位時代》雜誌專訪時表示（郭芝榕，2015年5月4日）：「以我做科技法律的背景，我自己覺得政府其實跟不上，這太難了，不是太實務，業者已經跑得很前面，政府要怎麼追？所以我比較傾向低度管理，法規一定要彈性，當你低度管理時當然就是小政府囉。」

台灣是一海島型民主國家，沒有如鄰近的中國對於網路採取高度管制，以保護境內網站業者發展擴張；台灣對於全球化的網路平台，傾向將網際網路視為突破台灣有限內需市場的機會。

二〇一〇年啟動行政院跨部會推動網路不良內容通報的單一窗口計畫，自二〇一一年起經公開招標，由社團法人中華白絲帶關懷協會承接，成立「網路贏家單e窗口」通報平台三年。二〇一三年八月，根據兒童及少年福利與權益保障法四十六條，委由民間團體成立網路內容防護機構，透過每年度公開招標，目前由中華白絲帶關懷協會辦理。

根據監察院二〇一四年五月二十八日公告：媒體報導，五月二十一日犯下台北捷運隨機殺人案的兇嫌，酷愛線上殺人格鬥遊戲，問題影響深遠。監察院為保護兒少，在二〇一四年三月二十日完成網路色情申訴機制調查，要求國家通訊傳播委員會（NCC）加強取締。

監察院指出，為防止色情網站危害公序良俗並助長網路犯罪，國家通訊傳播委員會應協同相關部會及地方政府，確實做好取締色情網站工作，

釐清言論自由與網路犯罪、網路色情之界限，對違反相關法規業者，依法處罰，並定期管考追蹤，嚴格把關，以達成維護兒童及少年身心健康的目標。

「WIN網路單e窗口」自二〇一〇年成立、二〇一三年依法轉型成立的「iWIN網路內容防護機構」，由行政院資通安全會報小組下的網路安全分組，依法委由國家通訊傳播委員會成為召集機關，且經由公開招標方式，委託民間團體辦理相關業務。

參考兒童及少年福利與權益保障法第四十六條：「為防止兒童及少年接觸有害其身心發展之網際網路內容，由通訊傳播主管機關召集各目的事業主管機關委託民間團體成立內容防護機構，並辦理下列事項：

一、兒童及少年使用網際網路行為觀察。

二、申訴機制之建立及執行。

三、內容分級制度之推動及檢討。

四、過濾軟體之建立及推動。

五、兒童及少年上網安全教育宣導。

六、推動網際網路平台提供者建立自律機制。

七、其他防護機制之建立及推動。

網際網路平台提供者應依前項防護機制，訂定自律規範採取明確可行防護措施；未訂定自律規範者，應依相關公（協）會所定自律規範採取必要措施。

網際網路平台提供者經目的事業主管機關告知網際網路內容有害兒童及少年身心健康或違反前項規定未採取明確可行防護措施者，應為限制兒童及少年接取、瀏覽之措施，或先行移除。

前三項所稱網際網路平台提供者，指提供連線上網後各項網際網路平台服務，包含在網際網路上提供儲存空間，或利用網際網路建置網站提供資訊、加值服務及網頁連結服務等功能者。」

四十六之一條：「任何人不得於網際網路散布或傳送有害兒童及少年身心健康之內容，未採取明確可行之防護措施，或未配合網際網路平台提供者之防護機制，使兒童及少年得以接取或瀏覽。」

相關目的事業主管機關有：衛生福利部、教育部、文化部、國家通訊傳播委員會、警政署、經濟部工業局等。各主管機關得主則業務有別，對於資訊網路產業的行政管理角度也有不同。

其中衛生福利部關注兒少保護、福利與權益保障，教育部偏重教育及校園資訊網路管理，文化部以扶植文化創意產業發展為主，警政署重視犯罪偵防，國家通訊傳播委員會負責傳播產業與廣電頻道內容監理，經濟部工業局則從產業發展角度看待遊戲軟體產業。

有立委質疑，由 iWIN 網路內容防護機構分辦至各相關權責部門的方式，受限各權責部門的處理流程繁瑣，往往曠日廢時且成效不彰，例如在立法院公聽會所提之討論案例，違法限制級電玩網路廣告歷經六個單位轉至台北市電腦同業公會，五十二天才下架。監察院二〇一三年十一月十四日以一〇二年內正 19 專函糾正衛生福利部略以：內政部（警政署及衛生福利部保護服務司）、法務部、國家通訊傳播委員會對於國內網路應召站或色情網站充斥，網路內容情色及性交易訊息氾濫，且不乏集團化經營，誘騙少女賣淫，甚至以毒品、暴力或不當債務方式逼迫少女賣淫，嚴重戕害青少年等嚴重危害情形，未能依法取締處罰及公告，移除不當內容，以有效管理，網路淪為不法業者犯罪工具……。

依據立法院第八屆第六會期社會福利及衛生環境委員會於二〇一五年一月五日召開之「防制網路兒少色情」公聽會，邀集政府行政部門、學者專家、民間團體代表、家長及學校輔導員廣泛交換意見，討論兒少使用智慧型手機之上網及不當交友被詐騙而遭受性侵害問題，與會專家及立法委員建議政府在教育端、資訊管理端、行政層面都需加強保護兒少，就網路內容、網路機構功能規定及網路 App 分級管理等，蒐集相關資料作為

未來政策規劃及修法參考。

　　以二〇一五年七月二十八日舉行的網路申訴回報系統功能諮詢會議為例，跨部會議在二〇一五年第一季決議要召開。由於使用回報系統公部門以各縣市警政單位、社政單位為主，兒少權法四十六條明文內容防護機構的召集單位是國家通訊傳播委員會，召集單位認為回報系統是衛生福利部要求設置的，應由衛福部主動召集開會，相關部會則依四十六條條文判斷應由通傳會邀集各單位會商。各自推諉的結果，由計畫辦公室承辦單位白絲帶關懷協會，趁各縣市警政代表、社政代表出席衛生福利部會議的同一天，借用大學教室舉辦。除由民間單位出面邀集，會議地點也無法使用召集部會會議室。

伍、資訊社會閱聽選擇

　　網路內容防護牽涉的不僅僅是產業、公民團體或公部門，網路使用者更站在上網第一線。那麼，消費者上網瀏覽資訊，是否會受網路內容的影響？

　　消基會對知名部落格進行抽查發現，十位知名部落客均曾為單一品項（食品、業者）進行推薦，有八成的部落客在文中註明品項為業者所提供試用。

　　類似推薦手法，若沒有據實告知是受業者委託推薦，形同體驗分享，網友可以區分其中差異嗎？

　　媒介選擇，相當於閱聽人決定選擇性的暴露與否（Vandebsch, Roe & van den Buick, 2006）。「選擇接觸」和「暴露」，意味著一個人的行為至少是經過習慣的指揮而意識到（或否）媒介內容。

　　分析閱聽人的媒介選擇，可探討：人們為什麼使用媒介內容？排斥一

些媒介內容？人們又如何去使用及拒絕？甚至分析人們為什麼發展和如何去發展、追求、規範，並驅使自己接近或是避免媒介內容。

為什麼（why）和如何（how）密切相關。如果我們可以明白人們如何選擇媒介行為，便可獲悉解釋人們為什麼趨近媒介的原因，或是什麼決定因素讓人們接近使用媒介。

科技發展帶動生活習慣的改變，政大數位文化行動研究室與白絲帶關懷協會針對小學三年級至高中三年級的青少兒學生調查發現，台灣青少兒學生網路社群參與比例大幅增加，由二〇〇九年前的一成七遽增為五成九以上，將近六成的八歲至十八歲在學學生加入網路社群。

青少兒上網動機，主要為聽音樂、使用部落格、看影片，且各接近七成；其次才是玩線上遊戲。青少兒常用電子產品，以可上網的電腦、智慧型手機為主，其次為數位電視、平版電腦，再者為 MP3／MP4、不能上網的手機及電動遊樂器等。青少兒參與的網路社群以「娛樂流行」類型占最多數（47％），其次為「親友學校」（36.2％）。

值得注意的是，家長以為自己有正確引導孩子的網安教育（高達 93.4％），與孩子的認知有相當大的差距；孩子僅 40.7％認為可以保護自己與防範陌生網友，與家長認知（89.5％）差距亦大。兒少的入口網站觀察，已出現社群網站當道的現象。

比較二〇一三與二〇一五的消長，這三年的入口網站前三名：Yahoo（從 71％減至 39.7％）、Facebook（從 19％增加至 34.3％）、Google（從 5％增至 22.9％），雖然前三名的排序不變，但比率已有明顯變化，尤其是 Facebook 增加 16％，說明兒少愈來愈重視網路的人際互動，家長更要重視孩子的網路交友情況。

從分析的角度，媒介選擇的描述和解釋包含微觀與宏觀層面。宏觀層面上反映了社會和媒介系統的結構面影響媒介的選擇，微觀層面主要著眼心理層面（Dennis, Garfield & Reinicke, 2008）。

　　舉例來說，一般人在無聊或心情煩悶時，易選擇令自己感到興奮的媒介（Zillmann & Vorderer, 2000）。有人選擇看體育賽事，有人選擇看冒險偵探片，有人則看浪漫偶像劇。這些與個人基本人口背景與人格特質（Finn &Tonsager, 1997）有關，像是人的年齡、性別、原生家庭、情緒調整等。

　　國外有關網路使用對於身心的影響發現（Ivory & Kalyanaraman, 2007；黃葳威，2012），當青少年使用一般溫馨影音設計的線上遊戲時，其中的攻擊內容不致影響青少年的身心；但如果使用者在情緒不穩定或低潮中使用（即將使用電腦當作排除或宣洩情緒、憤怒的管道），則當使用有武器、血腥暴力的格鬥式遊戲，對於青少年的人際關係與情緒管理有負面影響。

　　這意味著不同類別的線上遊戲內容（形同訊息設計），會對青少兒產生不同程度的影像。閱聽選擇除可能受限於媒體介容，也和個人成長或社會化歷程息息相關。

　　如果將資訊素養視為數位時代的一種知能，根據筆者追蹤九年的台灣青少兒與家長網路使用長期觀察發現，在網路使用能力上，有近三成的台灣青少兒家長不上網，家長上網時間高於青少兒；青少兒周末假日平均上網時間，是平日每天平均上網時間的兩倍以上。

　　上網動機方面，根據問卷調查，青少兒下載影音檔案瀏覽，看似偏向休閒娛樂用途；家長較常搜尋資料，處理未完成的工作任務或上網查詢生活資訊。其實，據焦點團體出席國中生表示，下載影音檔案除了休閒外，也想認識花花世界。

　　數位時代親子對於資訊科技的真理政權有代溝！青少兒家長關注孩子的健康作息與成就表現，擔心孩子掛在網路上影響時間分配。

　　根據焦點座談會國小學童表示，如果家長陪他們玩，並不想玩電腦網路。國小學童在意家長的陪伴。

　　國中生代表上網原因多元，下載影音或上網打卡交流偏向娛樂休閒。

國中生也有話要說，出席座談會國中生代表說明，周遭環境體驗有限，資訊科技可一指搞定，有助於青少年認識世界、探索自我。

從長期觀察調查發現，青少兒未必不喜歡和陌生網友在網路上聊天，對陌生網友的警覺程度有限，這表示青少兒的網路社交能力需要加強。

其次，青少兒在陌生網友的身分辨識，及其提供訊息的內容分辨能力有限，意味著青少兒學生的資訊評估能力待從旁引導。

台灣青少兒上網動機偏重影音下載、遊戲使用、交友聯絡等，這些上網行為都涉及資訊內容評估與反思的訓練。

當釐清青少兒與家長親子間各自抱持的真理政權所在，同理對方並調整雙方思維與行動，數位代溝就有縮減的機會。

網路閱聽權益，需要資訊產業、相關部會協力，及社區公民參與，才可有效維護。

陸、本書結構

本書將從機會及關懷兩層面，分析數位科技產業的機會、新興挑戰，以及因應策略。

機會篇包含第二章〈數位時代社區文化〉、第三章〈數位時代社群媒體〉、第四章〈數位時代生態學習〉。數位時代社區文化主要檢視台東縣數位機會中心的建置發展。

行政院自二〇〇九年六月起，將強化資訊基礎建設、增加資訊近用、提升資訊素養、多元資訊應用服務、執行國際數位機會等五構面，落實於創造公平數位機會政策實施。台東縣數位機會中心自一九九九年設置輔導團，台東縣一市十六個鄉鎮共有十處數位機會中心（Digital Opportunity Center, DOC），包含建和、卑南、太麻里、鹿野、關山（後退出，移至池

上）、大武、金峰、北源、成功、蘭嶼 DOC 設置輔導團輔導單位。

　　然而，部落人士卻未必領情！一位部落國小校長形容：「數位機會如同政府瓦解原住民部落的方式！」為什麼？

　　社群平台巴哈姆特從喜歡玩網路遊戲的大學生開始，互相交流對於遊戲的經驗與心得，至今發展為國內數一數二的線上遊戲社群平台。部落客女王從研究生時代開始在網路書寫，目前在社群平台定期發文，也有一定的讀者粉絲群。

　　類似社群媒體的形成，在於網路可縮短時空距離以及互動性的特質，具有共同興趣的網友常彼此主動建立關係，而形成社群，強化了網友對某一網站或產品的忠誠度與凝聚力。也藉由此社群，使得網站得以長期的經營與發展。第三章〈數位時代社群媒體〉，將關注青少兒與社群媒體發展、數位出版閱聽消費的機會與挑戰。

　　數位科技發展及數位內容在報紙、雜誌、廣播、電信與網路平台匯流（convergence），加速消費者使用高品質的網路多媒體、影音互動、電信及行動上網服務，同時，高品質的行動手機服務，提供多樣化的服務，擴大了消費者的選擇範圍。人手一機的自媒體時代來臨。

　　無所不在的學習，也被稱為U-學習，是基於無所不在的科技。大多數無處不在的計算技術中的U-學習，在於建構一個無處不在學習環境，使任何人在任何地方在任何時候皆可學習。第四章〈數位時代生態學習〉，將比較電子學習（E-學習）、行動學習（M-學習），以及無所不在的學習（U-學習），並分析生態數位學習教材的使用成效。

　　第二部分關懷篇從跨越挑戰出發，探討網路霸凌、遊戲沉迷與情緒管理、網路分級過濾、企業社會責任。教育部青年政策論壇二〇一五年以網路相關議題為主軸，青年代表提到網路霸凌問題，討論網路上如何理性溝通，尊重不同意見。

　　網際網路與日常生活緊密結合，透過指間瞬息萬變！第五章〈數位時

代網路霸凌〉，將檢視網路霸凌意涵類型、國際兒少上網趨勢、資訊社會公民參與，霸凌受害者、周邊親師可以如何面對網路霸凌。

情緒是瞬息間因應有意義的刺激的調適反應，通常涉及個體的感覺狀態、行為和生理，以及瞬息之間的感情回應。情緒調整能力的形塑，可透過直接或間接的社會化歷程習得。如果將線上遊戲視為國小國中生社會化的一部分，線上遊戲對於國中生情緒調整的影響如何？第六章將關心遊戲玩家的情緒調適。

第七章〈數位時代分級過濾〉，將參酌新加坡、英國的相關分級實行方式，以新加坡、英國兩國為例，探討數位匯流時代媒體分級制度是否需要統整，並檢視社區家長針對限制級內容安裝過濾軟體，其防護功能如何。

「倫理道德並不是教條，而是幸福生活的鎖鑰」（林火旺，2006）。早在一九五九年十一月二十日，第十四屆聯合國大會便通過「兒童人權宣言」。宣言強調，由於兒童的身心未臻成熟階段，因此無論在出生之前或出生之後，均應受到包括法律的各種適當的特別保護。

企業社會責任包含四面向（Ferrell, Fraedrich & Ferrell, 2009）：經濟、法律、道德和自願（含慈善）。第八章〈數位時代社會責任〉，分析包含部落格、新聞網站、綜合性網站、拍賣網站、社群網站，以及電信產業等十二家網際網路平台自律，十二家平台業者之社會責任依其重視程度先後為：經濟責任、法律責任、道德責任與志願責任。

參考書目

一、中文部分

林火旺（2006）。《道德：幸福的必要條件》，台北市：寶瓶文化。

吳明烈（2002）。〈全球數位落差的衝擊及終身學習因應策略〉。中華民國成人教育學會主編，《全球化與成人教育》，頁 301-329。台北市：師大書苑。

黃葳威（2004）。《閱聽人與媒體文化》，台北市：揚智。

黃葳威（2012）。《數位時代資訊素養》。台北市：威仕曼。

黃葳威（2013）。〈網路閱聽選擇：從數位代溝與資訊素養談起〉，頁 3 至 6，《NCC 月刊》，台北市：國家通訊傳播委員會。

葉慶元（1997）。〈網際網路上之表意自由──以色情資訊之管制為中心〉。台北市：國立中興大學法律研究所碩士論文。

賴溪松、王明習、邱志傑（2003）。全球學術研究網路「網路安全、不當資訊防制及商業機制規劃服務」期末報告。國家高速電腦中心。

二、英文部分

Association of College and Research Libraries (2000). *Information Literacy Competency Standards for Higher Education*, 2.

Carvin (2000). "Mind the gap: The digital divide as the civil rights issue of the new millennium", *MultiMedia Schools*, 7(1), 56-58.

Cronin, B. (2002). The digital divide. *Library Journal*, 127, 48.

Dennis, A. R., Garfield, M. & Reinicke, B. (2008). "Towards an Integrative

Model of Group Development", Indiana University, USA. Sprouts: Working Papers on Information Systems.

Ferrell, O. C., Freadrich, J., & Ferrell, I. (2009). *Business Ethics: Ethical Decision Making and Cases*. South Western Changing Learning.

Finn, S. E. & Tonsager, M. E. (1997). Information-gathering and therapeutic models of assessment: complementary paradigms. *Psychological Assessment*, 9, 374-385.

Hoff, J. (2007). *Internet, Governance and Democracy: Democratic Transitions from Asian and European Perspectives*, Malaysia: NIAS Press.

Home Office (2003). Campaign Evaluation Report of Child Protection on the Internet. UK: Task Force on Child Protection.

Ivory, J. D. & Kalyanaraman, S. (2007). The effects of technological advancement and violent content in videogames on players' feelings of presence, involvement, physiological arousal, and aggression. *Journal of Communication,* 57, 532–555.

Jordan, A. B. & Kolter, J. A. (2010). "New Perspectives on the Digital Divide in U.S. Homes With 6-to-9-Year-Old Children", paper presented on June 23, 2010 the 60th Annual Conference of International Communication , Singapore.

Norris, P. (2001). *Digital Divide? Civic Engagement, Information Poverty and the Internet Worldwide*. Cambridge: Cambridge University Press.

O'Briain, M., Borne, A., & Noten, T. (2004). *Joint East West Research on Trafficking in Children for Sexual Purposes in Europe: The Sending Countries*. UK: ECPAT Europe Law Enforcement Group.

Vandebosch, H., Roe, K. & Van den Buick, J. (2006). Moon and media: lunar cycles and television viewing. *Media Psychology*, 8(3), 287-299.

Watkins, S. C. (2009). *The Young and the Digital: What Migration to Social-Network Sites, Games, and Anytime, Anywhere Media Means for Our Future*. Boston: Beacon Press.

Webber, S. & Johnston, B. (2000). "Conceptions of information literacy: new perspectives and implications", *Journal of Information Science,* 26(6): 381-397.

Zillmann, D. & Vorderer, P. (Ed), (2000). *Media Entertainment: The Psychology of Its Appeal*. LEA's Communication Series (pp.1-20). Mahwah, NJ, US: Lawrence Erlbaum Associates Publishers, xi, 282.

三、網際網路

American Association of School Librarians and Association for Educational Communications and Technology (1998). Information literacy standards for student learning: standards and index. Chicago: Ill.: American Library Association ;Washington, D.C.: Association for Educational Communications and Technology.

Carvin, A. (2000, Nov). But Now We've All Heard About the Digital Divide. Retrieved. July 13, 2004 from：http://www.educause.edu/ir/library/pdf/ERM0063.pdf.

OECD (2001). Understanding the Digital Divide. Paris: http://www.oecd.org/dataoecd/38/57/ 1888451.pdf.

郭芝榕（2015 年 5 月 4 日）。〈行政院政務委員蔡玉玲：要讓台灣成為網路公司的樞紐〉，https://www.bnext.com.tw/article/36159/ BN-2015-05-04-151855-44.

程慶華（2004）。「為保護兒童上網安全，歐盟再度斥鉅資」（2004/12/9）。

網址：http://gb.chinabroadcast.cn/3821/2004/12/10/110@387406.htm。

經濟日報（2004）。「『莫讓網吧毀了孩子』系列報導之五：美國政企共管網路安全」（2004/02/10）。網址：http://www.ce.cn/cysc/it/xwy/hlw/t20040212_319087.shtml。

歐盟（1996）。「網路上非法與有害內容」（illegal and harmful content on the internet）。網址：http://www.cordis.lu/en/home.html。

機會篇

第二章

數位時代社區文化

壹、前言

　　台灣除各傳播院校實習社區媒體外，自一九九九年九二一大地震後，社區營造運動紛紛在各地興起，在地社團與社區媒體如雨後春筍般出現，在各地生根發芽，結出許多籽粒，百花齊放。

　　聯合國前秘書長卡菲‧安南（Kofí Annan）在二〇〇六年第一屆聯合國網路治理論壇指出：「我們正以生活、學習、工作、溝通以及從事商業活動的方式，穿越歷史性的轉變。我們一定要以自主的方式決定自己的命運。科技帶來了資訊時代，現在則取決於我們是否建造資訊社會的時候了。」（http://www.intgovforum.org/）

　　根據《二〇一〇創造公平數位機會白皮書》陳述（國立東華大學，2010），行政院自二〇〇九年六月起，將強化資訊基礎建設、增加資訊近用、提升資訊素養、多元資訊應用服務、執行國際數位機會等五構面，落實於創造公平數位機會政策實施。

　　台東縣數位機會中心自一九九九年設置輔導團，台東縣一市十六個鄉鎮共有十處數位機會中心（Digital Opportunity Center, DOC），包含建和、卑南、太麻里、鹿野、關山（後退出，移至池上）、大武、金峰、北源、成功、蘭嶼 DOC 設置輔導團輔導單位。

　　原住民部落與社區人士對於數位機會中心的擁抱程度確有差異。例如蘭嶼朗島國小校長表達蘭嶼的數位環境發展：「只有距離，沒有遠傳。」

　　另外，台東縣關山一位部落教育工作者卻形容：「數位機會如同政府瓦解原住民部落的方式！」

　　跨文化傳播論述人們面對新環境的適應過程，當面臨環境的改變或調整，面對不熟悉的人、事、物往往會感到不安，而藉由不同方法來消除疑

慮。在適應新環境文化的過程，極可能又感到不安。疑慮消除（uncertainty reduction）與否，和適應（adapt）任何環境文化的程度息息相關。

部落走向資訊社會，不僅是部落人士面臨新環境，另一方面，進入部落的外來人員，亦同樣面對新環境人、事、物的更迭與調適。

跨文化傳播的論述，逐漸關注探討適應論與疑慮消除之間的關係（Neuliep, 2006；Yip, 2010；黃葳威，2016）。過去疑慮消除理論屬於人際傳播領域，隨著網路資訊社會的發展，過去輕忽傳播媒體在人際傳播理論中的角色，逐步開始應證於網路傳播。

有關適應論與傳播的論述，著眼於傳播媒體與人際傳播兩領域的探究。然而，從人際傳播著眼的適應論研究，較偏重交友的數目、聯繫頻率等浮面取向，有關人際間進一步的互動策略則較被忽視（黃葳威，2008；Huang, 2002）。

疑慮消除理論來自人際傳播的理論範疇，它來自資訊學說中傳遞者和接收者的概念（Shannon & Weaver, 1949）由柏格與凱樂伯斯（Berger & Calabrese, 1975）提出，後經顧棟剛等及許多語藝傳播學者（黃葳威，2008；Berger, 1987；Gudykunst, 1983；Gudykunst & Nishida, 1986；Gudykunst, 2005；Yip, 2010）延伸擴大驗證。

個體為了適應及被地主社會所接受，會嘗試消除各方面的疑慮。想要適應這些新情境，需要一個尋求訊息及減少壓力的循環行為模式（Ball-Rokeach, 1973; Yip, 2010），即必須不斷重複地進行尋求訊息，係指個體如何加強預測與解釋他人行為的能力，這也是疑慮消除理論的主要概念（Gudykunst, 2005; Yip, 2010），它是一種減少疑慮、增加信心的認知過程（Gudykunst, 2005；Huang, 2002）。

台東縣數位機會中心共計十點：台東縣建和數位機會中心、台東縣卑南數位機會中心、台東縣鹿野數位機會中心、台東縣太麻里數位機會中心、台東縣池上數位機會中心（原關山數位機會中心）、台東縣成功數位

機會中心、台東縣北源數位機會中心、台東縣蘭嶼數位機會中心、台東縣大武數位機會中心、台東縣金峰數位機會中心。

本章探討台東縣蘭嶼、建和、太麻里、大武、金峰等部落數位機會中心所面臨的疑慮消除策略與挑戰，分析部落人士、外來人士在進入階段（entry phase）、個人階段（personal phase）及離開階段（exit phase）的關係互動。

貳、適應與傳播

跨文化適應（Cross-culture adaptation / adjustment）先後由取代（replacement）、演變從共存消長（coexist）的過程，審視個體在面對多元文化的變遷與存在。

從適應的觀點來看，族群團體成員同化或多元化的程度，大多取決於成員進入主流社會的意圖，或居住新環境的長久與否。適應研究的對象包括移民、短期遷移者（如短期受訓人員或外籍工作者、觀光客）、長期遷移人士（如國際學生、長期外籍工作者）。學者塔孚特（Taft, 1977）指出，遷移者未必需要深入去適應地主文化，但其與移民族群多少都需要適應地主文化，這是由於兩族群在地主社會中均扮演「陌生人」（strangers）的角色。

德裔美籍學者顧棣剛（Gudykunst, 2005）將適應定義為：個體與環境「全完的契合」（a good fit）。他們認為適應乃個體對自己調適程度的主觀認定。而另一方面，高登（Gorden, 1974）及金洋詠等學者（Gudykunst & Kim, 2003）進一步分析，適應包含個體內在與外在特質的調適。內在部分有：價值觀的認定、態度、知覺與知識；外在特質則包含：表達感情的方式、言行及與社會的傳播互動。換言之，適應是一個體對自己認知、行

為、與環境的調適過程。它包含認知及行為的共同取向。

艾倫等學者（Allen, Dowson & Brown, 1989）強調，有關族群文化認同的議題，應該從多層面的角度來探討。蘇伯威（黃葳威，2008；Subervi-Velez, 1989: 228）更提出一種比較彈性的方式，審視適應論：

> 適應不必限制為地主文化要素（host cultural elements）逐步取代原有文化要素（original cultural elements）的型式；取而代之的是，它非常可能是一種複雜、毫無限制的互動、擴展的型式，個體將選擇最符合其利益與所處環境的調適方式。

有別於「全有或全無」的取向，這表示跨文化經驗可被視為結合認知（知識、信仰、態度）與行為、多層面的結晶體（crystallization）。因此，本文從適應的角度出發，檢視跨文化的傳播議題。

學者也從博奕角度提出跨文化適應：由互動的雙方或多方文化精神共同引領的一種持續性博奕（infinite game）過程（陳國明，2009）。

爬梳取代觀點的跨文化適應論，主張物競天擇的英國科學家達爾文（Charles R. Darwin）1859發表《物種原始》一書，提出生物的演化論，強調生物在演化的過程中，為求生存、接代傳承，改變其原有的生物機制，從而演變產生對抗環境或天敵的機能，增加其存活並可延續物種。類似生物因應生存環境變動的演化過程，達爾文演化論中稱之為「適應力」。

因而，適應被界定為，個體面對新環境時，尋找最適合（fits）於個體心理狀態的因應方式，如認知、態度及行為等（黃葳威，1999）。最明顯的是，兩岸學術交流過程，原本哲學與意識形態有別的各地華人，當需要在校園教室同一教室共處十八週，師生會同理與顧及認可各自的不同，共同創造「一加一大於二」的學習與分享氛圍，個別成員陸續摸索其適合的溝通與表達方式。

「認知」（cognition）一詞，源自拉丁文的cognossere，有「明瞭」

與「分辨」的意義（顏明仁，2001）。就認知概念的取向觀察，大致分為以下層面（黃葳威，2008）：

1. 參與觀點：一九一六年杜威（John Dewey）就指出為一種參與活動，認知並非置身事外，其價值在於認知的效能（姜文閔譯，1992）；當轉行進入資訊社會，社會成員對於數位科技的使用與參與，將影響其對數位化的認知與想像。

2. 知識觀點：早期普遍被接受的看法是以知識的觀點來看認知，如費斯廷吉（Festinger, 1957）與卡爾史密斯（Carlsmith, 1978）主張，認知是對於外界或自己本身的知識、意見與信仰；資訊社會中訊息交流頻繁，有主張邁向數位化帶來社會發展的科技決定論，也有審視急遽數位化對社會可能形成衝擊的文化決定論，這些理論知識無形影響人們對資訊社會的認知。

3. 行動觀點：從行動的角度分析認知的作用，將認知界定為人們瞭解自己與外在環境，並利用認知作用與環境產生關聯的一種行動（Bigge, 1971；顏明仁，2001）；資訊科技業者企圖推廣資訊科技技術與產品，強化其普及程度，這無形中左右人們對資訊社會的認知與接受情形。

4. 求知觀點：認知也被視為一種求知的歷程，楊龍立（2000）認為知道事情的一種過程便是認知，認知的範疇包括形成概念、下判斷、推理、問題解決等；雖然先進國家除大力推展資訊科技產業，一些社會民間團體也從其中引發的數位落差現象，尋求因應與改善方式。

5. 多元觀點：界定認知的角度各有出發點，也有研究者以為認知要從多層面來詮釋，其中鍾聖校（1990）分別由廣義與狹義兩角度定義認知。狹義的界定是將認知解釋成知道，屬於智慧活動的最底層，為一種醒覺狀態，即知道有訊息存在；廣義的界定將認知當

成所有形式的認識作用，包含：感覺、知覺、注意、記憶、推論、想像、預期、計劃、決定、問題解決以及思想的溝通等。

6. 活動觀點：蘇進財（1990）將認知分為三個概念：(1)個人經由意識活動以對事務認識與理解的心理歷程；(2)凡知覺、認識、想像、判斷、推理、記憶、學習與思考等複雜的心理活動，皆為認知歷程；(3)藉由認知歷程獲得對事務的認識。如同人們對數位傳播媒體的採用與否，會綜合參酌過往採用科技用品的個人經驗、已採用者的經驗，或個人尋訪的介紹訊息逐漸形成認知。

7. 功能觀點：在前述認知的三概念中，認知又被界定為知識的獲得和運用（鄭麗玉，1993）。認知形同獲取知識與使用的一種目的過程；一些科技產品提供科技訊息簡介與試用服務，多少意圖增加使用者對於科技功能的認知。

8. 階段觀點：正如林美珍（1996）主張，認知的歷程指產物生產的最初和中間階段，這些階段通常在人腦中進行完成；認知有其歷程與產物，產物是可被觀察的最終型態（王智姚，2002）。套用於數位媒體的使用與否，取決於人們對相關訊息評估後的結果。

態度（attitude）源自拉丁文 aptitūdini，有高度的涵意。態度為一種心理狀態，是個人對身處環境，包含人、事、物所形成的一致性且持久性的心理評價反應（張春興，1986）。

1. 「人」：除涵蓋本人，也包含他人、社群或機構團體。
2. 「事」：諸如每個人生活周遭的議題或事件、所處社會環境的規範政策等。
3. 「物」：形同可見的物品、貨物、財物等。

所謂一致性與持久性，係指個人的態度在短時間內應該會有相同的反應與看法，這說明想要在短時間內改變個人的態度是不容易的。但是態度

不是不能改變，只是需要較長的時間　（鄭芬姬、何坤龍，2004）。

就態度結構而言，社會心理學持有單元論與三元論兩種觀點。單元論從個人情感評價審視態度，社會認知學派在做實驗研究時，多採用單一的情感評價向度（Petty, Cacioppo & Goldman, 1981），主張每個人的態度受其情感左右。

此外，學者提出態度三元論（ABC model of attitudes），說明態度包括三個主要成分（Taylor, Peplau & Sears, 1997，載於鄭麗玉著，2006）：

1. 情感成分（affective component）：個人對特定人、事、物的情緒感受或評價。對態度對象的感覺或喜好，尤其是對人事物的評價，往往很單純。例如：學齡前幼兒看到親人在身邊，便比較自在或有安全感。

2. 行為成分（behavior component）：個人對特定人、事、物的實際行為。類似孝順父母、尊敬師長、兄友弟恭等，或一些親密伴侶會出現親暱的動作。

3. 認知成分（cognitive component）：個人對人、事、物的想法、信念、知識或價值觀。例如：為減緩地球暖化現象，推動節能減碳的重要。

認知與態度皆屬內在心理面，有別於外顯的行為面。因而，分析究竟是態度影響行為？或行為影響態度？各有論述。

一、態度影響行為

(一)態度和行為

拉比爾（LaPiere, 1934）最早提出態度和行為間可能未必一致，他採取實驗法，和一對東方夫妻旅行美國各地，歷時約半年，他們投宿過一百八十四家旅館，其中只有一家旅館因為種族拒絕接待他們。爾後，拉比爾

寫信給這些旅館，詢問他們是否願意接待東方旅客，九成多的旅館人員以負面的態度回覆問卷，並表示這是公司政策考量，東方人不會在他們的旅館中被接待。據此提出研究顯示態度和行為未必一致（葉重新，1998；楊語芸譯，1995）。

(二)態度改變理論：海德的平衡理論

人們交流之間的互動相處，是否有默契？或話不投機半句多？海德（Heider, 1958）提出態度平衡理論（balance theory），該理論假設自己（P）、他人（O）、態度對象（X），這三者中任何兩個有正或負的關係，三者相乘的結果是正的（＋），則表示態度平衡；反之，三者相乘的結果是負的（－），就表示態度不平衡（葉重新，1998）。

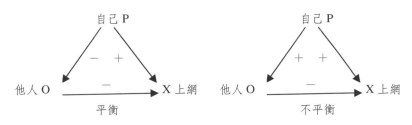

圖 2-1　上網的態度平衡（作者）

常見的實例，家長關心小孩，家長希望小孩適度使用網路，小孩重度使用網路，親子間在認知上產生不平衡。假如想要達成平衡，有兩種情況：其一就是小孩少上網或家長多上網，其二是親子彼此同理對方角度，達成共識。

二、行為影響態度

(一)行為與態度

　　一個人的行為究竟會不會影響其態度？從費斯廷吉（Leon Festinger, 1957）的認知失調（cognitive dissonance）論，可窺見一二。認知失調理論的基本假設是：當個人兩個認知不一致時，就會產生失調的現象；當改變一個或兩個認知時，就能恢復個人認知的平衡（楊語芸譯，1994）。

　　費斯廷吉主張，失調可以藉由改變那些較容易改變的認知而減輕，經由這個過程，人們的行為便會改變其態度。例如：當人接觸毒品上癮後，原本也許並不喜歡使用毒品，卻因上癮無法自拔，久而久之，便會自我說服自己：使用毒品沒有什麼不好！

(二)態度改變的理論：自我覺知理論

　　有些態度的改變也可能由自我覺察開始，心理學者班姆（Daryl Bem, 1967）提出自我覺知理論（self-perception theory），解釋個人會從自己的行為，來推論自己的態度（葉重新，1998）。個人想要瞭解自己的態度，同樣也是藉由對外顯行為的推論而得知（危芷芬，2006）。

　　以看電影為例：如果電影精彩，觀影者常目不轉睛的專注於大螢幕：如果一直打哈欠，除非是體力不足，大多是代表劇情乏味、不吸引人，令觀眾想打瞌睡。每個人認識或瞭解自己的過程，如同自己認識、瞭解別人一樣，可經由行為觀察，釐清其內心所保持的態度或想法。

三、說服與態度改變

　　日常生活所接觸到的事物或廣告、人與人相處分享的資訊，這些訊息無形中左右我們的視野與觀看世界的角度，形同說服我們態度調整的因素之一。

　　一般而言，說服的歷程包含四個基本因素（葉重新，1998）：訊息來

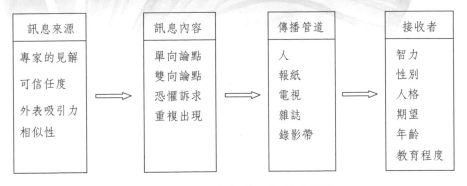

圖2-2　說服歷程的四個基本因素

源、訊息內容、傳播管道及接收者（見**圖 2-2**）。

　　觀察社會心理、個體心理層面對適應的探討，心理學者張春興（1989）從以下三層面，檢視個體適應的心理狀況：

1.人們為克服困難，並滿足其需求或慾望時所表現的各種反應。
2.個體為了與其生活的環境（含自然環境與社會環境）保持和諧狀態，所表現的各種反應。
3.除環境中的人、事、物之外，個體為滿足自己的需欲所表現的一切內在（如態度、認知等）改變歷程。

　　此外，杜聲鋒（1997）說明心理學家皮亞傑在其心理學及認知論中提出：基模（schema）、組織（organization）、適應（adaptation）三大概念；其中基模、組織代表人類面對新文化或新環境因應改變，所形成的最基礎的經驗和技能；適應的概念則論及人類因應新環境、跨文化過程中，心理狀態的變化與修正。

　　傳播對跨文化議題的影響日益重要。傳播學者金洋詠（Kim, 2001）表示，適應是一種互動且持續的過程，而個體藉這樣的調適與新的社會文化環境互相傳播溝通。此觀點對既有的適應論與傳播研究影響至深。

　　夏農與韋伯（Shannon & Weaver, 1949）認為，傳播包括每個能夠影

響他人心意的程序。它牽涉的範疇有寫作、演講、音樂、戲劇等；事實上，所有的人類行為皆可視為傳播。一般文獻分別從大眾傳播與人際傳播兩層面，檢視傳播的取向。

關於人際傳播的概念取向，大致有以下兩方面：它可被定義為兩人與多人間的互動（McKay & Gaw, 1975；West & Turner, 2009），或兩人之間面對面的接觸（Rogers, 1994）。李爾登與羅傑斯（Reardon & Rogers, 1988）將人際傳播限制為兩人之間面對面的傳播；小組傳播則為二至二十五人之間的傳播（Williams, 2001）。馬凱等學者（McKay & Gaw, 1975）將小組傳播視為人際傳播的一種，他們不認為面對面是人際傳播的必要條件。本研究則將人際傳播定義為至少兩人以上面對面或間接接觸的資訊交換。

面對面接觸是直接的個人接觸，它需要接觸雙方處同一環境且可看到彼此的肢體語言；間接接觸則不然，溝通雙方可藉由電話、電子書信、傳真機、留言等進行接觸。間接接觸可能成為間接的「面對面」接觸，譬如經由電子會議、影像通話機，但溝通雙方只能以有限的「肢體語言」進行互動。

本文將採李爾登等對人際傳播的定義，即兩人之間面對面的資訊交流。面對面接觸乃一直接、親身的互動，其需要溝通者雙方置身同一環境、且彼此可配合肢體語言進行傳播。

四、疑慮消除理論、媒體使用與適應論

面對跨文化的氛圍，個體為了適應一個不同的環境或不同的人際關係，會嘗試消除各方面的疑慮、不安或不確定感。在適應這些新的人際關係或環境的過程，需要經過一種尋求訊息及減少壓力的循環行為模式（Ball-Rokeach, 1973；黃葳威，2016），且必須不斷重複地進行。尋求訊息係指每個人如何加強其預測與解釋他人行為的能力，這也是疑慮消除理論的主要概念（Berger & Calabrese, 1975）。它是一種減少疑慮（或增加信

心）的認知過程（Gao & Gudykunst, 1990）。

伯格（Berger, 1987）同時強調，人們交換訊息的質對疑慮消除與否，較交換訊息的量對疑慮消除與否具較大的影響。因此，檢視人際間的互動，不應限於交往朋友數量的多寡；檢視閱聽人與媒介之間的互動，也不應侷限於交友的數量多寡。人們傳播、溝通的形式因而引起注意。

疑慮消除（即知識獲取或資訊尋求）策略先後由伯格等學者（Berger, 1979, 1987； Berger & Bradac, 1982；Gudykunst & Hammer, 1988）驗證發展而來。他們提出三種個體消除疑慮的策略：被動、主動與互動。他們的研究取向呈現了不同階段的理論發展。

顧棣剛等學者（Gudykunst & Hammer, 1988；Gao & Gudykunst, 1990）應用疑慮消除理論，來驗證人們適應的結果。他們發現疑慮消除顯著影響人們對新社會文化的適應。大部分的疑慮消除研究，都在討論比較日本與美國大學生，這些研究注重地主國學生和外國學生的初步接觸，然後再比較不同地域的研究結果。可惜少有探討遷移者或移民，在面臨一新環境的初步接觸（Huang, 2002）。

疑慮消除理論和適應論的相關文獻中，個體由一個文化遷移至另一個文化，可被視為新環境文化中的「陌生人」。正如顧棣剛等學者（Gudykunst & Hammer, 1988；黃葳威，2008）所提，要瞭解個體與地主文化之間的傳播，必須認清個體在其中扮演「陌生人」的角色。

顧氏等學者（Gudykunst & Kim, 2003；Gao & Gudykunst, 1990；Gudykunst, 2001）將適應定義為：個體與環境的完好契合。他們以為陌生人在適應地主文化的同時，其自身也與所處環境形成完美的契合。

疑慮消除策略先後由柏格等學者（Berger, 1987；Gudykunst & Kim, 2003；Huang, 2006；Yip, 2010）驗證發展而來。他們提出三種消除疑慮的策略；被動、主動與互動。他們的研究取向呈現了不同階段的理論發展。

被動策略的研究取向有（黃葳威，2008，2016）：

1. 不打擾地觀察對方（Berger, 1979, 1987, 1988），即觀察地主環境人們的互動。

2. 閱讀有關地主環境人們的書籍、觀賞相關電視及電影（Gudykunst & Hammer, 1988；Huang, 2006）。

換言之，被動策略的運用可經由直接觀察或使用媒體的間接方式減少疑慮不安。

被動策略的運用包括出席一些觀察對象也出現的場合。譬如，一些國際學生在地主國求學，但不與地主籍教師或同學交談。而國內欲赴大陸投資商人，所參加的大陸習俗介紹暨投資說明會，雖可尋求大陸人情風土卻未直接有所接觸，也符合被動策略的應用。

顧棣剛等（Gudykunst & Hammer, 1988）雖提及媒介使用的角色，卻未印證於其研究。事實上，被動策略的運用不僅限於人際層面的資訊需求，也包括經由大眾傳播媒體等間接途徑取得。本研究將透過媒體使用而觀察對象蒐集資訊的方式，亦視為被動策略的運用之一。

本研究採取間接人際傳播的取向：兩人以上經由媒體的傳播互動。它是不需要面對面的人際傳播（可透過網際網路、電話、傳真機、留言等進行）。有關收看與地主文化相關的電視節目、閱讀相關報紙或網路內容等，均屬於被動策略的範疇。本研究便將上述間接取向與直接地觀察對象納入討論。

主動策略的研究取向如下：

1. 向其他同為陌生人者打聽對象（Berger, 1979, 1987；Gudykunst & Hammer, 1988）。

2. 從第三團體間接獲知對象的相關資訊（Berger, 1987；Huang, 2006）。

此種策略進行過程中，資訊尋求者與所尋求對象之間並無直接接觸。適應論中最普遍的主動策略，是向其他同為陌生人、但熟悉地主環境

人情世故的遷移者，打聽地主環境人們的消息。

此外，人們亦可藉由媒體採取間接主動策略。移民經由媒體叩應節目、讀者投書（Huang, 1992, 2006），或透過網際網路表達他們對地主文化或居民的看法，可視為間接主動策略的運用。

互動策略的研究取向包括（黃葳威，2008，2016）：(1)詰問、表達自我、分辨溝通真偽；(2)資訊尋求者與對象面對面、直接的溝通。互動策略在本文中也包含間接的人際互動。

在直接面對面的互動策略方面，詰問係指資訊尋求者直接詢問對象有關的問題；自我表達係指向對方交換、透露個人自我的經驗；分辨溝通真偽則牽涉到資訊尋求者，區別對象意見真偽的能力（Berger & Bradac, 1982）。

正如同被動、主動策略的取向，互動策略也有直接、間接的方式。後者未必是面對面的接觸。例如，資訊尋求者與所觀察對象可經由電話及電子書信互相溝通。

換言之，移民經由媒體不同的回饋管道（如叩應節目、讀者投書、網路互動區等）表達對地主文化或居民的意見之同時，也獲得地主居民的迴響且相互討論，便屬於間接的互動策略。

傳播學者史陶瑞（Storey, 1989）談及詰問與表達自我時，將詰問視為一種尋求資訊的方式，自我表達則係給予資訊。兩者皆有助於疑慮的消除。一般而言，個性外向者較易扮演給予資訊的角色。適應論研究發現，個性外向者較易適應地主社會（Kuo & Lin, 1977）。另一項研究則指出，遷移者與地主居民的互動，直接影響其適應與否（Kim, 1988）。這個假設也獲得顧棣剛等學者支持；互動策略的運用有助於適應（Gudykunst & Kim, 2003）。

的確，跨文化研究也發現人際傳播對適應新地主文化，較傳播媒體使用的成效大（Kim, 2001）。換言之，主動接觸地主居民（類似互動策略）較只使用與地主文化有關的媒體，更能適應地主文化。

　　新事物傳佈的研究文獻亦證實，在推動新事物的開始，傳播媒體對人們知曉新事物或觀念與否，扮演重要的角色；但人際管道則對人們是否接納新事物、新觀念，有決定性的影響（Rogers, 1995）。翟菲等人（Chaffee & Mutz, 1988；黃葳威，2004）也強調，人際管道較媒介管道更能改變及影響人們。這表示常採取人際溝通的方式，比使用媒介的間接方式，更能適應新的地主文化。

　　換言之，較常採取直接互動策略者，較採取間接消除策略者，更能適應新地主文化。

　　一般而言，大眾播媒介可提供有關（主流）文化的資訊（DeFleur & Dennis, 1981；Gao & Gudykunst, 1990; 黃葳威，2008）。從功能的層面來看，大眾傳播媒介具備守望、聯繫、娛樂、傳遞文化（或社會化）等功能；它既為社會整體、也為其中的團體、個人傳遞不同的次文化（Katz, Blumler & Gurevitch, 1974；黃葳威，2008）。人們使用了大眾傳播媒介，不僅有較多的話題與他人分享，也可更熟悉所處的社會文化。

　　肯定傳播媒介重要性的人，較常使用傳播媒介或與傳播組織聯繫。譬如，肯定新傳播科技重要性的人，較傾向接受新媒介；個體對媒介具正面評價的態度也影響其文化認同與適應（Shoemaker, Reese & Danielson, 1985；黃葳威，2008）。這表示個體對媒介的態度，直接影響其對媒介的使用與適應環境文化的程度。

　　研究人員提出主張疑慮消除模式，可分為三階段（Heath & Bryant, 2000）：進入階段（entry phase）、個人階段（personal phase）及離開階段（exit phase）。進入階段時，參考資訊為人口基本資料，並依照習俗規範溝通傳播；個人階段時，參考資訊有個人的價值、態度與信仰，逐漸得以自在溝通傳播；離開階段時，參考資訊比較有限，溝通可能有規劃未來，或迴避溝通傳播。

　　就數位機會中心專案推動而言，輔導團成員在推動過程為了適應及被

原住民社會所接受，會嘗試消除各方面的疑慮。想要適應這些新情境，需要一個尋求訊息及減少壓力的循環行為模式（Ball-Rokeach, 1973；Yip, 2010），即必須不斷重複地進行尋求訊息，係指個體如何加強預測與解釋他人行為的能力；同時，部落原住民成員轉型為數位機會中心，也需要適應和外來人士相處，協力推展。兩方面都面臨疑慮消除的過程，本文將關注雙方在進人、個人及離開等三階段的疑慮消除模式。

參、個案分析

由於台東縣十個數位機會中心散處各部落，境內有卑南、阿美、排灣、達悟等原住民族，數位機會中心還有泰雅、賽德克族，部落人士分居不同偏鄉，居住部落成員以年長者或幼童居多，對話訪談往往需要透過各母語翻譯人員，難以進行有系統的問卷調查。

研究參酌疑慮消除模式（見圖 2-3），以參與觀察法為主，兼採文獻分析、個別訪談法等多元研究法，探討部落人士、外來人士推動數位機會中心的疑慮消除過程。

台東數位機會中心自二○○九年起先由台東大學執行推動，二○一○

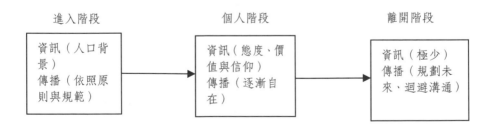

進入階段　　　　　　　　個人階段　　　　　　　　離開階段

| 資訊（人口背景）
傳播（依照原則與規範） | → | 資訊（態度、價值與信仰）
傳播（逐漸自在） | → | 資訊（極少）
傳播（規劃未來、迴避溝通） |

圖 2-3　疑慮消除模式

資料來源：Heath & Bryant, 2000.

年開始至二〇一二年三月底由財團法人台灣網站分級推廣基金會（以下簡稱網推基金會）接手。網推基金會於二〇一一年五月人事運作停滯，由白絲帶關懷協會協助完成專案後續。目前基金會已依法撤銷登記並解散。

　　研究者從二〇一一年六月至二〇一二年三月間，實地參與台東縣數位機會中心運作，共有十處 DOC（數位機會中心），包含建和、卑南、太麻里、鹿野、關山、大武、金峰、北源、成功、蘭嶼 DOC。並訪談各點駐點人員、部落人士及輔導團成員等二十六位。

　　訪談對象有：

　　M1：建和數位機會中心代表，漢人

　　M2：建和部落頭目，卑南族

　　F1：建和部落頭目娘，卑南族

　　M3：卑南部落人士，卑南族

　　M4：卑南數位機會中心代表，漢人

　　F2：卑南數位機會中心代表，漢人

　　M5：太麻里數位機會中心代表，排灣族

　　F3：太麻里部落人士，泰雅族

　　M6：關山部落人士，阿美族

　　F4：關山數位機會中心代表，漢人

　　F5：大武數位機會中心代表，卑南族

　　M7：大武部落人士，漢人

　　M8：大武數位機會中心代表，排灣族

　　F6：金峰嘉蘭部落代表，排灣族

　　M9：金峰數位機會中心人士，排灣族

　　F7：北源數位機會中心代表，漢人

　　M10：北源社區人士，漢人

　　M11：成功數位機會中心代表，賽德克族

M12：成功數位機會中心代表，漢人

M13：蘭嶼數位機會中心代表，漢人

M14：蘭嶼部落人士，達悟族（雅美族）

M15：蘭嶼部落人士，漢人

F8：輔導團代表，漢人

F9：輔導團代表，漢人

F10：輔導團代表，漢人

M16：輔導團代表（已離職），漢人

深度訪談問題如下：

1.請問您對台東設置數位機會中心的第一印象是？

2.請您回想一下，當開始設置數位機會中心，如何消除相關人員（部落或輔導團）的疑慮？

3.請您回想一下，當開始設置數位機會中心，如何推動各點特色？

4.就您個人的經驗，數位機會中心對部落人士與生活有哪些影響或改變？

5.推動數位機會中心的過程，所遭遇到的挑戰有哪些？如何化解？

6.您對於數位機會中心未來發展的看法與建議？

7.您對於剛才提出的問題，還有哪些意見要補充？

　　研究者並參酌舉辦七場台東縣數位機會中心在地座談會紀錄，進行比對分析。

肆、檢視數位機會中心

　　台東縣數位機會中心自二〇〇九年創立，第一階段由台東大學承辦，

根據離職輔導團代表的說法，由於部落人士不習慣在地大學教授的主導強度，且承辦教授後來轉任教其他縣市大學，一度進入空窗期（M16, F8）；第二階段在二〇一〇年由網推基金會承接，前兩階段的主要任務是架設台東數位機會中心網站，協助各數位機會中心建立特色，並在各點部落推展數位學習課程（參考九十九年度期中與期末報告、一〇〇年度期中報告）。

網推基金會於二〇一一年五月因人事變動，更換計畫主持人，台東縣數位機會中心營運進入第三階段。第三階段重點除推動電腦課程外，也協助各點行銷各自特色文創、農產品或觀光特色（參考九十九年度期中與期末報告、一〇〇年度期中報告）。二〇一二年四月開始由台東縣教育處代管，進入第四階段。本研究觀察期為台東縣數位機會中心第一至三階段的推展。

參考深度訪談、參與觀察、座談會記錄發現，在進入階段，外來人士會採取被動、主動、互動策略，認識與熟悉部落人士文化。

被動策略包含：首先在進入部落之前，會從網路、文獻、社區組織等蒐集取得部落生活習俗與所在位置，部落客留言對於特定部落與原住民的介紹和意見；在進入部落過程，除觀察部落情境與家居生活，也默默留意部落原住民之間，以及原住民與外來人士的溝通。

主動策略計有：與過去參與的輔導團、社區學校、民間組織成員打聽、請教進入部落的經驗，從各駐點員的經驗打探與學習，這些方式分別透過面對面請益、電話討論或網路請教。

互動策略如：直接拜會在地學校原住民教職員、原住民團體與成員、具原住民身分之駐點人員；其次也用電話或網路視訊聯絡溝通。

部落人士對於外來人士希望推動的教育部數位機會中心專案，比較常採取被動策略，除非必要才使用主動或互動策略。

在第二階段接任的尚武國小校長表示，在從學習型機會中心轉為社區型機會中心後，雖具排灣族身分，由於身負推動校務職責，對於數位機會

中心的專案細節，係從社區專任駐點人員、輔導團人員獲知（M7，M8，F5），形同被動策略。

太麻里部落達旺教會師母，忙於協助部落家庭課後輔導關懷，對於數位機會中心的目標，也多以輔導團成員意見為主（M5，F3），如被動策略。

金峰部落社區發展協會前總幹事，具排灣族身分，與同具排灣族身分的駐點員，可直接溝通部落發展規劃與需要（F6，M9），形同互動策略。

台東縣數位機會中心分為學習型、社區型數位機會中心，推動之初，以協助部落人士學習上網、且與社區團體意見領袖共商部落農產或文創特色（參考九十九年度期中與期末報告、一〇〇年度期中報告），部落社區發展人士對於專案提供的電腦網路設備，可以賦權部落與在地人士和外界的連結，有機會表達聲音者多以擁抱態度面對新科技的進駐。

在個人階段時，外來人士和部落社區意見領袖（學校、社區發展協會、鄉公所、社區公共圖書館）建立初步共識，協力開發與建立各點特色，同時開設上網課程（M3，M4，M13，F2，F8，F9，F10），提供部落人士學習。這一階段以互動策略居多，輔以主動策略或被動策略。

互動策略即輔導團按月召開會議，進行跨點面對面溝通與經驗交流，輔導團成員也進入各點探訪，瞭解執行需要與需求。只是，這一階段的互動策略，據離職輔導團成員及駐點員表示（M12，M16），外來團隊隨著成員特質，有些溝通方式主導性強，這部分讓部落社區人士相當不自在，因而，輔導團成員卡在教育部的績效指標與部落自在隨意的步伐中，陸續提出離職。

原因在於，外來人士依照教育部期中、期末審查的考核項目，逐步催促各數位機會中心達成公部門設定之專案目標，偏偏各部落居住成員背景與生態有別，無法一以貫之。例如：太麻里需要以開設安親陪讀方式，建立部落青少兒健康自我形象與自信心，無暇按進度開班授課（M5，F3，F8）；金峰嘉蘭部落、蘭嶼也因部落農忙，或忙著趕行政院災後重建的專

案結案，無法如期舉辦部落社區課程（F6，F8，M9，M13，M14，M15）。

　　一些駐點代表將部落人士觀感，傳遞給輔導團人士與教育部代表（F8，F9），類似資訊傳遞形同主動策略，此時，外來人士仍以向他人打聽的方式，熟習部落作息與進度延遲原因。

　　當外來人士（如輔導團成員、非原住民駐點員）重複實地訪視過程，除聽取各駐點代表說明報告外，也從觀察在數位機會中心上網的原住民年齡層，察覺部落生活作息的落差，一般以兒童在數位機會中心上網玩遊戲居多，成年人忙於農作或手工藝謀生，同時兼顧在周圍玩耍的兒童，這些如同被動策略。

　　從部落人士的眼中，數位機會中心的設置，可讓太麻里、建和部落銀髮族透過上網訂火車票，或與在外地的子女們聯絡、傳遞生活照片。或如建和部落在老人服務中心的電腦課程，可以認識朋友（M1，M2，M5，F1，F3）；讓金峰嘉蘭部落婦女可以上網拍賣其所製陶珠手工藝品，即便遭到退貨也讓部落婦女在驚訝中學習品質管理（F6，M9）。

　　部落人士以農忙無暇上課回應部分數位機會中心的課程開設，或當駐點人員規劃課程時，部落人士提醒要避開農忙時段，分別以主動、互動策略表達部落心聲。

　　部落人士也透過輔導團代表向計畫委辦單位教育部電算中心，輾轉傳遞一些部落無福消受的「無奈」。如一位離開數位機會中心部落代表便表示（M6）：「數位機會中心形同政府瓦解部落的手段！」這是部落人士回應數位機會中心的被動策略。

　　當離開階段，外來人士兼用互動、主動、互動策略，回到漢人社會。

　　所謂互動策略，是直接面對面和部落人士分享數位機會中心的未來遠景，這部分以外來人士執行專案的自我揭露或目標說明居多。相較之下，外來人士也以上述命題，蒐集部落人士面對數位機會中心的甘苦。

　　外來人士在前述相處，也累積對各部落生活習俗與文化特色的認識，

這些情形往往出現於部落社區意見領袖的文化展示與解說。

外來人士採取的主動策略是指：從輔導團或外來駐點代表，探詢部落人士是否願意繼續成為數位機會中心的意願。

其次，外來人士可從輔導團或駐點代表，得知學習型數位機會中心轉型為社區型數位機會中心的經驗，認識部落生態與互動。例如：尚武部落數位機會中心由尚武國小的學習型數位機會中心，轉型為尚武社區型數位機會中心，由尚武社區發展協會營運，卻遭遇電腦設備轉移的困難（F5，F8，M7）。

同樣的轉型，在太麻里數位機會中心卻有截然不同的過程。太麻里數位機會中心由大王國小承接學習型數位機會中心，轉移至接對面達旺教會的社區型數位機會中心，卻相當平順（F3，F8，M5），且能彼此協力重建部落青少兒的自信心。

上述經由非原住民部落人士，蒐集部落人士推動數位機會中心的挑戰與意願，如同外來人士採取的主動策略。

分析外來人士運用的被動策略，係指觀察不具原住民身分的輔導團、駐點員、教育部代表、原住民部落人士的作息互動，以及意見表述。

以期末實地考察為例，各數位機會中心駐點代表除盡心款待，用心報告介紹推動成果外，希望繼續承接的部落代表，較積極參與考核座談；打算「畢業」部落學校代表，傾向指派教務、總務主任或助理參與。

以年底期末成果展為例，為期一整天的部落擺攤展示與表演，雖聚集各點部落人士展現其手工藝、農產品、漁貨品、觀光景點等，或現場進行DIY 示範（F8，F9，F10，M13），可由各部落人士的參與程度，窺見一二。

審視部落人士在離開階段的策略運用，以主動策略為主，互動策略為輔。

主動策略諸如透過輔導團代表表達無法繼續參與的意願，諸如大武數位機會中心從學習型轉為社區型，也有外部大專資訊志工進駐協助兒童資

訊志工營，社區部落人士踴躍參與，卻因為部落網路頻寬問題遲遲沒有改善，以及與在地小學的搭配挑戰問題（F5，F8，M7，M8），選擇自數位機會中心「畢業」。互動策略則是透過網路電子信件，以書面向教育部或輔導團代表表達不便參與。這部分面對面的溝通比較有限。

太麻里數位機會中心因偏重原住民兒童課業輔導、安親班服務，無暇配合教育部的進度管控，推展電腦網路課程，多次由原住民駐點代表，直接向輔導團代表表達想離開（M5，F3，F8），屬於面對面溝通。後來因為調整其課程推展時程，而留下來。

觀察輔導團、駐點代表的離開過程，可分為轉換工作領域或角色扮演。所採取的溝通策略以互動策略為主。輔導團代表不時要訪視所負責數位機會中心的駐點員，或透過電話與網路聯絡，這些形同面對面互動策略及間接互動策略。

根據輔導團代表表示，離職輔導團代表有些是另覓他職而離開（F8，M8），也有轉型為兼職駐點代表，並前往各點擔任上網基礎課程講師（M12，F8）。這部分的優點是協助交通不便的數位機會中心找到講師，但因兼任特定數位機會中心兼任駐點代表，在推動過程傾向將經費用於個人授課終點時數規劃，當所在數位機會中心部落需要行銷課程時，再提出超出原先規劃經費之外的申請，除因應部落需求外，也受到兼任駐點時數有限的實際影響。

平心而論，擔任數位機會中心輔導團成員，在台東是個有意義且待遇合理的工作，輔導團成員異動頻頻，主要在於內部個人的傳播溝通無法逐漸自在，原因可能在於理念不合，或感受無法進入核心決策層面等。

其次，駐點代表在各部落也肩負相當意義的使命，其異動除居住搬遷等原因，往往也與部落學校與社區發展組織能否協力有關，如大武數位機會中心從原先主導的尚武國小習型數位機會中心，轉型為由社區發展協會主導的社區型數位機會中心，便因為電腦設備轉移財產問題，導致校方

代表與部落社區人士的溝通失調（F5，F8，M7，M8），無法彼此信任的後果，不僅無法達到加乘的協助效果，反而因內耗致使部落社區駐點代表離開。

網路流量速度遲遲未能改善，也影響駐點員個人的投入意願。以大武數位機會中心為例，兩地社區人士一再透過輔導團、教育部、NCC 營管處，向中華電信表達網路上傳資料常塞車的困境，公文也往返多回合，部落網路訊號不穩定卻未獲得具體回應。這些讓原住民身分的大武數位機會中心駐點員感到意興闌珊（F5，F8，M7，M8），上述溝通從面對面（互動策略）、網路信函到電子公文（間接互動策略），遲無下文。

整體而言，台東縣數位機會中心的設置，對於境內部落建立特色與賦權（empower）部落人士，有相當的意義，也的確創造了一些部落的機會。如太麻里、建和部落國小因為成為數位機會中心，擁有服務部落人士的電腦設備（M1，M2，M5，F1，F3，F8），也衍生出向其他基金會申請校方開拓發展亮點與資源的機會。

再以設置於金峰嘉蘭部落的金峰數位機會中心為例，其成功締造了嘉蘭芭伊陶珠工坊。新任三民國小的賽德克族校長上任後，除欣然承接成功數位機會中心，來自長濱的他也為長濱未能申請成為數位機會中心，一再表達惋惜；言下之意，數位機會中心設置對於偏鄉地區的確有其助益。

當社區組織與部落關係良好，數位機會中心的設置，對於部落可說是如魚得水，從金峰數位機會中心、太麻里數位機會中心、蘭嶼數位機會中心、建和數位機會中心的經驗，大抵為正向效益。

相對地，部分偏鄉因申請成為數位機會中心，也是忙碌向外拓展的開始而已。在數位機會中心經費年年降低的趨勢下，又因應教育部電算中心的進度管控，資源湧進達到臨界點時，校方代表兼顧校務與專案執行的多重任務，加上部落人士無暇上課，或報名人數無法達到十人的最低規定，反而讓校方有無福消受的無奈感。

　　此外，建和部落的頭目與頭目娘，對於教育部人員傾向與身兼兼職駐點員的建和國小教務主任或在地社區組織討論溝通的方式，深深不以為然。他們表示，建和部落有自己的木雕作品與原住民藝術工作者，教育部承辦人員往往透過在地社區團體，或因應專案需要設置的新社區組織，這些因運而生的新社區組織，和原住民部落想法有別，也未必可以代表部落原住民和外部溝通，兩者思維落差極大。

伍、結論、討論與建議

　　經由文獻資料、參與觀察與訪談分析得知，台東縣蘭嶼、建和、太麻里、大武、金峰等部落數位機會中心所面臨的疑慮消除策略與挑戰，部落人士、外來人士在進入階段、個人階段及離開階段的關係互動，隨著部落發展與人員變遷，有些許差異。

　　大致而言，外來人士開展蘭嶼、建和、太麻里、大武、金峰等部落數位機會中心，在進入階段會兼用被動、主動、互動策略與部落人士建立關係；當逐漸熟悉部落人事物後，在個人階段，也兼用被動、主動、互動策略與部落人士建立關係，同時推動數位機會中心業務；當外來人士離開階段，因專案主導權率制於立法院與教育部電算中心，離開以被動策略為主，類似迴避溝通。

　　部落人士除蘭嶼因地處台灣最邊陲的外島，時有外部資源挹注，對於數位機會中心的設置，一樣抱持不拒絕的方式，兼用被動、主動、互動策略，由當地學校的漢人或原住民教職員，協助推動。

　　相較之下，建和、太麻里、大武尚武、金峰嘉蘭等部落人士，對於外部興起的數位機會中心進駐部落內，在進入階段多抱持被動、主動策略因應。當關係建立後，逐漸採取被動、主動、互動策略，面對外來的數位機

表 2-1　外來人士、部落人士建置數位機會中心的疑慮消除模式

	進入階段	個人階段	離開階段
蘭嶼數位機會中心			
外來人士	P/A/I	P/A/I	P
部落人士	P/A/I	P/A/I	
建和數位機會中心			
外來人士	P/A/I	P/A/I	P
部落人士	P/A	P/A/I	
太麻里數位機會中心			
外來人士	P/A/I	P/A/I	P
部落人士	P/A	P/A/I	
大武數位機會中心			
外來人士	P/A/I	P/A/I	P
部落人士	P/A	P/A/I	P/A/I
金峰數位機會中心			
外來人士	P/A/I	P/A/I	P
部落人士	P/A	P/A/I	

會中心設置。

　　包含建和、蘭嶼、太麻里、大武、金峰等部落人士並未選擇離開數位機會中心，但對於數位機會中心抱持若即若離的態度。畢竟，數位機會中心的設置，是部落接觸外部多向資源與機會的開始。

　　雖然，數位機會中心的預算一年不如一年，但初期的電腦設備及後續各方捐贈或支援的相關軟體硬體，的確讓部落動了起來。對於太麻里、大武、金峰、蘭嶼、建和而言，自八八風災後，數位機會中心設置搭起部落與外界的橋樑，一旦進入熟悉的個人階段，外部人士與部落內部人士，不排斥數位機會中心的存在，即便偶爾因農忙難以推動以致名存實停，仍因為有數位機會中心的頭銜，而可招募相關資源進駐在地校園或部落。

　　在第三階段結束，第四階段暫時回歸現台東縣教育處，回歸地方政治權力中心，雖然初期設立的數位機會中心類似「名存實亡」，卻因為可以向政府申請若干補助經費與資源，讓部落無法排斥與質疑、過問各階段以

不同面貌存在於台東縣的數位機會中心。

馴化理論（domestication theory）是指在日常生活中採用如資訊科技的特定客體，或對於科技的消費接納（Silverstone & Hirsch, 1992；Vuojarvi, Isomaki & Hynes, 2010），從青少年習慣用簡訊與人互動、到對資訊科技如社群網站的接納與擁抱等。

將台東縣建和、蘭嶼、太麻里、大武、金峰嘉蘭等部落人士，對於外來數位機會中心抱持的態度，不難嗅出資訊科技在部落扮演某些程度的馴化角色，資訊科技的確搭起部落與外界連結的橋樑。

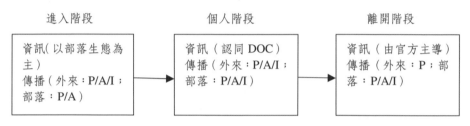

圖 2-4　台東縣數位機會中心建置的疑慮消除模式

政府藉由數位機會中心的第三部門，將科技輸送於特定部落；特定部落也因為申請成為數位機會中心，賦權部落人士可以爭取較多發展與重建部落的資源。這意味著部落傾向是數位機會中心的申設，視為一種數位機會。

文獻將數位落差區分為（黃葳威，2012a）：(1)全球落差（global divide）：如已開發國家與開發中國家對於網路接近使用的差別（Norris, 2001）；(2)社會落差（social divide）：不同國家社會中，資訊豐富成員或團體，與資訊匱乏成員或團體的差距（Norris, 2001）；(3)民主落差（democratic divide）：即使用或不使用數位資源而涉入、參與或動員公共活動的人之間的差異（Norris, 2001）；(4)親子落差（黃葳威，2012）：同一家族成員，家長或監護人與子女（甚至孫子女）間對於資訊科技使用技

能的差距；(5)個人落差（黃葳威，2012a）：最明顯的個人落差，未必是能否使用資訊科技，而是能否自主使用且不被資訊科技操控。

　　台東縣部落人士不排斥數位機會中心設置，但希望符合在地主體的生活作息與需要，這多少提醒外來者避免流於引發運用科技瓦解部落的誤解，形同民主落差！外部單位與人士的溝通與執行方式需要更細緻，避免用漢人對於社區組織的概念，套用於部落模式，應留心各部落現存的階級架構與互動。

　　當部落外部人士前往部落推動所謂數位機會，相對缺乏跨文化素養，建議日後外部人士及公部門，宜避免以都會績效指標套用於原住民部落；其推動策略與目標，也應邀請部落長老或在地人士，提供貼近部落真實需求的步驟與方式，從部落觀點出發，可達到雙贏的平衡。

　　台東縣部分數位機會中心，聚集兒童上網玩線上遊戲的現象，一些部落學童誤解上網為遊戲休閒的平台，而輕忽其他使用面，部落家長也未必對無法協助勞務的電腦網路有多餘學習的興趣與動力，以為網路對於改善生計沒有助益。這顯示部落人士的網路行銷觀念仍待建立，家庭親子對於網路使用觀念的親子、個人層面的數位落差，更值得正視與因應。

參考書目

一、中文部分

王智姚（2002）。〈國小中、高年級學生對能源的認知與態度之研究〉。台北市：國立台北教育大學科學教育研究所碩士論文。

危芷芬（2006）。《社會認知》。台北市：五南。

杜聲鋒（1997）。《皮亞傑及其思想》。台北市：遠流。

林美珍（1996）。《兒童認知發展》。台北市：心理。

姜文閔譯（1992）。《我們如何思維》。台北市：五南。

國立東華大學（2010）。《2010 創造公平數位機會白皮書》。台北市：
　　教育部。

張春興（1986）。《現代心理學》。台北市：五南。

張春興（1989）。《張氏心理學辭典》。台北市：東華書局。

陳國明（2009）。《跨文化交際學》，上海市：華東師範大學出版社。

黃葳威（1999）。《文化傳播》，台北市：正中。

黃葳威（2004）。《閱聽人與媒體文化》。台北市：揚智。

黃葳威（2008）。《數位傳播與資訊文化》。新北市：威仕曼。

黃葳威（2012a）。《數位時代資訊素養》。新北市：威仕曼。

黃葳威（2012b）。《100 年台東縣數位機會中心輔導計畫》。台北市：
　　教育部。

黃葳威（2016）。〈文化間與跨文化傳播〉，載於郭貞等著，《傳播理論》，
　　頁 500-551，新北市：揚智。

楊語芸譯（1995）。《心理學概論》。台北市：桂冠。

楊龍立（2000）。《科學教導學──自然科教材教法》。台北市：文景書
　　局。

葉重新（1998）。《心理學》。台北市：心理。

劉炯朗（2010）。〈99 年台東縣數位機會中心輔導計畫〉，台北市：教
　　育部。

鄭芬姬、何坤龍（2004）。《管理心理學》。台北市：新陸書局。

鄭麗玉（1993）。《認知心理學──理論與應用》。台北市：五南。

鄭麗玉（2006）。《教育心理學精要》（第二版）。台北市：五南。

鍾聖校（1990）。《認知心理學》。台北市：心理出版社。

顏明仁（2001）。《高雄市國中學生科技認知之研究》。台北市：國立台

灣師範大學工業科技教育研究所碩士論文。

蘇進財（1990）。〈台北市高職學生社會認知研究〉。台北市：國立台灣
師範大學教育研究所碩士論文。

二、英文部分

Allen, R. L., Dowson, M. C. & Brown, R. E. (1989). "A schema-based approach to modeling an African-American racial belief system", *American Political Science Review*, 83(2), 421-441.

Altman, I. & Taylor, D. (1973). *Social Penetration: The Development of Interpersonal Communication*. New York: Holt, Rinehart, and Winston.

Ball-Rokeach, S. (1973). "From pervasive ambiguity to a definition of the situation", *Sociometry*, 36, 378-389.

Berger, C. R. & Calabrese, R. J. (1975). "Some explorations in initial interaction and beyond: Toward a development theory of interpersonal communication", *Human Communication Research*, 1(2): 99-112.

Berger, C. R. (1979), "Beyond initial interaction: uncertainty, understanding, and the development of interpersonal relationships", in Giles, H., St Clair, R. N. (Eds), *Language and Social Psychology*, Baltimore, MD: University Park Press.

Berger, C. R. & Bradac, J. J. (1982). *Language and Social Knowledge: Uncertainty in Interpersonal Relations*. London: Edward Arnold.

Berger, C. R. (1987). "Communicating under uncertainty". in M. E. Roloff & G. R. Miller (Eds.). *Interpersonal Processes: New Directions in Communication Research*, 39-62. Newbury Park, C.A.: Sage.

Bigge, M. L. (1971). *Learning Theories for Teachers*. New York: Harper and Rowe.

Cacioppo, J. T. & Petty, R. E. (1982). *Perspectives in Cardiovascular*

Psychophysiology. New York: Guildford Press

Carlsmith, J. L. (1978). *Social Psychology* (3rd edition). Englewood Cliff: N. J. : Prentice-Hall.

Chaffee, S. H., & Mutz, D. C. (1988). "Comparing mediated and interpersonal communication data". in R. P. Hawkins, S. Pingree & J. Wiemann (Eds.), *Advancing Communication Science: Merging Mass and Interpersonal Process,* pp.19- 43. Newbury Park, CA: Sage.

Defleur, M. L. & Dennis, E. E. (1981). *Understanding Mass Communication.* Dallas, TX: Houghton Mifflin Company.

Festinger, L. (1957). *A Theory of Cognitive Dissonance.* Stanford, CA: Stanford University Press.

Gao, G. & Gudykunst, W. B. (1990). "Uncertainty, anxiety, and adaptation", *International Journal of Intercultural Relations*, 14(3) , 301-317.

Gorden, T. F. (1974). Mass Media and Minority Socialization: Conceptualizing the Process, Paper presented at the annual meeting of the Association for Education in Journalism, San Diego, CA.

Gudykunst, W. B. (1983, Fall). "Similarities and differences in perception of initial intracultural and intercultural encounters: an exploratory investigation", *The Southern Speech Communication Journal*, 49, 49-65.

Gudykunst, W. B. (2001). *Asian Amerian Ethnicity and Communication*, Thousand, Lake, CA: Sage.

Gudykunst, W. B. (2005). "An anxiety/uncertainty management (AUM) theory of effective communication", in W. B. Gudykunst (ed.), *Theorizing about Intercultural Communication.* Thousand Oakks, CA: Sage, 282.

Gudykunst, W. B. & Hammer, M. R. (1988). "Strangers and hosts: an uncertainty reduction based theory of intercultural adaptation", in Kim, Y.

Y. & Gudykunst, W. B. (eds), *Cross-Cultural Adaptation: Current Approaches*, Sage Publications, Newbury Park, CA.

Gudykunst, W. B. & Kim, Y. Y. (2003). *Communicating With Strangers: An Approach to Intercultural Communication*. New York: McGraw Hill.

Gudykunst, W. B. & Nishida, T. (1986). "Attributional confidence in low- and high-context cultures", *Human Communication Research*, 12(4), 525-549.

Heath, R. L. & Bryant, J. (2000). *Human Communication Theory and Research. Concept, Context and Challenges*. Mahwah, NJ: Erlbaum.

Huang, W. V. (2002). The role of internet in uncertainty reduction and adaptation: taking Chinese immigrants in Richmond, Surrey, and Vancouver as an example", paper presented at the 3rd annual International and Intercultural Convention, Dec. 6-8, 2002, Taipei County: Tankang University.

Huang, W. V. (2006, June). *The impacts of internet upon Chinese immigrants' family communication*, paper presented at 56th Annual Conference of International Communication Association (ICA), Dresdon, Germany: Maritim Hotel & Internationales Congress Center.

Katz, E., Blumler, J. G. & Gurevitch, M. (1974). "Utilization of mass communication by the individual", in J. G. Blumler & E. Katz (ed.), *The Uses of Mass Communications: Current Perspectives on Gratification Research,* 19-32. Beverly Hills: Sage.

Kim, Y. Y. (1988). *Communication and Cross-cultural Adaptation*. Clevedon, UK: Multilingual Matters Ltd.

Kim, Y. Y. (2001). *Becoming Intercultural: An Integrative Theory of Communication and Cross-Cultural Adaptation*. Newbury Park, CA: Sage

Kuo, W. H. & Lin, N. (1977, Summer). "Assimilation of Chinese Americans in Washington D. C", *The Sociological Quarterly,*18, 340-352.

Mckay, J. J. & Gaw, B. A. (1975). *Personal and interpersonal communication: Dialogue with the self and with others.* Colunbus, OH: Charles E. Merrill.

Neuliep, J. W. (2006). *Intercultural Communication: A Contextural Approach.* Thousand Oaks, CA: Sage.

Norris, P. (2001). *Digital Divide? Civic Engagement, Information Poverty and the Internet Worldwide.* Cambridge: Cambridge University Press.

Petty, R. E., Cacioppo, J. T. & Goldman, R. (1981). "Personal involvement as a determinant of argument-based persuasion", *Journal of Personality and Social Psychology*, 41, 847-855.

Reardon, K. K., & Rogers, E. M. (1988). "Interpersonal versus mass media communication. A false dichotomy", *Human Communication Research*, 15(2), 284 -303.

Rogers, E. M. (1994). *A History of Communication Study: A Biographical Approach.* New York: The Free Press.

Rogers, E. (1995). *Diffusion of Innovations* (4th edition). New York: The Free Press.

Schütz, A. (1944, May) "The Stranger: An Essay in Social Psychology", *American Journal of Sociology*, 49(6), 499-507.

Shannon, C. & Weaver, W. (1949). *The Mathematical Theory of Communication.* Urbana, Ill: University of Illinois Press.

Shoemaker, P. J., Reese, S. D. & Danielson, W. A. (1985). Media in Ethnic Context: Communication and laguage in Texas. Doctoral dissertation, The University of Texas at Austin.

Silverstone R. & Hirsch, E. (1992). *Consuming Technologies.* Routledge, London.

Subervi-Velez, F. A. (1989). "Book review on *Communication and Cross-cultural Adaptation*", by Y. Y. Kim, *Journalism Quarterly*, 66(1), 227-28.

Storey, J. D. (1989, August). History and Homogeneity: The effects of perceptions of membership group on interpersonal communication. Doctoral dissertation, Stanford University.

Taft, R. (1977). "Coping with unfamiliar cultures", in N. Warren (ed.), *Studies in Cross-Cultural Psychology*, 1, 121-53. London: Academic Press.

Taylor, S. E., Peplau, L. A., & Sears, D. O. (1997). *Social Psychology* (9th Ed.), Englewood Cliffs, NJ: Prentice-Hall.

Vuojarvi, H., Isomaki, H., & Hynes, D. (2010, Spring). "Domestication of a laptop on a wireless campus: a case study", *Australasian Journal of Educational Technologies*, 26(2), 250-267.

West, R. & Turner, L. H. (2009). *Understanding Interpersonal Communication: Making Choices in Changing Times* (2nd edition), Boston, MA: Wadsworth.

William, A. (2001). *Intergenerational Communication Across the Life Span*. Mahwah, N. J.: Lawrence Erlbaum Associates, 2001.

Yip, G. (2010). "A Theoretical Basis of Intercultural Communication Competence: Gudykunsts Anxiety/Uncertainty Management Theory", *Global Missiology English*, Vol 2, No. 7. http://ojs.globalmissiology.org/index.php/english/article/view/6/16.

第三章

數位時代社群媒體

壹、前言

社群網站如臉書（Facebook）、噗浪（Plurk）、推特（Twitter），席捲全球，連八、九歲的兒童都會上社群網站，一方面可以聯絡親友，也可上傳影音檔案、照片、音樂，與人分享交流。

聯合國經濟合作暨發展組織（OECD）早在一九九六年發表「知識經濟報告」，所謂「知識經濟」是指直接建立在知識和資訊的激發、擴散與應用的所有經濟活動；在知識經濟的時代，支持經濟發展的主要動力未必是傳統的土地、資金、勞力等生產要素，而是應用知識和創造新知識的能力和效率（馮震宇，2002）。

根據經濟合作暨發展組織的界定，知識產業分為以製造為主的「知識製造業」，與提供服務為主的「知識服務業」。前者如同高科技產業和中高科技為主的製造業；知識服務業諸如通訊服務、金融服務、工商服務、教育服務及醫療服務等項目（王健全，2001）。

美國商務部對知識服務業的定義在於，只要符合「提供服務時融入科學、工程技術等產業，或協助科學工程技術推動的服務業」皆屬於知識服務業，由此觀察美國商務部的定義，知識服務業涵蓋的行業包括通訊服務、金融服務、工商服務（如電腦軟體、電腦及資訊處理、醫藥臨床實驗、各類技術研究發展、工程服務）及其他相關服務（王健全，2001）。

身處知識經濟與數位媒體的紀元，媒體不再只是供給，而是需求。

那麼，風起雲湧的社群媒體是否可以形成知識經濟呢？

台灣網路資訊中心公布二〇一七年「台灣寬頻網路使用調查」報告，全國十二歲以上民眾 83.4% 曾經上過網，較二〇一六年減少 6%。推估其人數約有 1,760 萬人。而十二歲以下的上網率則為 48.8%，較二〇一六年

增加3.1%。推估其人數約有120萬人，二者合計上網人數為近1,879萬人，整體上網率為80.0%，較二〇一六年減少4.8%。十二歲以上民眾一旦開始接觸網路，大多會持續性的上網。

整體來看，十二歲以上民眾近半年上網率為80.2%，較二〇一六年減少6.1%。推估其人數約有1,692萬人。

全國十二歲以上民眾曾經使用無線區域網路上網的比例為52.7%，推估其人數約有1,112萬人，較二〇一六年的比例明顯增加3.3%。二〇一七年民眾使用無線區域網路上網比例則為51.6%，推估其人數約有1,089萬人，則較二〇一六年的比例增加2.6%。

二〇一七年全國十二歲以上民眾曾經使用無線上網（無線區域網路上網、行動上網）比例的估計值為77.7%，估計人數為1,639萬人，與二〇一六年的78.0%僅相差0.3%。最近半年使用無線上網比例的估計值為則為75.4%，估計人數為1,591萬人，較二〇一六年的76.3%僅減少0.9%。從調查數據來看，全國曾經無線上網率已呈現穩定狀態。

調查顯示，有上網經驗者，其上網使用網路社群或及時通訊軟體的方面，有78.9%的受訪者有使用網路社群，其中使用Facebook（臉書）的比例最高，占95.7%；有89.6%的受訪者有使用即時通訊軟體，其中使用Line的比例最高，占97.1%，而網路社群及即時通訊軟體已被網民使用的比例高達93.7%，顯示由網路進行人際溝通形成重要的上網動機，並且此種虛擬的互動型態逐漸融入或取代人際間面對面溝通。

在使用網路社群或即時通訊軟體後，47.3%認為與家人或朋友之間的互動沒有任何改變，但也有35.2%認為有增加與親友間聯繫。20.8%曾經遭遇過與網路安全有關的事件，以帳號被盜取的比例最高，占44.4%。二〇一三年五月二十八日公布的資料顯示，台灣上網人口突破1,734萬，其中有1,301萬人使用社群媒體，亞洲國家使用Facebook的現況調查，台灣在亞洲國家使用比例最高；創市際於二〇一二年針對帳號使用者程度

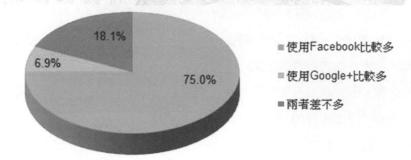

圖 3-1　Facebook 與 Goolgle+帳號的使用程度

資料來源：創市際市場研究顧問 2012 年 7 月

調查（如圖 3-1），結果顯示超過七成五的受訪者選擇「使用 Facebook 比較多」；「兩者差不多」為 18.1%；「使用 Google+比較多」之比例僅 6.9%。因此不容忽視社群媒體的影響力。

根據「數位世代網路使用長期觀察報告」（黃葳威，2017），近五成七的小三至大二青少兒會參加網路社群，持續四年大幅成長，今年呈停滯狀態。

近六年，校園學生日常作息，逐漸和網路社群緊密相結合，網路社群和面對面的同儕互動頻繁，網路社群成員也遠超出日常生活中可預期的同學圈。

台灣八到十八歲青少兒在學學生，約 90%是在家中上網，46.5% 最常獨自上網，其次與兄弟姊妹一同上網占 27.5%。青少兒以玩線上遊戲為主，占 20.3%；其次是使用即時通訊，占 16.8%；再者是查詢資料，占 15.7%。

上網成為 e 世代重要的人際互動、交流與社會化管道。

網友在網路可以發展出新的互動關係，不論是在電子布告欄系統（Bulletin Board System, BBS）上建立新的人際關係，或是透過連線與他

們的朋友聯繫，他們將電腦視為一個社區，也將電腦當作社會關係的基礎（Howard & Jones, 2004；Watkins, 2009）。

網路特性

文獻將網際網路特性歸納為：閱聽主體性；網路閱聽人可以主動選擇所需或過濾不必要的訊息（Tapscott, 1998; Rayport & Sviokia, 1995；黃葳威，2008）：

1.即時性：使用者取得資訊的時間較短、效率較高。

2.匿名性：使用者之間沒有身分、性別或社會階層之分，也較無守門人過濾，是故可能導致溝通行為在某種程度上的坦白，但是也有可能因為匿名性而使得網路溝通的可信度受到質疑。

3.多媒體形式：WWW 結合了文字、聲音、圖形與影像，以多元、豐富的方式呈現資訊。

4.互動性：包含了人與電腦之間、使用者彼此間的對談、信件往來及資料傳輸等。網路使用者可隨時隨地在其上進行互動。

5.跨文化特性：網路上資訊的流動並不受到地理疆界的限制。

6.小眾化特質：某類特定訊息可以在大團體中的個人間互相流通。

7.異步性：網路溝通能讓個人在較適宜的時間裡收發訊息，參與者不須同時處在溝通的情境中，可彈性地分配自己的時間。

8.媒體接近性：網路媒體的可近用性（accessibility）較傳統媒體為高。透過網路的連結，訊息接收者在資訊權力的掌控上既是訊息接收者也可以是製造者。

9.超文本資訊：網路提供超文本（hypertext）內容，超文本的連結範圍不只是網站文字，也可以擴及圖像及影音，使溝通的呈現方式有更多的選擇。

10.監控性低：網路上的守門控制過程不像傳統媒體嚴密。

11.回饋性：透過數位網路可在上網搜尋推拉之間，蒐集累積使用者的過程資料。

12.逃避性：人們很容易在網際網路上流連忘返，造成對真實世界各項生活原有的行為模式的排擠，例如：從網路中資訊取得而言，現在的年輕人越來越依賴網路，由網際網路上取得所需的新聞及娛樂，進而減少了看電視、報紙、書籍及收聽廣播的時間；一些人從網路上獲得成就感甚至與現實生活人際相處脫節，出現網路成癮現象。

　　網際網路這條資訊高速公路，能為最終使用者帶來效用的，無非是資訊的提供。經過蒐集、整理、分析、過濾、索引的資訊創造了極高的附加價值，或進一步發展為智慧網路（net intelligence），因而網路價值的根源即是來自資訊。這呼應數位匯流時代來臨，內容才是王道的主張。

　　網路使用者成為實際生產過程的參與及設計者，使得生產與消費者漸趨合一。由於網路上溝通與交易成本的降低，介於生產者與消費者間扮演傳遞與溝通角色之中介人，其功能與重要性日漸式微。由於生產者、消費者、中介人的角色變化，價值鏈隨之重組。

貳、從社群到社群媒體

　　社群平台巴哈姆特從喜歡玩網路遊戲的大學生開始，互相交流對於遊戲的經驗與心得，至今發展為國內數一數二的線上遊戲社群平台。部落客女王從研究生時代開始在網路書寫，目前在社群平台定期發文，也有一定的讀者粉絲群。

　　類似社群媒體的形成，在於網路可縮短時空距離以及互動性的特質，具有共同興趣的網友常彼此主動建立關係，而形成社群，強化了網友對某

一網站或產品的忠誠度與凝聚力。也藉由此社群，使得網站得以長期的經營與發展。

　　探討社群媒體的定義前，須瞭解何謂「社群」。英文 community 一詞指人類的居住情境，中文大多譯為「社區」或「社群」；也有人以日本的譯法稱之為「共同體」。若就其詞源拉丁字 communis 來看，其原意是「同胞」或「共同的關係與感覺」。彼此有一定的認同感，並常有交流互動，維繫關係。

　　具體而言，社群具有以下三種概念（社會發展季刊，1995）：

1.重視地理或結構的概念，為居民共同生活的地區。
2.關注心理或互動的概念，為居民生活中相互關聯與依賴的共同體。
3.看重行動或功能的概念，是居民互相保衛與共謀福利的集體行動。

　　由此得知，社群原本有一定的地理區位概念，彼此也在內在觀念與思想上有一定程度的認知共識，成員彼此互動可能形成相當的影響力。

　　類似地緣關係的一群人被視為同一社區的社群成員，當數位時代來臨，社群成員早已超越地域的限制。社群是人們建立關係的地方，是一種動態、持續不斷的且非僵化的建構過程（Cohen, 1985）。國外文獻定義的社群是指（莊道明，1998）：一群人於特定區域內，彼此相互交流與共用設施，其成員感受到彼此相互依賴與歸屬的認同感。也就是說，所謂的社群是一個與其他群體之間在活動範圍上有所區隔，心理層面有一定歸屬感的群體。這已經跨越地理區位的有形限制，也強調成員有彼此認同的、抽象的內在歸屬範圍。

　　研究者主張（Todd, 1999），社群有共同的空間、價值、語言、經驗及目的，方可形成社群。

　　整體觀察，網路社群組成的要件包含：

1.空間：過往為生活於同一地理區位，網路社群成員則在社群平台交

流。

2.價值：網路社群成員有相似的價值信念，交流彼此的觀念與構想。

3.語言：網路社群成員互動頻繁，形成特有的溝通使用語言詞彙。

4.經驗：網路社群成員可能因相似的經歷在網路相遇，分享各自的經驗。

5.目的：網路社群成員可以持續交流，常因抱持共同的目的或使命。

6.關注：網路社群成員一起關心留意特定議題發展，不時透過網路平台分享傳遞。

7.行動：網路社群成員會因相同目的採取相同方法與行動。

8.影響：網路社群成員在社群平台彼此溝通，甚至可以激發、動員成員參與實體社會改革，產生相當的影響力。

9.凝聚：凝聚向心力的維繫力量，方能構成完整的社群。

社群反映一種歸屬感。社群如同在一個團體中產生連結與歸屬感，而這樣的關係形成來自以下因素：成員認同、產生影響、滿足需求及連結情感（McMillan & Chavis, 1986；轉引自張元力，2005）。

社群媒體

隨著全球上網人口的急速增加，網路空間已逐漸被建構為僅次於實體社會之另一龐大虛擬世界，也開始出現諸如虛擬社群、線上社群、物聯網、電子社群與網路學習社群等名異實同的「社群媒體」。

電腦網路所形成的社群媒體，打破了傳統以地域性為核心的社群構想，形成一種基於資訊分享與情感支持的專屬社群媒體文化。社群媒體是由人們與其他具有共同興趣或來自同樣團體的人們，因為互動的需求所凝聚而成的，空間的限制在網路上不存在，因為社群媒體在網路上的虛擬空間中溝通與活動，所以也稱為虛擬社群（virtual community）。

社群媒體與人們在傳統日常生活中的真實社群一般，同樣具有溝通情

感與傳遞訊息的功能。社群媒體凝聚人們在線上連結持續互動，並從互動中積累彼此的信任及瞭解，成功的社群平台常能使成員產生歸屬感。

社群媒體由學術界開始發展，當一九七一年美國尖端研究計畫局網路（ARPANET）的使用者開始透過網路來互相傳送私人訊息，並藉著電子郵件的大量使用，讓共用資訊的目的，增加了傳送訊息的功能後，開始形成了初期的社群媒體。

早期社群媒體研究者在分析 The Well 線上會議室的運作時，將社群媒體（virtual community）定義為：「在網路上，一群足夠多的人以充分的情感（sufficient human feeling）透過一段時間的公開討論，以發展在網路空間中的人際關係」（Rheingold, 2000），此為社群媒體討論的濫觴。當時認為，社群媒體是源自於電腦仲介傳播所建構而成的虛擬空間（cyberspace），它的發生來自於虛擬空間上有足夠的人、足夠的情感與人際關係在網路上長期發展。

社群媒體係一群人由電子媒體相互溝通所形成的一種新的社會現象，社群媒體也被定義為：「一群主要藉著電腦網路彼此交流的人們，彼此有某種程度的認識、分享某種程度的知識與資訊，相當程度如同對待友人般彼此關懷，所形成的團體」（Rommel, 1997）。換言之，一個社群成員滿意度高的社群媒體，儼然形成一個匯集資訊、資源以及成員夥伴關係的虛擬社會。

英國通訊傳播局（Office of Communication）二〇〇八年公布「社群媒體研究報告」（Social Networking: A quantitative and qualitative research report into attitudes, behaviours and use），將社群媒體界定為：人們透過電腦網路、手機上網等管道溝通，交流或展現個人創意檔案，聯絡的對象可能是一般友人或未曾聯絡過的網友，可能是一對一的溝通，或公開張貼的形式。

社群媒體發展方興未艾，有跡可尋（Office of Communication, 2008），

諸如：家用庭網路覆蓋率及傳輸速度成長；資訊科技信賴度提高；使用者友善程式；以社交關係為基礎的溝通；社群媒體為 web 2.0 情境之一，社群媒體有多樣應用方式，諸如視頻網站、4G 行動媒體等。

(一)社群媒體組成

YouTube初為二〇〇五年設立在美國的一個影片分享社群平台，成立之初寄居美國加州的披薩店與日本餐館，成立一年多後，Google於二〇〇六年十月九日以十六點五億美元天價買下YouTube，自此以後，YouTube成為全球數一數二的影音社群媒體。

檢視社群媒體的形成要件有（阮紹薇，2000）：

1. 相當程度的人際互動：藉由電腦仲介傳播進行持續及多向度的互動，是社群組成的第一要件；在一對多、多對一或多對多的互動過程中，人們進行長時間有意義的討論與交談。
2. 社群成員的積極參與度：社群媒體的組成要靠成員積極參與社群活動並貢獻內容，彼此進行多向度的互動。
3. 穩定的虛擬空間：社群媒體如同現實社區一般，需求生存與成長的空間，可以讓社群的成員在網際空間（cCyberspace）特定的地方聚集。
4. 足夠數量的高忠誠度成員：社群媒體若想要持續性地生存並成長，必須要靠一定數量、忠誠度高的成員成為人力資源。

社群媒體讓有共同興趣的使用者聚集在網際網路的一個虛擬空間，成員彼此互動、交流感情、分享資訊、建立人際關係。架設網路空間固然必須投入人力物力，但社群媒體的價值存在於成員互動過程所建立的資料庫，並非取決於硬體設施。這些互動資料庫的功能在於能隨時讓參與者存取閱讀與他人互動的訊息，並得以立即回應、發表自己的看法。這種動態參與的行為，讓社群內部的資源不斷累積，成為吸引更多使用者參與的價值所

在。

　　全球上網人口的急速增加，網路空間已逐漸被建構為僅次於實體社會之另一龐大虛擬世界，也開始出現諸如虛擬社群、線上社群、電子社群與網路學習社群等名異實同的「社群媒體」。

　　社群媒體與人們在傳統日常生活中的真實社群一般，同樣具有溝通情感與傳遞訊息的功能。社群媒體聚集人們在線上連結、持續互動，並從互動中發展出彼此的信任及瞭解，成功的社群常能使成員產生歸屬感（Hagel & Armstrong, 1997）。社群互動的基礎就在於社群媒體滿足人類基本需求。

(二)社群媒體類型

　　社群媒體的真正意義在於聚集人們，人們在社群媒體內，藉由互動溝通，彼此之間創造出一種互相依賴和瞭解的氣氛，而互動溝通的基礎，主要是基於人類的四大基本需求：興趣、人際關係、幻想及交易（Hagel & Armstrong, 1997；黃葳威，2012）。因不同需求形成以下四類社群媒體：

1. 興趣型社群（communities of interest）：早期的線上社群將網路經營聚焦在興趣的需求，將一個特定主題上具有相同興趣或專業知識的人們聚集在一起。這種社群強調高度的人際溝通與互動。
   例如資訊科技用品評價、自行車隊旅遊、文學藝術等。很多人則具有強烈的專業興趣，如科技趨勢、產業趨勢、專業公會等。社群經由網站分享交流彼此的心得與看法，社群成員互動頻繁，甚至定期見面，舉辦觀影會、單車環島等具體行動。

2. 關係型社群（communities of relationship）：人生際遇，各有不同。社群媒體為這些具有共同特定生命經驗的人們製造相遇相知的機會，使他們能夠超越時空的限制而建立有意義的人際關係。社群將人生體驗形成一種深刻的人際連結，在人生相似經歷互相扶持。

如單爸俱樂部、罕見疾病家屬、新手爸媽等，都有各自的社群媒體，交流第一手的經歷，彼此打氣與鼓勵。

3.幻想型社群（communities of fantasy）：幻想社群像是線上遊戲角色扮演，或奇幻文學電影成員，共同創造了一個新的環境、人格特質或故事。網友自創其個性的環境、園地、遊戲或故事情境，允許到訪者張貼其意見、創意構想或線上交談，以達其娛樂的目的。

像滿足人們幻想需求的網路遊戲，可在網際網路中扮演不同角色，參與精采的遊戲，可以讓人們暫時離開他們的現實生活，置身於社群媒體中，MUD 即是一例。

幻想社群的網友，參與者真實身分並不重要，但其顯現出來的「互動」才是社群的核心。有些網友也因為這些互動，循環回其真實生活的態度與觀念。

4.交易型社群（communities of transaction）：交易社群包含參與網拍、網賣的網友或組織。在交易型社群中，網友可以買賣產品，也可以諮詢產品的資訊。社群的成員是互動的，相互提供彼此所需的資訊或者產品。

最明顯的例子，是當拍賣網站不小心標錯價格，網友趁勢下單，拍賣業者事後仍須依照消保法及網友的聲援，依照低於原訂價格的方式出貨。

值得留意的是，每一個社群媒體對於四個基本需求的程度皆不相同，有些社群會重視其中一個而忽視其他三個。若社群只能滿足其中一個需求而完全忽視其他需求，其增大影響力的機會將微乎其微，因為，社群媒體的生命力來自它同時滿足多種需求的能力。

與社群媒體相同涵義的名詞還有線上社群（online community / internet community）、電子社群（electronic community）等。

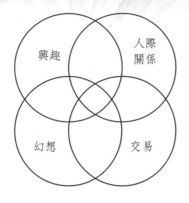
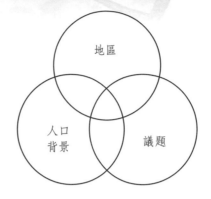

虛擬社群滿足四種需求　　　　　　　虛擬社群的組成動機

圖 3-2　虛擬社群分類面向

資料來源：Hagel & Amrstrong, 1997.

　　本文將社群媒體的定義如下：社群媒體是聚集在網際網路的一個特定議題虛擬空間，成員在其中得以進行互動、分享彼此的資訊或經驗、建立並維繫同儕關係，且互相營造出屬於自己特有的文化。

　　社群媒體將原本互不相識的網際網路使用者結合在一起，透過網路所提供的虛擬空間，分享彼此專業知識與經驗，增進團體認同和人際關係互動，有效的整合了溝通、資訊傳遞、娛樂以及交易等線上功能（王維鳴，2001）。

　　行銷管理學者科特勒（Philip Kotler）主張，人們至少會在三個面向上受到參考團體的重要影響（Kotler & Keller, 2011）：

1. 參考團體會迫使個人接受新的行為與生活形態：如加入一生態社團或兒少婦女組織，成員會因為社團訴求或關懷面，彼此實踐、應用或動員集體行動。

2. 參考團體會影響個人的態度：所謂物以類聚，足以說明參考團體對個別成員觀念、生活視野或價值理念交流的影響。

3.參考團體會產生一致性的壓力，進而影響個人的選擇：時下的產業
　公會或相關媒體自律組織，彼此建立組織的章程與推動目標，成員
　按照組織章程推展相關事務，不遵守章程者會受到其他成員的質疑
　或抵制。

　　常見的參考團體包括親友、鄰舍、同學或同事等初級群體，以及社團、
組織、公會等次級群體。隨著上網人口和時數的增加，社群媒體儼然已成
為人們行為的參考架構。新世代的網友不僅懂得透過網路分享個人經驗，
亦利用網路蒐集資訊與情報，連電視新聞都常在網路上尋找新聞題材作為
報導主題。

　　曾佩珊（2008）分析部落格使用者的資訊尋求與知識分享，將
BABYHOME 親子網使用動機分為五個構面，分別為：人己互動、資訊使
用、工具介面、追隨潮流與娛樂放鬆等五項。發現親子網的社群媒體以資
訊使用為最主要的使用動機。由此可見，社群媒體的意見與留言，對於社
群成員有相當的意義。

　　社群媒體成員價值，可由資訊與心理兩方面觀察。這些價值，來自於
社群成員的互動及社群經營者所提供的服務（林信恆，2002；曾佩珊，
2008）：

1.「資訊面向」的價值：即時資訊的取得、降低資訊不對稱、資訊品
　質不穩定。
2.「心理面向」的價值：創造歸屬感、提供情感表現的空間。

　　社群媒體與傳統媒體最大的差異，在於網路社群可以彼此互動，營造、
溝通成員的想法，建立親近感與凝聚力。

參、網路社群與社會資本

網路社群的連結對於人際互動的影響，各有不同的觀點。

樂觀的角度主張，網路社群間的連動與跨展，如同多方向延伸的網絡，觀察網路使用者透過社群媒體連結真實社會的人際關係，也同步如變形蟲般伸展。社群媒體橋接了真實生活的人際圈與無線跨展的社群網絡，也維繫了人們真實生活的人際關係，形同所謂社群資本的開拓（Ellison, Steinfield, and Lampe, 2007; Albarran, 2013）。

網際網路在人與人的聯繫當中，成為一個不同於以往的溝通管道，使人與人之間的聯繫出現新的建構方式，並在幾年間以超乎想像的速度擴散。

檢視社會資本理論實證的發展，大致有以下幾種論點主張：

1. 社會資本整合說：社會資本被界定為真實的及虛擬資源的總和，包括個人或群體，透過擁有一個具持續性的網絡，此網絡由不同相互熟識或認識之人際關係所組成（Bourdieu & Wacquant, 1992）。社會資本是由某個社會網絡或團體成員所擁有的資本形式，資本是某種集體資產，賦予成員信任，是一種人際關係中的資源整合（Coleman, 1988）。

2. 社會資本建構說： Calabrese與Borchert（1996）則認為資訊科技創造網路設施，可促進社會資本的形成。Hawthornthwaite、Wellman與Garton（1998）指出，虛擬社群讓社群概念得以延伸，社群平台提供了一種新形式的社會資本（Blanchard & Horan, 1998）。

3. 社群學習資本說：Timms、Ferlander與Timms（2001）指出，虛擬社群之成員經由線上之參與及合作，可累積社會資本，將有助於資訊之學習效果，故社會資本對資訊使用行為之影響，係透過社群成

員之參與互動加深成員對使用者之資訊需求的瞭解，且在體制規範下，使資訊具備來源可信度，將可提高使用者對資訊的評價。

4. 社群意識形成說：有越來越多證據表示，網際網路的使用和社群網站，特別是Facebook，皆與個人的自我意識和心理發展相關（Steinfield et al., 2008）。學者認為當代社會演變出來新的溝通模式，基於社會資本是我們所接受的社會關係利益，人們期望透過社群平台維持這些關係。

5. 社群時間取代說：另一方面，社會資本的核心理念認為社會網絡（social networks）是社會的重要資產（Field, 2003）。社會資本概念正因網際網路的出現而產生改變，所謂「時間取代論」（Nie, 2001），意即以空間換取時間，是以在現實生活中參與活動的時間，替換在上網與人互動的時間，對人們真實生活的社會資本必然是種損害，因此，主張網路媒體絕對是具有孤立性質。

6. 社會資本連結說：美國社會學者格蘭諾維特（Granovetter）提出的「弱連結」（weak-tie）和「強連結」（strong-tie）。Granovetter（1973）在研究中發現，那些成功找到工作的人並非是擁有穩固關係和友誼的人，而是來自弱連結，而那些弱連結擁有較為廣泛但卻較弱的人際關係。Granovetter將這種現象稱為「弱連結優勢」（strength of weak ties）。相反地，強連結網絡中的人能夠提供情感的、實質性的支援。

7. 社會資本融合說：美國政治學者帕特南（Robert David Putnam）將社會資本分為兩種形態（Putnam, 2000），黏結型社會資本（bonding social capital）和橋接型社會資本（bridging social capital）。帕特南以為（Putnam, 2000），橋接型社會資本的範疇寬廣，具包容性（inclusive）。橋接型社會資本發生於不同背景的人之間的社會網絡連接，這些人通常只是暫時性的關係，這樣的關係比較沒有實質

的深度，但卻有足夠的寬廣度。因此，橋接型社會資本可能會擴大對社會的視野、對世界的看法，開拓資訊和新資源的機會；然而，於情感支援方面的提供較有限（Williams, 2006）。

8.社會資本近用說：南加大傳播學者威廉斯（Dmitri Williams）彙整強弱連結關係及橋接型和黏結型社會資本的觀點，認為橋接型社會資本由弱連結網絡所形成，弱連結可提供另一個網絡近用外部資源，包容性較大；並將黏結型社會資本視為強連結網絡。兩相比較，黏結型社會資本較有聚合性質，在情緒支持及近用特定資源方面起的作用較大（Williams, 2006）。黏結型社會資本兼具排他性（exclusive），往往發生在緊密聯繫的個人之間，如親友關係可提供情感的（emotional）、實質性（substantive）的支持。這些黏結型社會資本與個人在背景上並無太大的差異，彼此間的相似性較高，也會有著很強的人際連結。

從政治傳播或媒體行銷來看，社群媒體的延伸有無限可能，這些提供數位經濟許多機會成本與想像空間。

肆、青少兒與社群媒體

觀察台灣國小三年級至高中二年級的青少兒學生，近五成六的青少兒學生會參加網路社群，較過去四年大幅成長。

二〇一〇年，全台灣小三至國一青少兒學生，有參加者有 1,090 人（17.6%）；二〇一一年，近兩成青少兒學生表示有參加網路社群（19.6%）；二〇一二年，近兩成青少兒學生表示有參加網路社群（24%）；二〇一三年，四成以上的青少兒學生參加網路社群（43%）；二〇一四年，全台灣小三至高二青少兒學生，近六成參加網路社群（6,734 人，56.6%）。

表3-1　青少兒網路社群參與

	次數	百分比
有加入	6,734	56.6
沒有加入	3,867	32.5
不知道	1,297	10.9
總和	11,898	100.0

　　有參加網路家族社群的青少兒學生，近三成七青少兒會出席網聚（36.7%），四成七表示從不出席（46.7%）。

表3-2　青少兒網聚出席

	次數	百分比
經常出席	351	4.7
偶爾出席	1,370	18.4
不常出席	1,016	13.6
從不出席	3,481	46.7
不知道	1,233	16.5
總和	7,451	100.0

　　青少兒參與的網路社群以「娛樂流行」類型占最多數（46.1%），其次依序為「親友學校」（34.1%）、「運動休閒」（25.6%）、「聯誼交友」（25.3%）、「電腦通訊」（24.2%）。

表3-3 青少兒參與的網路社群類型

	次數	百分比
娛樂流行	3,446	46.1
親友學校	2,529	34.1
運動休閒	1,913	25.6
聯誼交友	1,907	25.3
電腦通訊	1,809	24.2
藝文學術	1,010	13.5
星座命理	1,013	13.5
不知道	831	11.1
其他	368	5.0
醫療保健	254	3.4
商業金融	137	1.8

青少兒數位智慧財產權與隱私觀念

近七成青少兒學生不同意「網路上的任何資料可任意複製使用且不須註明出處」，八成三以上的青少兒學生同意：不要在網路上給別人自己的個資。青少兒對於個人隱私的觀念，高於對數位智財權的重視。

表3-4 青少兒數位智財權與隱私觀念

	不知道	負評價	非常不同意	不同意	正評價	同意	非常同意
網路上的任何資料可以任意複製使用而且不須註明出處	1,926 (15.7%)	8,574 (69.9%)	5,470 (44.6%)	3,104 (25.3%)	1,756 (14.3%)	1,140 (9.3%)	616 (5.0%)
我在網路上不要給別人自己的個人資料	1,021 (8.4%)	1,044 (8.5%)	774 (6.3%)	270 (2.2%)	10,138 (83.1%)	2,492 (20.4%)	7,646 (62.7%)

　　進一步進行分析發現，青少兒隨著不同性別、持有手機、持有智慧型手機、上網時間與頻率、以臉書為入口網站等，其數位智財權和個人隱私觀念，皆呈現顯著差異。

　　青少女學生對於數位智財權、個人隱私重視的得分，高於青少男學生，顯示女學生較男學生重視數位智財權以及個人隱私。

　　青少兒學生使用不能上網的手機與否，在數位智財權、個人隱私觀念，無顯著差異。

　　青少兒個人持有手機，其對於個人隱私觀念得分較未持有手機者高；但是，青少兒未持有手機，其對數位智財權的重視，高於持有手機者。

　　持有智慧型手機者，對於數位智財權的觀念得分，低於一般手機持者者；但對個人隱私的得分較高。

　　青少兒愈常上網，愈重視數位智財權及個人隱私權。

　　青少兒週末或週間上網時間過長，其數位智財權及個人隱私觀念愈缺乏。

　　不以臉書為入口網站的青少兒學生，其數位智財權得分，高於以臉書為入口網站者；以臉書為入口網站的青少兒，其個人隱私觀念得分，高於不以臉書為入口網站者。這意味著以臉書為入口網站的青少兒，會留意個人隱私，卻輕忽他人的智慧財產權益。

伍、數位出版閱聽消費

　　早在二〇〇〇年，數位出版是採用數位化技術來選編作品，以數位化複製技術將作品大量複製成為數位出版品，再將這些數位出版品向社會大眾傳播的社會行為，稱為數位出版（賀秋白，2000）。時移至今，數位出版與電子書都呈現了數位時代的技術精華，以多媒體匯流的觀念，將一段

影片、一本書的文字、一首歌、一張照片、甚至是一個互動遊戲，都可以編輯進入一本電子書裡，而這些媒材若以數位平台來發行販售，便可稱之為數位出版（黃思慈、李家瑋，2012）。

根據數位出版閱聽消費者調查發現（黃葳威，2011），有四成一（41.3%）的受訪者首選符合需求的媒體資訊為「網路」。

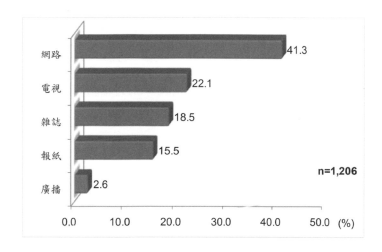

圖 3-3　首選符合需求的媒體資訊統計圖

一、最適合找尋新的想法與資訊的媒體

五成八（58.2%）的受訪者最適合找尋新的想法與資訊的媒體為「網路」，其次依序為「雜誌」（39.1%）、「電視」（34.1%）、「報紙」（25.3%）、「廣播」（12.3%）。

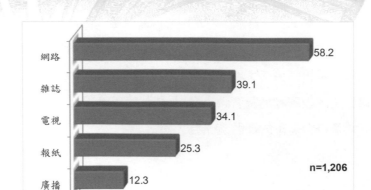

圖 3-4　最適合找尋新的想法與資訊的媒體統計圖

二、最為專注的媒體

近三成九（38.9%）的受訪者首選最為專注的媒體資訊為「網路」。

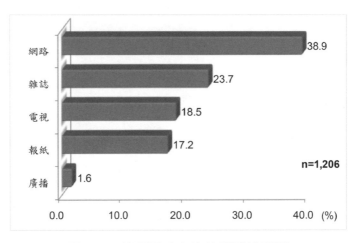

圖 3-5　首選最為專注的媒體統計圖

三、喜歡媒體提供廣告

　　五成九（59.0%）的受訪者喜歡媒體提供廣告為「電視」，其次依序為「雜誌」（43.2%）、「網路」（32.1%）、「報紙」（17.0%）、「廣播」（5.7%）。

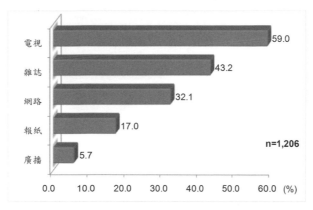

圖 3-6　喜歡媒體提供廣告統計圖

四、媒體廣告是干擾

　　四成九（49.0%）的受訪者認為媒體廣告是干擾為「電視」，其次依序為「網路」（27.2%）、「廣播」（24.6%）、「報紙」（16.3%）、「雜誌」（7.0%）。

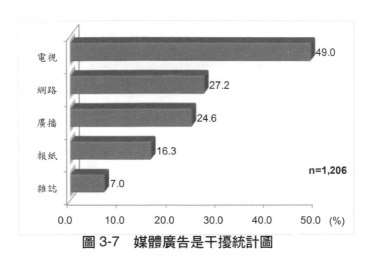

圖 3-7　媒體廣告是干擾統計圖

五、獲得資訊最相關的媒體

四成七（47.2%）的受訪者獲得資訊最相關的媒體為「網路」，其次依序為「電視」（46.5%）、「雜誌」（40.7%）、「報紙」（29.9%）、「廣播」（7.3%）。

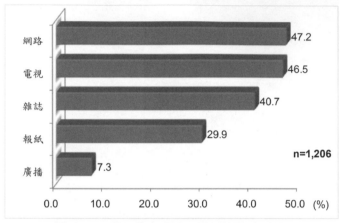

圖 3-8　獲得資訊最相關的媒體統計圖

六、產生購買行為廣告的媒體

近五成四（53.7%）的受訪者產生購買行為廣告的媒體為「電視」，其次依序為「網路」（42.5%）、「雜誌」（29.9%）、「報紙」（12.8%）、「廣播」（4.1%）。

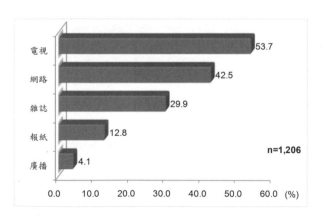

圖 3-9　產生購買行爲廣告的媒體統計圖

七、會到該媒體網站尋求更多訊息的媒體

近五成三（52.7%）的受訪者會到該媒體網站尋求更多訊息的媒體為「網路」，其次依序為「雜誌」（22.6%）、「電視」（17.4%）、「報紙」（5.8%）、「廣播」（1.5%）。

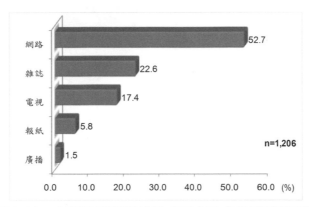

圖 3-10　會到該媒體網站尋求更多訊息的媒體統計圖

八、閱讀電子雜誌比例

分析顯示，有閱讀電子雜誌的受訪者占近二成四（23.8%），而沒有的比例占七成六（76.2%）。

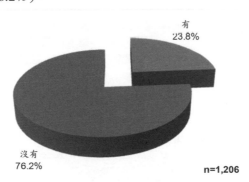

圖 3-11　閱讀電子雜誌比例統計圖

九、訂購電子雜誌比例

　　進一步追問閱讀電子雜誌的 287 位受訪者中，本次調查有訂購電子
雜誌的受訪者占四成三（43.0%），而沒有的比例占五成七（57.0%）。

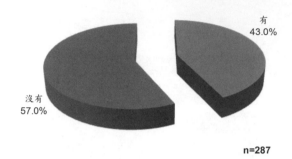

圖 3-12　訂購電子雜誌比例統計圖

十、訂購電子雜誌因素

　　有二成八（28.3%）的受訪者訂購電子雜誌因素為「價格便宜」，其次
依序為「內容具有吸引力」（26.3%）、「方便閱讀」（25.4%）、「工作或學
業需要時」（22.4%）、「即時閱讀」（21.5%），其餘選項皆不超過二成。

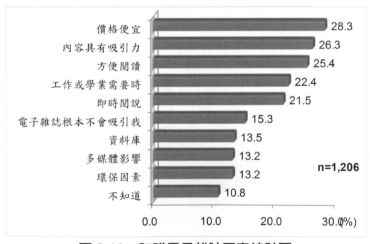

圖 3-13　訂購電子雜誌因素統計圖

十一、吸引付費訂購的電子雜誌種類

近二成七（26.7%）的受訪者吸引付費訂購的電子雜誌種類為「財經企管」，其次依序為「健康」（19.8%）、「新聞資訊」（18.1%）、「流行時尚」（17.2%）、「旅遊情報」（17.1%）、「休閒生活」（15.3%）、「學習教育」（10.3%），其餘選項皆不超過一成。

表 3-5 吸引付費訂購的電子雜誌類型統計表

電子雜誌類型	樣本數(人)	百分比(%)
財經企管	322	26.7
健康	239	19.8
新聞資訊	218	18.1
流行時尚	207	17.2
旅遊情報	206	17.1
休閒生活	185	15.3
學習教育	124	10.3
影視偶像	118	9.8
社會人文	117	9.7
藝術設計	99	8.2
電腦技術	94	7.8
家庭親子	70	5.8
汽機車	52	4.3
歷史宗教	49	4.1
建築裝潢	43	3.6
自然科學	38	3.2
音樂音響	29	2.4
相機攝影	29	2.4
不需要	68	5.6
總計	2,307	178.0

註：Base=1,206，複選題。

十二、電子雜誌售價合理金額

三成一（31.1%）的受訪者認為電子雜誌售價合理金額為「51~100元」，其次依序為「（含）50元以下」（20.5%）、「101~150元」（14.1%），其餘選項皆不超過一成。

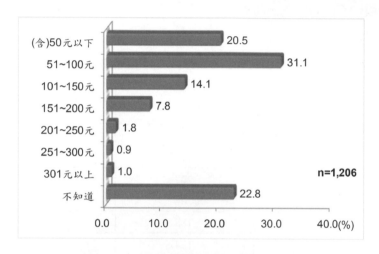

圖 3-14 電子雜誌售價合理金額統計圖

陸、數位出版機會與挑戰

談及數位出版的成功模式，美國的Lulu.com往往成為分析案例。

根據中華民國電子商務案例集（2010），Lulu.com二〇〇二年創立於美國，已擁有近一百三十萬的註冊用戶與每個月兩百萬以上的網友造訪，使用者來自全球八十多個國家，擁有一百個以上的配銷通路，在美國、英國、加拿大與印度設有辦事處，這代表其具備跨文化與國際間的行銷服務。

因應網友自行創作的上傳內容不斷增加，Lulu持續位於這條快速成長的曲線前端。根據調查，二〇〇八年美國傳統圖書出版商出版的書籍約二

十七萬六千冊，Lulu 獨立出版的新書已超過四十萬冊，表現可圈可點。

　　Lulu是美國最早成立的自助出版商，其創造的數位平台，將作者、出版商、銷售通路與購買者結合，利用網際網路跨越的出版限制，保證不退稿，人人都有出版與銷售產品的能力，而且作者不需預付任何費用。

　　這些編排後的作品以數位資料被保存於電腦系統，等閱聽消費者下單確認購買後，才實際進行付梓配送。產銷流程衍生的費用包含印刷、裝訂、運送等相關成本，由購買者負擔。

　　Lulu採取網路行銷方式，將出版業原本供應端的Push Model（生產後將商品賣給閱聽消費者）轉變為需求端的Pull Model（因使用者需要而進行生產）。

　　中華民國電子商務案例提出特色說明：Lulu聲稱其正在改變出版界，授權作者自行出版而且提供免費的編輯並享有完全的版權。

　　觀察目前各大學院校圖書館也逐步將博碩士論文及教師著作論述等，經作者授權後轉為數位典藏方式，提供典藏與使用服務。授權使用範圍各校不同。

　　如此來看，數位出版便於典藏與使用，但散布影響面則因智慧財產授權範圍各有差異。使用者付費的觀念與行動，在台灣仍待落實。

　　二〇一三年，台灣經濟部針對網友從網路下載院線影片或還沒有發行的音樂專輯，涉嫌侵犯著作權，研擬修法防堵，希望透過下令 ISP（網路服務提供者）業者封鎖侵權網站，維護創作者的智慧財產權。此舉曾引起網友譁然，群起攻擊，最後不了了之。

　　加拿大聯邦法院二〇一四年作出重要裁決，下令安省網絡供應商 Teksavvy，需向美國電影公司 Voltage Pictures，交出涉嫌在互聯網下載盜版電影的用戶姓名和地址資料。

　　美國對於網友透過臉書上分享、張貼他人兒童的照片，也引發個人隱私的討論。

　　許多人建立大批的推特跟隨者，以為可以作為未來的銷售市場，到後來都發現不能。社群媒體只能賣社群媒體，Facebook 的市場調查公司 Pagemodo 發現：社群媒體是個看似有前途的戰略，大家都相信它未來可回收；事實上，僅 25% 的受訪企業相信社群為他們帶來銷售的增加。

　　伊旺‧莫里森（Ewan Morrison）在〈為什麼社群媒體不是電子出版作家的魔術子彈？〉一文剖析：從經濟學的觀點，只能確認社群媒體只會產生更多聲稱有營收保證的社群媒體；許多投資者相信，臉書有意製造社群媒體是最佳產品通路的假象。當人們跟企業放棄臉書廣告，也瞭解推特並不會增加大部分作者的收入，在社群媒體的出版烏托邦就會徹底瓦解。

　　部落客作家女王、九把刀、朱學恆，其作品有龐大網友流量，分別在出版實體書、電影作品或翻譯國外作品受到矚目，透過網路廣告行銷或出席談話性節目等途徑，建立其產製模式，顯見代言或網路行銷在社群媒體的重要性，但其中有多少網友是直接付費使用其數位出版作品？

　　對比台灣電子雜誌的使用比例，有兩成四的受訪民眾會看電子雜誌，兩成多的使用者中僅四成三採付費使用，這顯示台灣透過網路平台的數位出版消費群仍有限，仍有成長空間。

　　隨行動網路、裝置發展，相關產業演進，為台灣帶來不少發展機遇，國發會正持續推動亞洲‧矽谷計畫，盼能協助業者開創新機。

　　因應數位經濟的浪潮，行政院在二〇一六年十一月推出九年一千七百億元的「數位國家‧創新經濟發展方案」（簡稱 DIGI⁺方案），立法院也宣布成立「立法院數位國家促進會」，對口行政院的九年大計畫，要好好監督政府政策。

　　立法院數位國家促進會將數位國家議題分為八大類：

・創新環境：寬頻環境、資安、頻譜、新創生態圈。

・法制再造：RegTech、虛擬世界法、非金融監理沙盒。

・人才培育：國民教育、高等教育、產學合作、跨境合作、外籍人

才來台。

- 政府組織再造與行政文化再造：專責及單一體系政府資訊長、開放政府、政府採購法、跨部會整合、法人機構新定位。
- 科技研發：物聯網、大數據、雲科技、晶片及半導體。
- 數位經濟：金融科技、數位貨幣、數位金融、第二資本市場、數位貿易。
- 網路社會：數位人權、參與式民主、寬頻普及服務、著作權。
- 智慧城鄉：城鄉數位平衡、數位國土管理、數位防災管理、創新場域規劃、環境品質維護、智慧交通、智慧社區、遠距醫療。

數位空間充滿無數的機會與可能，透過數位網路可跨越國界、擴大影響面，目前透過數位行銷的置入與代言，突顯出社群媒體蛻變為文創產業的兩難：閱聽市場大並不代表網友會付費使用！網友不付費使用，閱聽人的資訊素養與社群媒體的自律，相形重要。愈具備批判性思考的網友，廣告訊息的效果欲容易打折。

如何持續建立使用者付費觀念與尊重數位智慧財產權，將影響台灣社群媒體市場的建立與拓展。

參考書目

一、中文部分

王健全（2001）。「知識服務業全球競爭力之發展願景與策略」，2001 年 5 月 7、8 日第四屆全國工業發展會議。台北市：國際會議中心。

王維鳴（2001），〈虛擬社群與虛擬經驗、網路練達性、產品知識與產品資訊搜尋成本對消費者認知風險影響之研究──以電腦遊戲軟體為例〉。桃園市：國立中央大學企業管理研究所碩士論文。

社區發展季刊（1995），〈從社區發展的觀點，看社區、社區意識與社區文化〉，《社區發展季刊》，69。

阮紹薇（2000）。〈電腦網路中「虛擬社群」現象與經營策略之探討〉。《大學圖書館》，4 卷 1 期。

林信恆（2002）。〈服飾虛擬社群網路外部性探討之研究〉。新北市：輔仁大學織品服裝研究所碩士論文。

莊道明(1998)。〈從臺灣學術網路使用者調查解析網路虛擬社群價值觀〉。《資訊傳播與圖書館學》，5（1），頁 52-61。

黃思慈、李家瑋（2012）。〈數位時代的大學學術出版價值鏈與未來發展〉。《中華印刷科技年報》，頁 304-336。

黃葳威（2008）。《數位傳播與資訊文化》，新北市：威仕曼。

黃葳威（2010）。「台灣數位世代網路使用長期觀察」報告，發表於中華白絲帶關懷協會「313 華人網安行動：看重網安、全球平安」記者會。台北市：衛星公會自律委員會會議室。

黃葳威（2011）。《數位時代雜誌閱聽人圖像》。台北市：台北雜誌公會。

黃葳威（2012）。《數位時代資訊素養》。新北市：威仕曼。

黃葳威（2013）。「台灣青少兒網路使用與價值觀探討」，發表於中華白絲帶關懷協會「網路面具別羞羞臉」記者會。台北市：台灣大哥大基金會會議室。

黃葳威（2017）。「數位世代網路使用長期觀察報告」，發表於 1 月 5 日「聰明上網，要 High 不要駭」記者會，台北市：台北 NGO 會館。

曾佩珊(2008)。〈Blog 社群資訊尋求及知識分享行為影響因素〉。台北市：國立政治大學新聞所碩士論文。

張力元（2005）。〈虛擬社群之價值共創活動──以 BBS 社群為例〉。台北
　　市：國立政治大學科技管理研究所碩士論文。

馮震宇（2002）。〈發展知識服務產業的法律問題與政策考量〉。台北市：
　　政大公共政策論壇—全球化與台灣研討會。

賀秋白（2000）。〈數位出版與出版人〉。《2000 中華印刷科技年報》，
　　頁 100-109。

二、英文部分

Albarran, A. (ed.) (2013). *The Social Media Industries*. New York: Routledge.

Armstrong, A & Hagel, J (1997). *Net Gain: Expanding Markets Through Virtual Communities*. Harvard Business School Press. Boston: MA.

Blanchard, A. & Horan, T. (1998). "Virtual communities and social capital". *Social Science Computer Review*, 16 (3), 293-307.

Bourdieu, P. (1986). "The Forms of capital". In JG Richardson (ed). *Handbook of Theory and Research for the Sociology of Education*. Westport, CT: Greenwood Press.

Bourdieu, P., & Wacquant, L. J. D. (1992). *An Invitation to Reflexive Sociology*. Chicago: University of Chicago Press.

Calabrese, A. & Borchert M. (1996). "Prospects for Electronic Democracy in the United States: Rethinking Communication and Social Policy". *Media, Culture and Society*, 18, 249-268.

Coleman, J. S. (1988). "Social capital in the creation of human capital". *The American Journal of Sociology*, *94*, 95-120.

Cohen, A. (1985). *The Symbolic Construction of Community*. New York: Routledge.

Ellison, N. B., Steinfield, C. & Lampe, C. (2007). "The benefits of Facebook 'friends': Social capital and college students' use of online social network sites". *Journal of Computer-mediated Communication*, 12(4), 1143-1168.

Field, J. (2003). "Civic Engagement and Lifelong Learning: Survey Findingson Social Capital and Attitudes towards Learning". *Studies in the Education of Adults*, 35(2), 142-156.

Granovetter, M. S. (1973). "The strength of weak ties". *American Journal of Sociology*, 78(6), 1360-1380.

Hawthornthwaite, C., Wellman, B. & Garton, L. (1998). "Work and community via computer-mediated communication". in Gackenbach, J. eds., *Psychology and the Internet:Intrapersonal, Interpersonal, and Transpersonal Implications*. San Diego: Academic Press.

Howard, P. N. & Jones, S. (2004). *Society Online: The Internet in Context*. Thousand Oaks, CA: Sage.

Kotler, P. & Keller, K. L. (2011). *Marketing Management* (14th edition). New Jersey: Pearson College Div.

McMillan, D. W. & Chavis, D. M. (1986). "Sense of community: A definition and theory". *American Journal of Community Psychology*, 14(1), 6-23.

Nie, N. H. (2001). Sociability, interpersonal relations, and the Internet: Reconciling conflicting findings. *American Behavioral Scientist,* 45(3), 426-437.

Putnam, R. D. (1995b). *Tuning in, tuning out: The strange disappearance of social capital in America*. PS: Political Science & Politics, 28, 664-683.

Putnam, R. D. (2000). *Bowling Alone*. New York: Simon & Schuster.

Rayport, J. F. & Sviokia, J. J. (1995), "Exploiting the Virtual Value Chain". *Harvard Business Review*, 73 (November/December), 14-24.

Rommel, J. I. (1997). The role of mother and father in the value socialization process of adolescents. *ERIC Document Reproduction Service,* No. ED 417005.

Rheingold, H. (2000). *The Virtual Community: Homesteading on the Electronic Frontier* (2nd edition). Mass: MIT Press.

Steinfield, C., Ellison, N. B., & Lampe, C. (2008). "Social Capital, Self-Esteem, and Use of Online Social Network sites: A Longitudinal Analysis" *Journal of Applied Developmental Psychology.* 29(6), 434-445.

Tapscott, D. (1998). *Growing up Digital: The Age of Net Generation.* New York: McGraw-Hill.

Timms, D., Ferlander, S. & Timms, L. (2001). "Building Communities: Online Education and Social Capital", Published in Szucs, A., Wagner, E. & Holmberg, C. (ed.) (2001). *Learning Without Limits: Developing the Next Generation of Education. Proceedings of the EDEN 10th Anniversary Conference held in Stockholm, Sweden June 10-13, 2001.* Budapest: EDEN.118-123.

Todd, R. J. (1999). "Back to our beginnings: Information utilization, Bertram Brookes and the fundamental equation of information science". *Information Processing and Management,* 35, 851-870.

Todd, P. M. & Gigerenzer, G. (2000). "Precise of Simple Heuristics that Makes us Smart". *Behavior and Brain Science,* 23, 727-741.

Watkins, S. C. (2009). *The Young and the Digital: What Migration to Social-network Sites, Games, and Anytime, Anywhere Media Means for Our Future.* Boston: Beacon Press.

Williams, D. (2006). "On and off the'Net: Scales for social capital in an online era". *Journal of Computer-Mediated Communication,* 11, 593-628.

三、網際網路

中華民國電子商務案例集（2010）。「電子商務個案介紹」，
　　http://tpi.org.tw/marketinfo_market.php?record_id=542.

第四章

數位時代生態學習

壹、前言

　　數位科技發展及數位內容在報紙、雜誌、廣播、電信與網路平台匯流（convergence），加速消費者使用高品質的網路多媒體、影音互動、電信及行動上網服務，同時，高品質的行動手機服務，提供多樣化的服務，擴大了消費者的選擇範圍。人手一機的自媒體時代來臨。

　　數位科技發展讓人們隨時隨地接受電視服務的「無所不在」（ubiquitous）（Kim, 2005: 2）的環境裡，能夠自由自在地使用的媒體。隨著此媒體科技環境的演變，現有傳播概念及媒體使用者的角色和概念也有變化。

　　台灣行動上網普及，台灣網路資訊中心（TWNIC）二〇一七年全國十二歲以上民眾曾經使用無線上網（無線區域網路上網、行動上網）比例的估計值為77.7%，估計人數為1,639萬人。從調查數據來看，全國曾經無線上網率已呈現穩定狀態。

　　手機可二十四小時隨身攜帶，已經與日常生活緊密相連。隨著技術創新發展及科技應用發展，手機不僅成為多媒體的載具，亦成為結合新聞、娛樂、資訊、學習與溝通的平台。

　　能源影響人類生活的進展，每一時代的成員莫不積極地創造、使用、開發各式的能源，並且教育傳遞善用能源或節約能源的觀念與行動。

　　「能源」一詞來自英文 energy 一字，而 energy 一詞源自希臘文 ergon，意思是人類的勞動與活力；英國科學家最早使用 energy 這個字（黃惠雪，1998），沿用至今，能源的概念演變得更多元。

　　舉凡《朗文英漢雙解科技大辭典》（1994）中的「能量」（energy）：物體作功能力；《牛津當代大辭典》（2000）也做如此界定。

經濟部能源委員會（1998）將能源定義為：作功的能力，也就是發生工作能力的根源；當某種能源被使用時，會發生某種動力和動作。諸如風力、煤、石油、太陽能等，都是能源的一種。

王智姚（2002）歸納能源的定義有兩種取向：一是物體作功的能力；一為令萬事可以產生某種動作或動力來為我們作功的東西。

也就是說，能源一詞既被視為類似能量的名詞，也是一種產生行動力的動名詞。

人類文明進展與能源息息相關。西元一九七三年與一九七八年，由於中東地區政治因素產生的兩次石油危機，各國政府體認到開發再生能源的重要。

推廣再生能源使用是我國政府未來長遠的能源政策重點，近年以來，台灣政府相關單位積極推廣再生能源不遺餘力，以期瞭解民間對再生能源的認知，以及瞭解各項再生能源推廣機制的效果，以作為未來改進的參考。

正確的能源觀，需要教育宣導，日積月累，才可收效。由於能源教育涉及社會、科學、技術、傳播等層面，有志推動正確能源觀念的人士，紛紛將能源議題融入各科來教學，期望將善用能源的觀念與行動，落實於日常生活。

國內外研究分別應證，使用能源的態度與行為，以及經驗相關（Lytle & Chamberlain, 1983），或與能源認知有關（土智姚，2002）。

以國民學校自然領域教學為例，教師運用一些融入式課程，教導學童認識能源與節約能源方法，結果顯示學童對能源的認知與態度形成正相關（王智姚，2002）。

兒童是國家未來的主人翁，再生能源的觀念與使用能否延續，與學童是否具備相關認知有密切關聯。工業技術研究院能源與資源研究所陸續規劃系列再生能源教材，作為國民小學自然科教育輔助教材，如何掌握國小

學童學習成效與需求，是本研究執行的主要目的，探討 e 世代國小五年級
學童對於再生能源數位教材使用成效的調查研究。

貳、資訊社會無所不在

　　無所不在的學習，也被稱為 U-學習，是以無所不在的科技為基礎，
建構一個無處不在的學習環境，使任何人在任何地方在任何時候皆可學習。
儘管如此，U-學習的定義與特徵，目前尚不得而知。研究者在定義和描述
U-學習，因此不同的看法，導致誤解和 U-學習的本意的誤解。

　　無所不在的學習或 U-學習是一種新的學習模式，它被認為是過往的
學習典範的擴展。我們從傳統的學習轉向電子學習；從電子學習到行動學
習（M-學習），現在我們正轉向 U-學習。

　　「隨著無線網路通信能力、開放式網絡的革新，運算能力與電池技術
持續提升，軟體架構的彈性化，促使無所不在的運算的革新。」（Lyytinen
& Yoo, 2002）這導致了人們可在日常生活中隨處學習，也就是無所不在
的學習。

　　無所不在的學習，各有不同界定方式。研究者依照移動程度（level of
mobility）、嵌入程度（level of embeddedness），將學習環境（Ogata and Yano,
2004）分為四種：

1. 桌上型電腦輔助學習（Desktop-computer Assisted Learning）：學習
   情境固定，依賴定點電腦設備的學習方式；
2. 普適學習（Pervasive Learning）：學習者透過嵌入式設備通信的學習
   環境從事學習，但移動程度有限。
3. 移動學習（Mobile Learning）：增加學習者維繫他們的學習環境的能
   力，從而使他們能夠隨地學習。

4.無所不在的學習（Ubiquitous Learning）：高度整合嵌入式設備通訊
　的學習環境，以及高度移動性，可隨時隨處、無所不在地學習。

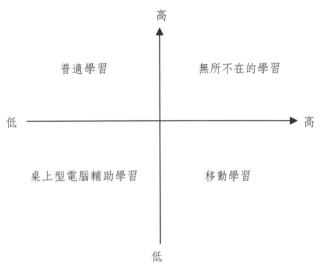

圖4-1　四個學習環境的分類（Ogata & Yano, 2004）

　　Ogata 等（2004）透過比較的分類學習環境介紹了他們的 U-學習的定
義。研究人員將普適學習和移動學習歸類為無處不在的計算。研究人員隨
後提出「U-學習=電子學習+移動學習」的觀點（Casey, 2005），從整合
M-學習到電子學習環境，形成 U 型學習環境。

　　一般情況下，「U-學習環境」一詞是用來支持 U-學習的整體定義；
U-學習環境（ULE）是指某種情況或無處不在的學習環境（Boyinbode &
Akintola, 2008）。U-學習應該在 U-學習環境中實現（Jones & Jo, 2004）。

　　U-學習更廣泛的定義是「隨時隨地學習」，允許任何移動學習載具連
結透過無線網絡傳輸的學習和教學內容。移動學習則是：經由行動手機、
筆電或數位秘書等無線設備的學習（Dochev & Hristov, 2006）。

　　U-學習常被定義為：經由無所不在的計算科技的學習（Yang et al.,
2008）。U-學習可以被定義為「一個新的學習模式，即利用無處不在計算

技術與基礎設施在任何時間、任何地點學習（Sakamura & Koshizuka, 2005; Boyinbode & Akintola, 2008）。

　　U-學習是一個學習的範式，發生在一個無處不在的計算環境，能夠以正確的方式在正確的地點和時間學習正確的事情。

　　研究者界定移動學習的六大特色，並從那時起一直應用於研究 U-學習。這些特色有（Chen et al., 2002）：需要學習的緊迫性，知識獲取的主動性，學習環境的流動性，學習過程的互動性，教學情況的活動和教學內容的整合性。

　　U-學習特點首先由柯蒂斯（Curtis, 2002）提出，柯蒂斯從科技運算的觀點來檢視 U-學習特點，包括：永久性、接近性和即時性，此觀點也被相關研究人員（Ogata et al., 2004; Ogata & Yano, 2004; Chiuet ai., 2008）所延用。

　　研究人員參考嵌入計算環境內的移動性，增補另兩個 U-學習特徵：互動性和教學活動的情境（Ogata & Yano, 2004）。

　　也有學者從「U-學習脈絡感知」角度定義項 U-學習，建議 U-學習的幾個顯著特點有：無縫服務、環境感知服務和適應服務（Hwang et al., 2008）。

　　整合脈絡感知和普適計算技術，鼓勵學習動機和學習表現的學習環境（Chiu et al., 2008），研究人員總結了 U-學習的主要特點如下：學習需要的緊迫性、知識獲取的主動性、學習過程的互動性、教學活動的情境、脈絡感知、提供個性化服務的積極性、學習自主性、無縫學習、課程內容適應性和學習社區。

　　馬來西亞研究工作者從U運算科技觀點出發，提出U-學習五大特點，包含：主動性、永久性、接近性、即時性、互動性（Yahya, Ahmad & Jalil, 2010）。所謂 U 運算科技，通常包括許多小型電子設備載具（小型計算機），這些載具彼此具有計算和通信能力，諸如智慧型手機、觸式智慧

表 4-1　U-學習特色比較

Chen et al., 2002	Curtis et al., 2002	Ogata et al, 2004	Hwang, 2008	Chiu et al., 2008	Yahya et al., 2010）	筆者歸納
學習需求緊迫性	永久性	永久性	無縫服務	學習需求緊迫性	永久性	永久性
知識獲取主動性	接近性	接近性	脈絡感知	知識獲取主動性	接近性	接近性
學習環境移動性	即時性	即時性	服務適應性	學習過程互動性	即時性	即時性
學習過程互動性		互動性		教學活動情境	互動性	互動性
教學活動情境		教學活動情境		脈絡感知	脈絡感知	脈絡感知
教學內容整合性				提供個人化服務的積極性		重複性
				學習自主性		自主性
				無縫學習		
				學科內容適應性		多樣性
				學習社群		

卡、手持終端、傳感器網絡節點、無線電頻率識別（RFID 標識）等（Sakamura & Koshizuka, 2005）。

　　彙整相關文獻有關 U-學習的特點計有：

1.永久性：學習資訊可以保存，除非學習者刻意刪除它。

2.接近性：學習資訊容易取得，只要學習者需要使用它。

3.即時性：學習者可以立即進行資訊檢索。

4.互動性：學習者可以透過各式媒體，與同伴、老師和專家有效互動。

5.脈絡感知：學習環境能適應學習者實際情況，提供充分的資訊為學
　習者。

6.重複性：學習者可以重複接觸相關資訊，進行預習和複習。

7.自主性：學習者自行決定何時學習、如何學習、學習進度等。

8.多樣性：學習者有機會接觸超越國界的資訊，以及豐富多樣的學習
　規劃與內容。

　　從教育科技視角探索數位學習概念，茲事體大。過往研究人員比較
U-學習、移動學習、電子學習的差異，偏重科技應用的角度（Yahya et al.,
2010），其實，數位學習還應考量學習者需求面，如學習者的重複性、自
主性、多樣性等。

　　以下將比較三者在各面向的差別：

1.U-學習：係以對的方式在天時地利下學習對的事。例如學習的作業
　可以保存，經由普適運算科技的系統接近性，學習者可即時獲取資
　訊。學習者可透過 U-學習介面系統有效地與同儕、老師、專家互動，
　該系統可透過數據資料瞭解學習者的地點、個人及環境情境。再者，
　學習者可持續重複溫故知新，也可自行設定調整學習歷程，並因時
　因文化制宜，選擇學習內容。

2.移動學習：指在天時地利下學習。例如學習者作業可能遺失，學習
　載具改變或行動改變可能干擾學習活動，學習者可透過無線網絡的
　系統接近性，在定點由特定的行動設備獲取資訊，在定點與同儕、
　老師、專家互動，該系統透過數據資料理解學習者的情境。此外，
　學習者在定點透過特定介面溫故知新，在定點可自行設定學習歷程，
　且可定點因文化制宜，選擇學習內容。

3.電子學習：要在適當時間下學習。此學習方式的學習者作業會遺失，
　透過電腦網絡的系統接近性無法即時獲取資訊，學習者的互動性受

限，系統也無法感知學習者的情境。學習者要在定點定時溫故知新，無法自行設定調整學習歷程，也無法因時因文化制宜，選擇學習內容。

以無所不在的學習環境、影片及字幕呈現內容刺激學習者，繼而對學習動機及學習成效產生之影響為本研究架構。文獻探討首先指出無所不在學習可帶給學習者的特性，而後探討影片學習及字幕呈現內容對學習動機與學習成效的影響以及相關的研究結果。

表 4-2　比較 U-學習、移動學習及電子學習

標準	U-學習	移動學習	電子學習
概念	以對的方式在天時地利下學習對的事	在天時地利下學習	在適當時間下學習
永久性	學習者作業可以保存	學習者作業可能遺失，學習載具改變或行動改變可能干擾學習活動	學習者作業會遺失
接近性	經由普適運算科技的系統接近性	透過無線網絡的系統接近性	透過電腦網絡的系統接近性
即時性	學習者即時獲取資訊	學習者在定點由特定的行動設備獲取資訊	學習者無法即時獲取資訊
互動性	學習者透過 U-學習介面系統有效地與同儕、老師、專家互動	學習者在定點與同儕、老師、專家互動	學習者的互動性受限
脈絡感知	該系統可透過數據資料，瞭解學習者的地點、個人及環境情境	該系統透過數據資料理解學習者的情境	系統無法感知學習者的情境
重複性	學習者可持續重複溫故知新	學習者在定點透過特定介面溫故知新	學習者在定點定時溫故知新
自主性	學習者可自行設定調整學習歷程	學習者在定點可自行設定學習歷程	學習者無法自行設定調整學習歷程
多樣性	學習者可因時因文化制宜，選擇學習內容	學習者可定點因文化制宜，選擇學習內容	學習者無法因時因文化制宜，選擇學習內容

一、無所不在學習（Ubiquitous-Learning）

數位學習（E-Learning）因網際網路的方便性及便利性而崛起，成為近年來相當普遍的學習方式，大量的資訊在網路上傳播，因而產生了許多應用，但數位學習還是有許多的限制，例如需要在固定、有電腦的場域進行學習，還是有時間及空間上的限制。無線網路及行動裝置的發展，讓無所不在的學習成為可能，無所不在學習環境建立於現今資訊科技發達的基礎建設下，運用其特性搭配行動載具，更加不受到空間地點的限制。

Chabra 與 Figueiredo（2002）表示，無所不在學習是讓使用者在任何時間、任何地點與任何行動裝置，進行學習活動。無所不在學習有主動性、機動性、即時性、互動性、整合性與情境化等六項特性（Chen, Kao, Sheu & Chiang, 2002），使無所不在學習可以將學習外語融入日常生活中，讓學生在多重感官刺激的幫助下，可更有效的吸收知識。

無所不在學習相關文獻聚焦於學習成效，其中語文學習部分，如評估手機的訊息服務（short message service）在英文單字學習成效（Cavus & Ibrahim, 2008），行動載具應用於高中國文科的教學情境（張謙楣，2005），或以 CNN Student News 英語新聞影片及三種字幕呈現內容，發現無所不在學習對於大學生的學習動機及學習成效的影響（涂家瑋、簡佑宏，2014）。

科學教學應用方面，包含運用行動載具提升學生的數學空間幾何能力（賴信川，2005）；應用於國中自然與生活科技領域（許耀升、羅希哲，2007）。相關文獻或多或少顯示，無所不在學習對於學生的學習都有所助益。

學習成效被視為學習者對於學習教材傳遞接收後的回饋。

訊息接收者對於訊息的回饋也可從心理學、傳播學角度觀察。

二、心理學角度

　　心理學研究曾由個體系統的觀點（袁之琪、游恆山，1990: 114）將回饋定義為：把系統（如生物系統、技術系統、經濟管理系統、生態系統等）輸送出去的訊息，作用於被控制對象後產生的結果再輸送回原系統，並對訊息的再輸出（即以後的動作、方式和變化等）發生影響的過程。

　　上述概念的取向，根據回饋原理即可進行自動控制。以學習系統為例，回饋可將學習的結果提供給學習者。而學習系統的回饋訊息具有兩種功能，分別是調節功能與動機作用功能。前者係回饋訊息對教學活動的調節，包括教師根據回饋調節教學方式，以及學習者自我評定調整學習過程。

　　至於動機功能，則是指引發學習的外在動機，如社會評價、責任感、被人肯定等。當然，在這種功能下，評價的好壞可以左右學習者的學習動機，肯定獎勵較易產生正面效果（正回饋）；否定批評較易產生負面效果（負回饋）。

　　其實，就施教者而言，學習者有進步也可以增加施教者的士氣與信心；反之，則雙方都不願調整，造成惡性循環。

　　從學習心理的角度來觀察，回饋廣義來說是一種結果，「凡是個體反應之後經由任何線索而獲悉反應的結果，皆稱為回饋」（王克先，1992: 212）。這裡所指的線索，可能是個人自己察覺得知，也可能由他人提供線索才獲知。譬如教師公布學生考錄音設備操作的成績，學生可由成績獲知自己的表現結果；也可能在成績未公布前，已自行推算出自己考核的結果。

　　學習心理學並且主張，回饋對解釋技能和動作的學習具特殊意義，這是由於技能學習是多個動作的適當配合。熟能生巧固然不錯，但能使錯誤減少的原因，還在於個體對錯誤的自覺（回饋）而自行改進。所以，回饋的最大意義，是它能將每一個學習的結果，隨即讓學習者知曉，以便修正

錯誤。

　　一般來說，回饋的來源包括內在回饋與外在回饋。外在回饋（extrinsic feedback）係指教學者提供學習者有關學習效果的資料；內在回饋（intrinsic feedback）是指學習者經由自己的活動而得到的資料（王克先，1992）。一般而言，在嘗試學習的最初階段，個體則常經由內在回饋獲得改進的線索（黃葳威，2004）。

　　此外，也有研究者從施教者的角度，分析不同型式的回饋對學習者學習動機或目標達成的影響（Johnson et al., 1996; Vance & Colella, 1990）。詹森等四位學者（Johnson et al., 1996）便發現，當施政者陳述不同學習者學習成績的「規範回饋」（normative feedback），提供予學習者，可促使學習者的學習動機提升；若以單單陳述當事人學習成績的「表現回饋」（perfomance feedback），提供學習者當事人，則可促使其個人目標的提升。

　　就接收訊息（技能）教導的學習者來說，回饋可以方便學習者改善學習方式。而從施教者立場來看，亦可依據學習者的表現與反應，調整施教內容或指導型態。因此，回饋對於學習者與施教者雙方皆具正面意義。

　　有研究者並由回饋來源的角度分析外在回饋、內在回饋的異同。臨床心理學家甚至訓練接受心理輔導人士自我反省、過濾各種訊息，而非有聞必聽，這是協助個人內在回饋的一種方式。

　　不僅如此，還有研究者提出表達回饋訊息的適當方式，教導人們運用天時、地利、人和等條件來表達回饋意見。

　　外在回饋的呈現型式──表現回饋或規範回饋──對學習動機或目標達成亦有影響。

　　綜合以上社會學與心理學層面的回饋概念相關文獻，都對傳播學層面的回饋定位有不同的影響與啟發。

三、傳播學觀點

　　行銷傳播學者從訊息接收者的認知人格，將閱聽消費大眾區分為兩種（Belk, 1985；黃葳威，2008）：視覺型的人（visualizers）和語文型的人（verbalizers）；前者偏好視覺資訊或用視覺強調的訊息；後者偏好書寫和語言訊息，或用聽覺強調的訊息內容。

　　不論視覺型或語文型的人，一旦將擁有（possession）或消費（consume）相關產品或服務成為其主要的生活過程，都可能導致非自主性的強迫性消費或使用（compulsive consumption）行為，主因在於這些人將擁有新資料視為加強自信心、自我認同與自我表現的重要價值（Schiffman & Kanuk, 2010；黃葳威，2012）。

　　學者由傳播訓練模式的角度，將回饋定義為訓練前傳播分析、傳播訓練目標、傳播訓練技巧，以及訓練後傳播評估的評價反應（Goldhaber, 1993; Daniels & Spiker, 1991: 339-340；黃葳威，2004）。

　　高海柏（Goldhaber, 1993；黃葳威，2004）說明訓練前的傳播分析，是為了蒐集組織內成員需求，才建立傳播訓練的計劃性、資訊性目標，爾後藉由遊戲、角色扮演及經驗分享討論付諸訓練，並在訓練後執行學習評估。這個傳播訓練模式反映出回饋不只針對學習結果表達反應，也可以就

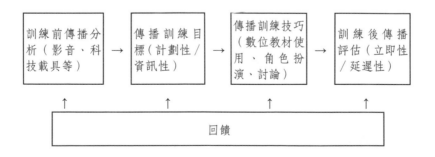

圖 4-2　高海柏傳播訓練模式（Goldhaber,1993；黃葳威，2004）

學習訓練過程、宗旨達成與否、甚至訓練展開前的前置作業表達意見評估。若將此模式應用於數位影音教學流程，即可就前置企劃、訴求學習對象、教學實驗過程，以及教學後的學習反應等四方面進行評估。

　　國內傳播學者並從傳播生態學的角度分析回饋，認為回饋是一種利用輸出結果來規範與修正反應機制的控制訊號；同時強調類似回饋研究有助於傳播行為的策劃與改進。傳播者可以從較積極主動的面向善用回饋訊息，來修正傳遞訊息的呈現或傳遞方式（黃葳威，2004）。本文將檢視數位影音能源教材使用於教學訊息設計，學習者的外在回饋。

參、調查設計

　　為了比較接受過數位影音能源教材與否的差別，研究採用實驗研究法，利用九年一貫課程彈性教學時間，進行統整式能源教育課程的實驗教學，探討統整式能源教育課程對國小五年級學童節約能源態度之影響。

一、研究範圍

　　研究選取新北市秀朗國小與板橋國小、台北市河堤國小和西松國小等四校、各六班五年級學生為研究對象，共計二十四班。四所學校其中三班實驗組先接受統整式能源教育課程的實驗教學，另三班控制組學生接受一般課程教學；即四所學校共有十二班為實驗組，另十二班為控制組。

　　再生能源觀念深化程度教學分兩節課進行，每節四十分鐘。

　　教學實驗前先協調四所國小五年級各全體樣本先進行節約能源認知問卷與節約能源態度問卷前測，經過教學實驗後再施以節約能源態度問卷後測，並且訪談實驗組導師、學生、家長。

　　研究所獲得結論為：接受「統整式能源教育課程」的教學實驗後，實

驗組的學生在「節約能源態度問卷」得分明顯優於控制組,而在「節約能源態度問卷」的得分上也顯著優於教學前。實驗組學生的背景包括性別、父母親的學歷及父母親所從事的職業,並不會對學生的節約能源態度造成影響。根據研究結論提出建議,以作為培養國小學童節約能源態度課程實施之參考。

表 4-3　實驗組別安排

實驗組	對照組
新北市市四所國小	新北市市四所國小
使用過數位影音能源教材的十二班	未曾使用過數位影音能源教材的十二班

實驗時間:每節四十分鐘 合計兩節課
地點:河堤國小、西松國小、秀朗國小、板橋國小

二、研究執行

國小學童問卷調查以親身施測方式進行,學童郵寄問卷控制在三十題以內,問卷訪問規劃四所國民小學各校抽取五年級六個班級,共計二十四班,每班以二十五至三十人計,共發出 700 份問卷,回收 687 份有效問卷。

正式施測前,將先進行三十份問卷前測,修改設計提問方式再確認正式施測的問卷內容。

研究問卷分為三部分,第一部分為受訪學生的基本背景資料,如性別、年齡、居住縣市、每周零用錢;第二部分蒐集受訪學童對於傳播媒體的使用情形:是否擁有電腦、是否上網、使用電腦頻率、家中是否裝有有線電視、收看時間、節目類型偏好、節目呈現型態偏好、節目內容偏好、是否閱報等;第三部分為受訪者對能源的認識與使用態度。

「能源態度」量表參考「國小中、高年級學生對能源的認知與態度之研究」的定義:令萬事可以產生某種動作或動力來為我們作功的東西,將

「能源態度」量表設計如下（王智姚，2002）：

> 地球上可開採的石油資源越來越少；
>
> 世界上的能源總消耗量逐年提高；
>
> 加油站的汽油降價，表示汽油過多，必須盡量使用；
>
> 現在有很多不同的能源可供利用，所以不會再發生能源危機；
>
> 最近都沒有停電限電，表示供電量充足，不必太節約能源；
>
> 能源對生活非常重要；
>
> 使用無鉛汽油的汽機車對環境較好；
>
> 在能源的利用上，我認為經濟利益比環保更重要；
>
> 為了物盡其用，人們應該大量開採石油、煤礦；
>
> 我贊成使用無污染的能源；
>
> 火力發電廠會造成嚴重的環境汙染，最好不要再興建；
>
> 使用無污染的能源才能保持乾淨的環境；
>
> 使用能源會造成污染是不可避免的；
>
> 我願意配合政府所採行的限電措施；
>
> 我偶爾會看電視看到睡著，電視就算忘了關也沒關係；
>
> 假如我知道更多節約能源的方法，我一定會努力做到；
>
> 為了節約能源，我願意少吹冷氣；
>
> 節約能源一定會造成生活上的不便，並影響生活的品質；
>
> 我覺得通風良好的建築物，可減少空調系統的使用；
>
> 我喜歡睡覺時，吹冷氣蓋棉被，這樣覺得很舒服；
>
> 冬天很冷，洗澡時應該一邊沖熱水，一邊抹肥皂；
>
> 家中瓦斯熱水器不使用時，我會將總開關關閉；
>
> 在學校，我常會隨手關燈；
>
> 政府不應花費大量經費去開發太陽能等新能源。

「能源態度」量表以獨立敘述句表達，分別標示為：「非常同意」、「同意」、「不同意」、「非常不同意」四個選項，每一題目後面都附有一李克特式（Likert type）四點量表，由受試者聽問卷調查員解說，根據對自我的知覺情形針對問題勾選其中一項。

三、基本資料

受訪男學生有 366 人，占 53.3%，女學生有 321 人，占 46.7%。就讀學校所在縣市，台北市占 49.3%，新北市占 50.7%。

表 4-4　學童性別、縣市分布

	個數	百分比		個數	百分比
男	366	53.3	台北市	339	49.3
女	321	46.7	新北市	348	50.7
總和	687	100.0	總和	687	100.0

受訪學生每周的零用錢金額，以 50 元以內最多，占 57.1%，其次為 50~100 元，占 22.8%，100~150 元和 200 元以上各占 8.8%，150~200 元占 2.5%。

表 4-5　學童每周零用錢

	個數	百分比
50 元以內	388	57.1
50~100	155	22.8
100~150	60	8.8
150~200	17	2.5
200 元以上	60	8.8
總和	680	100.0

肆、學習者內在回饋

內在回饋（intrinsic feedback）是指學習者經由自己的活動而得到的資料（王克先，1992）。在嘗試學習的最初階段，個體則常經由內在回饋獲得改進的線索（黃葳威，2004）。

受訪學生中有 193 人擁有手機，占 28.1%，沒有手機的學生有 493 人，占 71.9%。有 94.5%的受訪學生家中擁有電腦，家中沒有電腦的學生占 5.5%。有 95%有在家上網，沒有在家上網的學生占 5%。

表 4-6　學童是否擁有手機、電腦

手機	個數	百分比	電腦	個數	百分比	家中上網	個數	百分比
有	193	28.1	有	649	94.5	有	649	95.0
沒有	493	71.9	沒有	38	5.5	沒有	34	5.0
總和	686	100.0	總和	687	100.0	總和	683	100.0

家中有裝設有線電視的學生占 88.1%，家中沒有裝設有線電視的學生占 11.9%。

表 4-7　學童家中是否有裝設有線電視

	個數	百分比
有	602	88.1
沒有	81	11.9
總和	683	100.0

受訪學生看電視的頻率，有 59.1%的學生表示每天都會看電視，有

16%的學生只有周末、假日才看，每周看三、四天的學生占 10.1%，每周
看五、六天的學生占 8.3%，每周看一、兩天的學生占 6.4%。

表 4-8　學童收視頻率

	個數	百分比
每天都看	398	59.1
每周看五、六天	56	8.3
每周看三、四天	68	10.1
每周看一、兩天	43	6.4
只有周末、假日才看	108	16.0
總和	673	100.0

　　受訪學生收視的時數，假日平均收看 3.96 小時，非假日平均收看時
數為 1.97 小時。

表 4-9　學童收視時間

	假日	非假日
平均數	3.9596	1.9722
標準差	3.6823	2.0935

　　受訪學生在家上網頻率，有 38.6%的學生表示很少上網，有 15.5%的
學生表示一周會有兩天上網，有 14.6%的學生表示每天都會上網，有 12.1%
的學生一周會有三天上網，一周上網一天的學生占 7.2%，一周上網四天
的學生占 6.5%，一周上網六天的學生占 2.9%，有 2.6%的學生一周上網五
天。

　　受訪學生收視時段以晚上 18 點至 20 點為主，占 37.9%，其次為傍晚
16 點至 18 點，占 21.6%，再者為夜晚 20 點至 22 點，占 15%，有 13.6%

的學生最常收視的時段為下午 14 點至 16 點，有 3.3%的學生最常看電視的時段為早晨 8 點至 10 點，有 3%的學生最常看電視的時段為中午 12 點至 14 點，有 2.8%的學生最常看電視的時段為深夜 22 點至 24 點，有 2.7%的學生最常看電視的時段為上午 10 點至 12 點。

表 4-10　學童一周上網天數、收視時段

	個數	百分比	收視時段	個數	百分比
一天	47	7.2	8-10	21	3.3
二天	101	15.5	10-12	17	2.7
三天	79	12.1	12-14	19	3.0
四天	42	6.5	14-16	86	13.6
五天	17	2.6	16-18	137	21.6
六天	19	2.9	18-20	240	37.9
每天	95	14.6	20-22	95	15.0
很少	251	38.6	22-24	18	2.8
總和	651	100.0	總和	633	100.0

受訪學生最喜歡收看的節目類型為卡通影片，占 35.7%，其次為連續劇，占 18.3%，再者為電影影集，占 11.1%，其餘依序為綜藝節目，占 9.9%，兒童節目占 5.7%，體育運動節目占 5.6%，其他類型節目占 4.5%，新聞節目占 4.3%，音樂節目占 3.8%，教育文化節目占 1.1%。

受訪學生最喜歡的節目型態為戲劇，占32.5%，其次為競賽，占24.3%，再者為綜合，占22.5%，其餘依序為藝能，占9.4%，其他型態占5.9%，報導占3.7%，訪談占1.7%。

受訪學生最喜歡的節目內容為綜合類，占35%，其次為自然科學，占15%，再者為藝術，占13.8%，其餘依序為語文，占12%，其他類占7.9%，健康占7.6%，社會占6.5%，數學占2.1%。

表 4-11　學童最喜歡的節目類型

	個數	百分比
卡通影片	224	35.7
兒童節目	36	5.7
教育文化	7	1.1
新聞	27	4.3
電影影集	70	11.1
連續劇	115	18.3
綜藝節目	62	9.9
體育運動節目	35	5.6
音樂節目	24	3.8
其他	28	4.5
總和	628	100.0

表 4-12　學童最喜歡的節目型態、節目內容

節目型態	個數	百分比	節目內容	個數	百分比
藝能	61	9.4	語文	79	12.0
戲劇	211	32.5	數學	14	2.1
報導	24	3.7	社會	43	6.5
訪談	11	1.7	自然科學	99	15.0
競賽	158	24.3	藝術	91	13.8
綜合	146	22.5	健康	50	7.6
其他	38	5.9	綜合	230	35.0
總和	649	100.0	其他	52	7.9
			總和	658	100.0

受訪學生中，有51.3%平時有閱報習慣，有48.7%的學生沒有閱報習慣。

有 72.1%的學生在學校上過有關能源的課，27.9%的學生沒有在校上過有關能源的課。

表 4-13　學童是否有閱報習慣

閱報	個數	百分比	上能源課	個數	百分比
有	351	51.3	有	491	72.1
沒有	333	48.7	沒有	190	27.9
總和	684	100.0	總和	681	100.0

上過能源課的學生，有 37.2%表示喜歡有關能源的課，沒意見的學生占 21.6%，非常不喜歡能源課的學生占 15.3%，表示非常喜歡的學生占 14.4%，表示不知道的學生占 11.5%。

表 4-14　學童對能源課的喜歡程度

	個數	百分比
沒意見	120	21.6
不知道	64	11.5
非常不喜歡	85	15.3
喜歡	207	37.2
非常喜歡	80	14.4
總和	556	100.0

知道再生能源的學生有 50.4%，不知道再生能源的學生占 49.6%。有 48.9%的學生知道使用再生能源的好處，有 51.1%的學生不知道使用再生能源的好處。65.5%在學校使用過「再生能源」數位教材，有 34.5%的學生沒有在學校使用過「再生能源」數位教材。

表 4-15　學童是否知道再生能源、使用好處

再生能源	個數	百分比	使用好處	個數	百分比	使用教材	個數	百分比
知道	343	50.4	知道	331	48.9	有	446	65.5
不知道	337	49.6	不知道	346	51.1	沒有	235	34.5
總和	680	100.0	總和	677	100.0	總和	681	100.0

有 33%的學生認為再生能源穩定，有 30.3%的學生表示不知道再生能源的穩定性，有 27.8%的學生認為再生能源不穩定，有 5.7%的學生表示再生能源非常穩定，有 3.1%的學生認為再生能源非常不穩定。

表 4-16　學童對再生能源的穩定性認知

	個數	百分比
不知道	206	30.3
非常不穩定	21	3.1
不穩定	189	27.8
穩定	224	33.0
非常穩定	39	5.7
總和	679	100.0

遺漏值 8 筆。

數位教材主題使用部分，有 37.9%看過「風之旅」，有 37.8%看過「生質能之旅」，有 15.5%忘記影片名稱，有 8.8%看過「太陽光電的秘密」。

表 4-17　數位教材主題使用

	個數	百分比
太陽光電的秘密	62	8.8
風之旅	267	37.9
生質能之旅	266	37.8
忘記名字	109	15.5
總和	704	100.0

除了從老師的教導獲得再生能源的知識，看課外書籍為受訪學生主要獲得再生能源知識的來源，占 19.7%；其次為電腦網路，占 18.4%；再者為電視節目，占 17.4%；其餘依序為家人，占 15.9%；參加戶外活動，占

9.5%；報紙占 9%，其他小朋友占 5.3%，綠色能源教學車占 4.3%，其他
來源占 0.5%。

表 4-18　學童獲得再生能源知識的來源

	個數	百分比
電視節目	394	17.4
電腦網路	418	18.4
報紙	203	9.0
家人告訴我	360	15.9
參加戶外活動	215	9.5
看課外書籍	446	19.7
其他小朋友告訴我	121	5.3
綠色能源教學車	97	4.3
其他	12	.5
總和	2266	100.0

　　受訪學生看過或知道的再生能源實例，以太陽能光電板最多人知道，
占15.9%，其次為太陽能熱水器，占13.2%，再者為各水庫的水力發電，
占12.1%，其餘依序為垃圾再處理的生質能技術，占10%，地熱發電占8.9%，
澎湖中屯風力發電機占7.8%，潮汐發電占5.9%，竹北春風風力發電機占
5.6%，台塑麥寮風力發電機占5.3%，總統府力行樓的太陽光電示範系統
占4.2%，玉山太陽光電發電系統占3.4%，大葉大學太陽能路燈占3.2%，
都沒看過占2.7%，都不知道占1.6%，其他例子占0.4%。

　　有 28%的學生認為風力發電機應該架設在西部沿海，有 27.6%的學生
表示不知道，有 20.5%的學生認為風力發電機應該架設在中部高山上，有
11.7%的學生認為風力發電機應該架設在東部沿海，有 6.8%的學生認為風
力發電機應該架設在北部沿海，有 5.3%的學生認為風力發電機應該架設
在台北盆地。

表 4-19　學童知道的再生能源實例

	個數	百分比
太陽能熱水器	361	13.2
太陽能光電板	435	15.9
總統府力行樓的太陽光電示範系統	114	4.2
大葉大學太陽能路燈	88	3.2
玉山太陽光電發電系統	92	3.4
澎湖中屯風力發電機	212	7.8
台塑麥寮風力發電機	146	5.3
竹北春風風力發電機	152	5.6
垃圾再處理的生質能技術	272	10.0
各水庫的水力發電	332	12.1
地熱發電	243	8.9
潮汐發電	160	5.9
其他	10	0.4
我都不知道	43	1.6
我都沒看過	73	2.7
總和	2733	100.0

受訪學生中，有 25.9%不知道什麼是生質物，有 25.1%的學生知道豬糞是生質物，有 24.5%知道廚餘是生質物，有 13.4%知道稻稈是生質物，有 10.3%知道鐵罐是生質物，有 0.8%知道其他的生質物。

表 4-20　學童風力發電機架設地、生質能認知

架設地點	個數	百分比	生質能	個數	百分比
西部沿海	189	28.0	稻稈	157	13.4
東部沿海	79	11.7	豬糞	295	25.1
北部沿海	46	6.8	廚餘	288	24.5
中部高山上	138	20.5	鐵罐	121	10.3
台北盆地	36	5.3	不知道	304	25.9
不知道	186	27.6	其他	9	.8
總和	674	100.0	總和	674	100.0

　　有 24%的學生不知道生質能的應用，有 18.9%的學生知道生質柴油是生質能的應用，其次為廢棄物衍生燃料，占 17.4%，再者為沼氣，占 11.7%，其餘依序為酒精汽油占 10.8%，煤炭占 8.7%，無鉛汽油占 8.3%，其他生質能應用占 0.1%。

表 4-21　　學童生質能應用認知

	個數	百分比
生質柴油	243	18.9
無鉛汽油	107	8.3
酒精汽油	139	10.8
沼氣	151	11.7
廢棄物衍生燃料	224	17.4
煤炭	112	8.7
不知道	309	24.0
其他	1	0.1
總和	1286	100.0

　　有 8.4%的學生家中有裝設太陽能熱水器，有 91.6%的學生家中沒有裝設太陽能熱水器。有 43%的學生希望知道其他的再生能源知識，57%的學生不希望知道其他再生能源知識。

表 4-22　　學童家中是否有裝設太陽能熱水器

裝設熱水器	個數	百分比	其他知識	個數	百分比
有	57	8.4	希望	293	43.0
沒有	622	91.6	不希望	388	57.0
總和	679	100.0	總和	681	100.0

受訪學童對「地球上可開採的石油資源越來越少」大多抱持同意的看法，其中非常同意的有 268 位（39.2%）、同意的有 151 位（22.1%）、抱持不同意的有 84 位（12.3%）、非常不同意有 96 位（14.0%），不知道有 85 位（12.4%）。

受訪學童對「世界上的能源總消耗量逐年提高」多抱持同意的看法，其中非常同意的有 239 位（34.9%）、同意的有 147 位（21.5%）、抱持不同意的有 91 位（13.3%）、非常不同意有 121 位（17.7%），不知道有 87 位（12.7%）。

學童對「加油站的汽油降價，表示汽油過多，必須盡量使用」多持不同意的看法，其中抱持不同意的有 147 位（21.6%）、非常不同意有 385 位（56.7%）、非常同意的有 45 位（6.6%）、同意的有 39 位（5.7%），不知道有 63 位（9.3%）。

學童對「現在有很多不同的能源可供利用，所以不會再發生能源危機」大多抱持不同意的看法，其中非常同意的有 61 位（9.0%）、同意的有 72 位（10.6%）、抱持不同意的有 185 位（27.2%）、非常不同意有 279 位（41%），不知道有 84 位（12.3%）。

學童對「最近都沒有停電限電，表示供電量充足，不必太節約能源」大多抱持不同意的看法，其中非常同意的有 35 位（5.2%）、同意的有 33 位（4.9%）、抱持不同意的有 133 位（19.6%）、非常不同意有 436 位（64.3%），不知道有 41 位（6.0%）。

學童對「能源對生活非常重要」大多抱持同意的看法，其中非常同意的有 508 位（75.1%）、同意的有 116 位（17.3%）、抱持不同意的有 10 位（1.5%）、非常不同意有 12 位（1.8%），不知道有 30 位（4.4%）。

學童對「使用無鉛汽油的汽機車對環境較好」大多抱持同意的看法，其中非常同意的有 225 位（33.1%）、同意的有 168 位（24.7%）、抱持不同意的有 68 位（10%）、非常不同意有 77 位（11.3%），不知道有 141 位（20.8%）。

表 4-23　學童的能源態度

	非常同意	同意	不同意	非常不同意	不知道
1.地球上可開採的石油資源越來越少	268(39.2)	151(22.1)	84(12.3)	96(14.0)	85(12.4)
2.世界上的能源總消耗量逐年提高	239(34.9)	147(21.5)	91(13.3)	121(17.7)	87(12.7)
3.加油站的汽油降價，表示汽油過多，必須盡量使用	45(6.6)	39(5.7)	147(21.6)	385(56.7)	63(9.3)
4.現在有很多不同的能源可供利用，所以不會再發生能源危機	61(9.0)	72(10.6)	185(27.2)	279(41.0)	84(12.3)
5.最近都沒有停電限電，表示供電量充足，不必太節約能源	35(5.2)	33(4.9)	133(19.6)	436(64.3)	41(6.0)
6.能源對生活非常重要	508(75.1)	116(17.2)	10(1.5)	12(1.8)	30(4.4)
7.使用無鉛汽油的汽機車對環境較好	225(33.1)	168(24.7)	68(10.0)	77(11.3)	141(20.8)
8.在能源的利用上，我認為經濟利益比環保更重要	97(14.3)	93(13.7)	132(19.5)	258(38.1)	98(14.5)
9.為了物盡其用，人們應該大量開採石油、煤礦	37(5.5)	37(5.5)	141(21.0)	396(59.1)	59(8.8)
10.我贊成使用無污染的能源	410(61.0)	104(15.5)	32(4.8)	84(12.5)	42(6.3)
11.火力發電廠會造成嚴重的環境汙染，最好不要再興建	180(26.5)	191(28.1)	82(12.1)	68(10.0)	159(23.4)
12.使用無污染的能源才能保持乾淨的環境	393(58.3)	146(21.7)	28(4.2)	45(6.7)	62(9.2)
13.使用能源會造成污染是不可避免的	106(15.8)	144(21.4)	142(21.1)	141(21.0)	140(20.8)
14.我願意配合政府所採行的限電措施	271(40.2)	202(30.0)	52(7.7)	44(6.5)	105(15.6)
15.我偶爾會看電視看到睡著，電視就算忘了關也沒關係	30(4.5)	28(4.2)	124(18.5)	447(66.7)	41(6.1)

（續）表 4-23　學童的能源態度

	非常同意	同意	不同意	非常不同意	不知道
16.假如我知道更多節約能源的方法,我一定會努力做到	369(54.3)	217(32.0)	28(4.1)	10(1.5)	55(8.1)
17.為了節約能源,我願意少吹冷氣	276(40.8)	244(36.1)	54(8.0)	39(5.8)	63(9.3)
18.節約能源一定會造成生活上的不便,並影響生活的品質	95(14.0)	78(11.5)	182(26.9)	229(33.8)	93(13.7)
19.我覺得通風良好的建築物,可減少空調系統的使用	329(49.0)	193(28.7)	34(5.1)	23(3.4)	93(13.8)
20.我喜歡睡覺時,吹冷氣蓋棉被,這樣覺得很舒服	70(10.3)	112(16.5)	184(27.1)	241(35.5)	71(10.5)
21.冬天很冷,洗澡時應該一邊沖熱水,一邊抹肥皂	76(11.2)	90(13.3)	206(30.3)	210(30.9)	97(14.3)
22.家中瓦斯熱水器不使用時,我會將總開關關閉	334(49.3)	162(23.9)	36(5.3)	44(6.5)	102(15.0)
23.在學校,我常會隨手關燈	342(50.4)	190(28.0)	27(4.0)	20(2.9)	99(14.6)
24.政府不應花費大量經費去開發太陽能等新能源	110(16.2)	78(11.5)	117(17.2)	248(36.5)	126(18.6)

註：表中數值為次數、括弧內數值為百分比。

　　學童對「在能源的利用上,我認為經濟利益比環保更重要」大多抱持不同意的看法,其中非常同意的有97位(14.3%)、同意的有93位(13.7%)、抱持不同意的有 132 位 (19.5%)、非常不同意有 258 位 (38.1%),不知道有 98 位 (14.5%)。

　　學童對「為了物盡其用,人們應該大量開採石油、煤礦」大多抱持不同意的看法,其中非常同意的有 37 位 (5.5%)、同意的有 37 位 (5.5%)、抱持不同意的有 141 位 (21%)、非常不同意有 396 位 (59.1%),不知道有 59 位 (8.8%)。

　　學童對「我贊成使用無污染的能源」大多抱持同意的看法，其中非常同意的有 410 位（61%）、同意的有 104 位（15.5%）、抱持不同意的有 32 位（4.8%）、非常不同意有 84 位（12.5%），不知道有 42 位（6.3%）。

　　學童對「火力發電廠會造成嚴重的環境汙染，最好不要再興建」大多抱持同意的看法，其中非常同意的有 180 位（26.5%）、同意的有 191 位（28.1%）、抱持不同意的有 82 位（12.1%）、非常不同意有 68 位（10%），不知道有 159 位（23.4%）。

　　學童對「使用無污染的能源才能保持乾淨的環境」大多抱持同意的看法，其中非常同意的有 393 位（58.3%）、同意的有 146 位（21.7%）、抱持不同意的有 28 位（4.2%）、非常不同意有 45 位（6.7%），不知道有 62 位（9.2%）。

　　學童對「使用能源會造成污染是不可避免的」大多抱持同意的看法，其中非常同意的有 106 位（15.8%）、同意的有 144 位（21.4%）、抱持不同意的有 142 位（21.1%）、非常不同意有 141 位（21.0%），不知道有 140 位（20.8%）。

　　學童對「我願意配合政府所採行的限電措施」大多抱持同意的看法，其中非常同意的有 271 位（40.2%）、同意的有 202 位（30.0%）、抱持不同意的有 52 位（7.7%）、非常不同意有 44 位（6.5%），不知道有 105 位（15.6%）。

　　學童對「我偶爾會看電視看到睡著，電視就算忘了關也沒關係」大多抱持不同意的看法，其中非常同意的有 30 位（4.5%）、同意的有 28 位（4.2%）、抱持不同意的有 124 位（18.5%）、非常不同意有 447 位（66.7%），不知道有 41 位（6.1%）。

　　學童對「假如我知道更多節約能源的方法，我一定會努力做到」大多抱持同意的看法，其中非常同意的有 369 位（54.3%）、同意的有 217 位（32%）、抱持不同意的有 28 位（4.1%）、非常不同意有 10 位（1.5%），

不知道有 55 位（8.1%）。

　　學童對「為了節約能源，我願意少吹冷氣」大多抱持同意的看法，其中非常同意的有 276 位（40.8%）、同意的有 244 位（36.1%）、抱持不同意的有 54 位（8%）、非常不同意有 39 位（5.8%），不知道有 63 位（9.3%）。

　　學童對「節約能源一定會造成生活上的不便，並影響生活的品質」大多抱持不同意的看法，其中非常同意的有 95 位（14%）、同意的有 78 位（11.5%）、抱持不同意的有 182 位（26.9%）、非常不同意有 229 位（33.8%），不知道有 93 位（13.7%）。

　　學童對「我覺得通風良好的建築物，可減少空調系統的使用」大多抱持同意的看法，其中非常同意的有 329 位（49%）、同意的有 193 位（28.7%）、抱持不同意的有 34 位（5.1%）、非常不同意有 23 位（3.4%），不知道有 93 位（13.8%）。

　　學童對「我喜歡睡覺時，吹冷氣蓋棉被，這樣覺得很舒服」大多抱持不同意的看法，其中非常同意的有 70 位（10.3%）、同意的有 112 位（16.5%）、抱持不同意的有 184 位（27.1%）、非常不同意有 241 位（35.5%），不知道有 71 位（10.5%）。

　　學童對「冬天很冷，洗澡時應該一邊沖熱水，一邊抹肥皂」大多抱持不同意的看法，其中非常同意的有 76 位（11.2%）、同意的有 90 位（13.3%）、抱持不同意的有 206 位（30.3%）、非常不同意有 210 位（30.9%），不知道有 97 位（14.3%）。

　　學童對「家中瓦斯熱水器不使用時，我會將總開關關閉」大多抱持同意的看法，其中非常同意的有 334 位（49.3%）、同意的有 162 位（23.9%）、抱持不同意的有 36 位（5.3%）、非常不同意有 44 位（6.5%），不知道有 102 位（15%）。

　　學童對「在學校，我常會隨手關燈」大多抱持同意的看法，其中非常同意的有 342 位（50.4%）、同意的有 190 位（28.0%）、抱持不同意的有

27 位（4.0%）、非常不同意有 20 位（2.9%），不知道有 99 位（14.6%）。

　　學童對「政府不應花費大量經費去開發太陽能等新能源」大多抱持不同意的看法，其中非常同意的有 110 位（16.2%）、同意的有 78 位（11.5%）、抱持不同意的有 117 位（17.2%）、非常不同意有 248 位（36.5%），不知道有 126 位（18.6%）。

伍、外在回饋與能源認知

　　實驗組係在能源教學過程，採用數位影音能源教材的組別，反映學習者的外在回饋；對照組則沒有使用過數位影音能源教材。

　　經過比較，實驗組與對照組喜歡能源課程程度有顯著差異（t=2.73, p<.01），實驗組較喜歡能源相關的課程。

表 4-24　喜歡能源課程程度 t 檢定

	個數	平均數	標準差	t
實驗組	306	3.2582	1.3412	2.73**
對照組	250	2.9360	1.4184	

p<.01**

　　分析是否知道再生能源，實驗組知道再生能源的學生明顯比對照組多，實驗組組內，知道的學生比不知道的學生多，在對照組組內，不知道再生能源的學生比知道的學生多。

　　從是否知道使用再生能源的好處來看，實驗組的學生知道使用再生能源的好處明顯比對照組多，在實驗組組內，知道再生能源好處的學生比不知道的學生多，在對照組內，不知道再生能源好處的學生比知道的學生多。

表 4-25　是否知道再生能源交叉分析

		是否知道再生能源		總和	是否知道再生能源好處		總和	
		知道	不知道		知道	不知道		
實驗組	個數	206	140	個數	211	134	345	346
	百分比	59.5%	40.5%	百分比	61.2%	38.8%	100.0%	100.0%
對照組	個數	137	197	個數	120	212	332	334
	百分比	41.0%	59.0%	百分比	36.1%	63.9%	100.0%	100.0%
總和	個數	343	337	個數	331	346	677	680
	百分比	50.4%	49.6%	百分比	48.9%	51.1%	100.0%	100.0%

X2=22.582, df=1, p<.001***

　　實驗組的學生相較於對照組的學生，實驗組的學生對再生能源穩定性的認知較為穩定。

表 4-26　再生能源穩定性交叉分析

	個數	平均數	標準差	t
實驗組	346	3.0896	1.2374	5.764***
對照組	333	2.5135	1.3612	

P<.001 ***

　　實驗組的學生中，大部分認為風力發電機應該架設在西部沿海，對照組的學生則大部分不知道要裝設在哪裡。

　　不論實驗組或對照組學生，都有超過五成的學生不希望知道其他有關再生能源的知識。

表 4-27　風力發電裝設地區交叉分析

| | | 風力發電裝設地區 | | | | | | 總和 |
		西部沿海	東部沿海	北部沿海	中部高山	台北盆地	不知道	
實驗組	個數	156	44	10	62	17	52	341
	百分比	45.7%	12.9%	2.9%	18.2%	5.0%	15.2%	100.0%
對照組	個數	33	35	36	76	19	134	333
	百分比	9.9%	10.5%	10.8%	22.8%	5.7%	40.2%	100.0%
總和	個數	189	79	46	138	36	186	674
	百分比	28.0%	11.7%	6.8%	20.5%	5.3%	27.6%	100.0%

X2=133.374, df=5, p<.001

表 4-28　希不希望知道其他再生能源知識交叉分析

| | | 希望知道其他再生能源知識與否 | | 總和 |
		希望	不希望	
實驗組	個數	147	199	346
	百分比	42.5%	57.5%	100.0%
對照組	個數	146	189	335
	百分比	43.6%	56.4%	100.0%
總和	個數	293	388	681
	百分比	43.0%	57.0%	100.0%

X2=.045, df=1, p>.05

　　對於「地球上可開採的石油資源越來越少」、「世界上的能源總消耗量逐年提高」、「使用能源會造成污染是不可避免的」、「假如我知道更多節約能源的方法，我一定會努力做到」、「節約能源一定會造成生活上的不便，並影響生活的品質」、「我覺得通風良好的建築物，可減少空調系統的使用」、「冬天很冷，洗澡時應該一邊沖熱水，一邊抹肥皂」、「政府不應花費大量經費去開發太陽能等新能源」等題項的同意程度，實驗組與對照組並無差異。在其餘題項中，實驗組的同意程度都顯著高於對照組。

表 4-29 能源態度各題項平均值 t 檢定

		個數	平均數	標準差	t
1	實驗組	347	3.5879	1.4081	-.511
	對照組	337	3.6439	1.4570	
2	實驗組	348	3.4885	1.3864	.125
	對照組	337	3.4748	1.4901	
3	實驗組	345	2.5130	1.0147	2.068*
	對照組	334	2.3593	.9217	
4	實驗組	344	2.8169	1.1523	4.546***
	對照組	337	2.4362	1.0306	
5	實驗組	343	2.5015	.9141	3.449**
	對照組	335	2.2716	.8195	
6	實驗組	344	4.6541	.8114	2.376*
	對照組	332	4.4789	1.0811	
7	實驗組	345	3.5043	1.4409	2.113*
	對照組	334	3.2545	1.6306	
8	實驗組	345	2.8957	1.2532	2.983**
	對照組	333	2.6066	1.2700	
9	實驗組	341	2.4927	.9255	2.690**
	對照組	329	2.3009	.9193	
10	實驗組	341	4.2463	1.2143	2.448*
	對照組	331	4.0000	1.3861	
11	實驗組	346	3.4220	1.4570	3.141**
	對照組	334	3.0569	1.5691	
12	實驗組	342	4.2632	1.1794	2.651**
	對照組	332	3.9970	1.4131	
13	實驗組	342	2.9766	1.3373	1.408
	對照組	331	2.8278	1.4026	
14	實驗組	341	3.8416	1.3520	2.095*
	對照組	333	3.6096	1.5162	
15	實驗組	341	2.4340	.8841	2.927**
	對照組	329	2.2462	.7751	

（續）表 4-29　能源態度各題項平均值 t 檢定

		個數	平均數	標準差	t
16	實驗組	344	4.3023	1.0588	1.669
	對照組	335	4.1552	1.2332	
17	實驗組	343	4.0437	1.1398	2.336*
	對照組	333	3.8198	1.3412	
18	實驗組	344	2.8081	1.1747	.541
	對照組	333	2.7568	1.2910	
19	實驗組	341	4.0352	1.2966	1.513
	對照組	331	3.8731	1.4716	
20	實驗組	342	2.8947	1.1101	2.018*
	對照組	336	2.7173	1.1796	
21	實驗組	344	2.8343	1.1650	1.625
	對照組	335	2.6866	1.2039	
22	實驗組	345	4.0000	1.3468	2.568*
	對照組	333	3.7117	1.5642	
23	實驗組	347	4.0720	1.3160	1.979*
	對照組	331	3.8580	1.4897	
24	實驗組	345	2.7449	1.3025	.841
	對照組	334	2.6587	1.3701	

　　實驗組與對照組的能源態度有顯著差異（t=3.32, p<.01），實驗組對能源態度較對照組正面。

表 4-30　能源態度 t 檢定

	個數	平均數	標準差	t
實驗組	290	3.9489	.5963	3.315**
對照組	279	3.7440	.8502	

p<.01**

陸、媒體使用與能源認知

　　家中是否有電腦與是否知道再生能源、是否知道再生能源的好處、風力發電機應該裝設的地點、再生能源穩定性評估和能源態度無關。

　　受訪學生是否有上網經驗與是否知道再生能源、是否知道再生能源的好處、風力發電機應該裝設的地點、再生能源穩定性評估和能源態度沒有關聯。

　　上網頻率與是否知道再生能源、是否知道再生能源的好處、風力發電機應該裝設的地點、再生能源穩定性評估和能源態度沒有關聯。

表 4-31　收視頻率與是否知道再生能源卡方檢定

			是否知道再生能源		
			知道	不知道	總和
收視頻率	每天都看	個數	184	210	394
		百分比	46.7%	53.3%	100.0%
	每周看五、六天	個數	36	20	56
		百分比	64.3%	35.7%	100.0%
	每周看三、四天	個數	43	24	67
		百分比	64.2%	35.8%	100.0%
	每周看一、兩天	個數	20	23	43
		百分比	46.5%	53.5%	100.0%
	只有周末、假日才看	個數	53	54	107
		百分比	49.5%	50.5%	100.0%
	總和	個數	336	331	667
		百分比	50.4%	49.6%	100.0%

X2=11.857, df=4, p<.05

收視頻率會影響學生對能源的認知，但不會影響學生的能源態度。

受訪學生收視頻率與其是否知道再生能源有顯著關聯，其中每周收視五、六天以及每周收看三、四天的學生，知道再生能源的比例較高；每天都看和每周看一、兩天的學生，知道再生能源的比例較低。

收視頻率與是否知道再生能源的好處有顯著關係，其中每周收看三、四天的學生，知道再生能源好處的比例最高；每周收看五、六天以及每周收看一、兩天的學生，知道再生能源好處的比例較不知道的來得高；每天都看的學生知道再生能源的比例最低。

收視頻率與學生認為風力發電機應裝設在何處有關聯，每周看三、四天的學生，較多認為應裝設在西部沿海；每周收看一、兩天的學生，多數認為應裝設在中部高山上；只有周末、假日收視的學生，表示不知道的比例最高。

表 4-32　收視頻率與是否知道再生能源好處卡方檢定

| | | | 是否知道再生能源好處 | | |
			知道	不知道	總和
收視頻率	每天都看	個數	169	222	391
		百分比	43.2%	56.8%	100.0%
	每周看五、六天	個數	34	22	56
		百分比	60.7%	39.3%	100.0%
	每周看三、四天	個數	44	23	67
		百分比	65.7%	34.3%	100.0%
	每周看一、兩天	個數	24	18	42
		百分比	57.1%	42.9%	100.0%
	只有周末、假日才看	個數	53	55	108
		百分比	49.1%	50.9%	100.0%
	總和	個數	324	340	664
		百分比	48.8%	51.2%	100.0%

$X2=16.856$, $df=4$, $p<.01$

表 4-33　收視頻率與裝設風力發電機地區卡方檢定

			裝設風力發電機地區						
			西部沿海	東部沿海	北部沿海	中部高山上	台北盆地	不知道	總和
收視頻率	每天都看	個數	107	38	33	74	25	116	393
		百分比	27.2%	9.7%	8.4%	18.8%	6.4%	29.5%	100.0%
	每周看五、六天	個數	17	11	1	9	3	13	54
		百分比	31.5%	20.4%	1.9%	16.7%	5.6%	24.1%	100.0%
	每周看三、四天	個數	30	7	4	9	3	13	66
		百分比	45.5%	10.6%	6.1%	13.6%	4.5%	19.7%	100.0%
	每周看一、兩天	個數	8	7		18	2	8	43
		百分比	18.6%	16.3%		41.9%	4.7%	18.6%	100.0%
	周末、假日才看	個數	25	16	6	24	2	33	106
		百分比	23.6%	15.1%	5.7%	22.6%	1.9%	31.1%	100.0%
	總和	個數	187	79	44	134	35	183	662
		百分比	28.2%	11.9%	6.6%	20.2%	5.3%	27.6%	100.0%

$X2=42.454$, $df=20$, $p<.01$

　　假日收視的時數與是否知道再生能源好處有關聯，其中假日收看時間較少（少於三小時）的學童，知道再生能源的比例較高；假日收視時間較多（高於三小時）的學童，不知道再生能源好處的比例較高。

　　周間收視時間與是否知道再生能源好處有顯著關聯，其中周間收視時間較少（少於一個半小時）的學生，知道再生能源好處的比例較高；周間收視時間較多（高於一個半小時）的學童，不知道再生能源的比例較高。

表 4-34　假日收視時間與是否知道再生能源好處卡方檢定

| | | | 是否知道再生能源好處 | | |
			知道	不知道	總和
假日收視時間	3 小時以下	個數	155	129	284
		百分比	54.6%	45.4%	100.0%
	3 小時以上（含）	個數	162	193	355
		百分比	45.6%	54.4%	100.0%
	總和	個數	317	322	639
		百分比	49.6%	50.4%	100.0%

X2=4.697, df=1, p<.05

表 4-35　周間收視時間與是否知道再生能源好處卡方檢定

| | | | 是否知道再生能源好處 | | |
			知道	不知道	總和
周間收視時間	1.5 小時以下	個數	176	146	322
		百分比	54.7%	45.3%	100.0%
	1.5 小時以上（含）	個數	142	176	318
		百分比	44.7%	55.3%	100.0%
	總和	個數	318	322	640
		百分比	49.7%	50.3%	100.0%

X2=6.012, df=1, p<.05

　　受訪學生最喜歡收看的節目呈現型態與是否知道再生能源有關聯，喜歡看其他型態節目的學生知道再生能源的比例最高；喜歡看訪談型態節目的學生，知道再生能源的比例也相當高；喜歡收看競賽、報導和藝能型態節目的學生，知道再生能源的比例較低。

表 4-36　節目型態與是否知道再生能源卡方檢定

			是否知道再生能源		
			知道	不知道	總和
節目型態	藝能	個數	29	32	61
		百分比	47.5%	52.5%	100.0%
	戲劇	個數	109	99	208
		百分比	52.4%	47.6%	100.0%
	報導	個數	11	13	24
		百分比	45.8%	54.2%	100.0%
	訪談	個數	8	3	11
		百分比	72.7%	27.3%	100.0%
	競賽	個數	68	89	157
		百分比	43.3%	56.7%	100.0%
	綜合	個數	78	67	145
		百分比	53.8%	46.2%	100.0%
	其他	個數	29	9	38
		百分比	76.3%	23.7%	100.0%
	總和	個數	332	312	644
		百分比	51.6%	48.4%	100.0%

$X^2=16.632$, df=6, p<.05

　　喜歡收看何種節目型態與是否知道再生能源好處有關聯，其中以喜歡收看訪談型態節目的學生，知道再生能源好處的比例最高；喜歡收看其他型態節目的學生，知道再生能源好處的比例也相當高；喜歡收看藝能節目的學生，知道再生能源好處的比例最低。

表 4-37　節目型態與是否知道再生能源好處卡方檢定

			是否知道再生能源好處		
			知道	不知道	總和
節目型態	藝能	個數	24	37	61
		百分比	39.3%	60.7%	100.0%
	戲劇	個數	105	101	206
		百分比	51.0%	49.0%	100.0%
	報導	個數	12	11	23
		百分比	52.2%	47.8%	100.0%
	訪談	個數	9	2	11
		百分比	81.8%	18.2%	100.0%
	競賽	個數	73	85	158
		百分比	46.2%	53.8%	100.0%
	綜合	個數	70	75	145
		百分比	48.3%	51.7%	100.0%
	其他	個數	25	11	36
		百分比	69.4%	30.6%	100.0%
	總和	個數	318	322	640
		百分比	49.7%	50.3%	100.0%

$X2=13.850$, $df=6$, $p<.05$

　　節目內容與是否知道再生能源好處以及能源態度有關聯。喜歡社會內容的學生，知道再生能源好處的比例最高；喜歡其他、綜合和自然科學的學生，知道再生能源好處的比例較不知道的為多；喜歡語文、藝術以及數學內容的學生，知道再生能源好處的比例偏低；喜歡健康節目內容的學生，知道再生能源好處的比例最低。

表 4-38　節目內容與是否知道再生能源好處卡方檢定

| | | | 是否知道再生能源好處 | | |
			知道	不知道	總和
節目內容	語文	個數	33	44	77
		百分比	42.9%	57.1%	100.0%
	數學	個數	5	8	13
		百分比	38.5%	61.5%	100.0%
	社會	個數	26	17	43
		百分比	60.5%	39.5%	100.0%
	自然科學	個數	52	46	98
		百分比	53.1%	46.9%	100.0%
	藝術	個數	36	53	89
		百分比	40.4%	59.6%	100.0%
	健康	個數	16	34	50
		百分比	32.0%	68.0%	100.0%
	綜合	個數	125	103	228
		百分比	54.8%	45.2%	100.0%
	其他	個數	29	23	52
		百分比	55.8%	44.2%	100.0%
	總和	個數	322	328	650
		百分比	49.5%	50.5%	100.0%

X2=17.003, df=7, p<.05

　　喜歡節目內容的不同會影響學生的能源態度，其中喜歡語文節目內容以及社會節目內容的學生對能源的態度較正面；喜歡數學和健康節目內容的學生，對能源態度則較為消極。

表 4-39　節目內容與能源態度單因子變異數分析

		個數	平均數	標準差	F	scheffe
節目內容	語文	68	4.0257	.4956	2.243*	沒有差異
	數學	10	3.6917	1.0117		
	社會	34	4.0110	.6627		
	自然科學	84	3.8264	.9308		
	藝術	75	3.7539	.6457		
	健康	46	3.5743	.9446		
	綜合	191	3.9217	.6289		
	其他	42	3.8105	.9032		
	總和	550	3.8609	.7394		

$p < .05$

　　平時有閱讀報紙的學生，知道再生能源的比例較高，反之，平常沒有閱讀報紙的學生，知道再生能源的比例較低。

表 4-40　閱讀報紙與是否知道再生能源卡方檢定

			是否知道再生能源		
			知道	不知道	總和
平常是否閱報	有	個數	205	145	350
		百分比	58.6%	41.4%	100.0%
	沒有	個數	136	192	328
		百分比	41.5%	58.5%	100.0%
	總和	個數	341	337	678
		百分比	50.3%	49.7%	100.0%

$X2 = 19.145$, $df = 1$, $p < .001$

　　平常有閱讀報紙的學生，知道再生能源好處的比例較高；平時沒有閱讀報紙的學生，知道再生能源的比例較低。

表 4-41　閱讀報紙與是否知道再生能源好處卡方檢定

			是否知道再生能源好處		
			知道	不知道	總和
平常是否閱報	有	個數	196	151	347
		百分比	56.5%	43.5%	100.0%
	沒有	個數	134	194	328
		百分比	40.9%	59.1%	100.0%
	總和	個數	330	345	675
		百分比	48.9%	51.1%	100.0%

X2=15.867, df=1, p<.001

　　受訪學生平常是否有閱讀報紙與其對再生能源的穩定性評估有關聯，有閱讀報紙的學生對再生能源穩定性的評價較高。平常是否有閱讀報紙會影響學生的能源態度，平常有閱讀報紙的學生，其能源態度較為正面。

表 4-42　閱讀報紙與再生能源穩定性、再生能源態度評估 t 檢定

再生能源穩定性		個數	平均數	標準差	t
平常是否閱報	有	347	2.9568	1.2543	3.020**
	沒有	330	2.6485	1.3939	
再生能源態度		個數	平均數	標準差	t
平常是否閱報	有	291	3.9913	.6420	4.701***
	沒有	276	3.7034	.8028	

p<.01**、p<.001***

柒、結論與建議

　　參考資訊傳播模式，將回饋定義為對傳播分析訓練前、傳播訓練目標、傳播訓練技巧，以及訓練後傳播評估的評價反應（Goldhaber, 1986; Daniels & Spiker, 1991: 339-340；黃葳威，2004）。

　　家中是否有數位科技載具（如電腦、手機）或上網經驗等，對於學童使用電腦與是否知道再生能源、是否知道再生能源的好處、風力發電機應該裝設的地點、再生能源穩定性評估和能源態度無關。這或許與學童未必透過數位科技載具接觸再生能源等自然生態資訊有關。

　　然而，電視媒體使用會影響學生對能源的認知，但不會影響學生的能源態度。

　　受訪學生每周收視五、六天以及每周收看三、四天的學生，知道再生能源的比例較高。這顯示常使用電視媒體的學童，較習慣透過數位影音教材，建立對再生能源的認知。

　　進一步觀察，其中每周收看三、四天的學生，知道再生能源好處的比例最高；每周收看五、六天以及每周收看一、兩天的學生知道再生能源好處的比例較不知道的來得高；每天都看的學生知道再生能源的比例最低。假日收視的時數與是否知道再生能源好處有關聯，其中假日收看時間較少（少於三小時）的學童，知道再生能源的比例較高；假日收視時間較多（高於三小時）的學童，不知道再生能源好處的比例較高。周間收視時間與是否知道再生能源好處有顯著關聯，其中周間收視時間較少（少於一個半小時）的學生，知道再生能源好處的比例較高。

　　這提醒學童對於影音媒體的使用時間若過長，對於吸收能源新知未必有正面影響。

喜歡看其他型態節目的學生知道再生能源的比例最高，喜歡看訪談型態節目的學生，知道再生能源的比例也相當高；喜歡收看訪談型態節目的學生知道再生能源好處的比例最高，喜歡收看其他型態節目的學生知道再生能源好處的比例也相當高。

喜歡社會內容的學生，知道再生能源好處的比例最高；喜歡其他、綜合和自然科學的學生，知道再生能源好處的比例較不知道的為多；喜歡語文、藝術以及數學內容的學生，知道再生能源好處的比例偏低；喜歡健康節目內容的學生，知道再生能源好處的比例最低。

喜歡節目內容的不同會影響學生的能源態度，其中喜歡語文節目內容以及社會節目內容的學生對能源的態度較正面。

平時有閱讀報紙的學生，知道再生能源及其好處的比例較高，對再生能源穩定性的評價較高。

顯見有關再生能源的推廣，相關知識的建立可善用平面或電視談話型節目傳遞，而應用常識或實用資訊可結合校園社會科、自然科融入教學方式宣導；或以資訊互動型態推廣。

外在回饋

經過比較，實驗組與對照組喜歡能源課程程度有顯著差異（t=2.73, p<.01），實驗組較喜歡能源相關的課程。

分析是否知道再生能源，實驗組知道再生能源的學生明顯比對照組多，實驗組組內，知道的學生比不知道的學生多，在對照組組內，不知道再生能源的學生比知道的學生多。

實驗組與對照組的能源態度有顯著差異（t=3.32, p<.01），實驗組對能源態度較對照組正面。

這代表數位影音教材的輔助使用，有助於學習者建立對再生能源的認知。再生能源題材的數位影音教材可以故事戲劇手法，介紹生態能源的發

展與應用，這些有助於學生接收學習能源新知。

　　反觀行動科技載具的管道，在國小校園未必合適，仍以校園教育或結合電視媒體傳遞，較符合國小學生的作息。

參考書目

一、中文部分

王克先（1992）。《學習心理學》（初版三刷）。台北市：桂冠。

王智姚（2002）。〈國小中、高年級學生對能源的認知與態度之研究〉。台北市：國立台北教育大學科學教育研究所碩士論文。

旺文社（2000）。《牛津當代大辭典》。台北市：旺文社。

涂家瑋、簡佑宏（2014）。〈英語新聞影片字幕呈現內容對學習動機與學習成效之影響〉。收錄於黃葳威主編，《數位世紀傳播生態》，頁 104-128。新北市：威仕曼。

朗文出版社（1994）。《朗文英漢雙解科技大辭典》。台北市：朗文出版亞洲有限公司。

袁之琦、游恆山（1990）。《心理學名詞辭典》。台北市：五南圖書。

許耀升、羅希哲（2007）。〈智慧型 PDA 融入國民中學自然與生活科技領域教學之行動研究〉。《科學教育》，296，頁 2-17。

黃惠雪（1998）。〈非正式能源教育課程對國小學生節約能源態度之影響研究〉。彰化縣：國立彰化教育大學工業教育研究所碩士論文。

黃葳威（2004）。《閱聽人與媒體文化》。台北市：揚智。

黃葳威（2008）。《數位傳播與資訊文化》。新北市：威仕曼。

黃葳威（2012）。《數位時代資訊素養》。新北市：威仕曼。

張謙楣（2005）。〈行動載具在支援高中國文科教室教學情境的應用〉。台
　　北市：國立臺灣師範大學資訊教育學系碩士論文。

賴信川（2005）。〈運用行動載具輔助空間幾何學習〉。台北市：國立台灣
　　師範大學資訊教育學系在職進修碩士班碩士論文。

二、英文部分

Belk, R. W. (1985, December). "Materialism: trait aspects of living in the material world". *Journal of Consumer Research*, 12, 265-280.

Boyinbode, O. K. & Akintola, K. G. (2008). "A Sensor-Based Framework for Ubiquitous Learning in Nigeria". *International Journal of Computer Science and Network Security* IJCSNS, 8(11), 401-405.

Casey, D. (2005). u-Learning = e-Learning + m-Learning. In G. Richards (Ed.), *Proceedings of World Conference on E-Learning in Corporate, Government, Healthcare, and Higher Education 2005*, pp.2864-2871. Chesapeake, VA: AACE.

Cavus, N. & Ibrahim, D. (2008). "m-Learning: An experiment in using SMS to support learning new English language words". *British Journal of Educational Technology*, 40, 1, 78-91.

Chabra, T. & Figueiredo, J. (2002). "How to Design and Deploy and held Learning". Retrieved June 22, 2006, from http://www.empoweringtechnologies.net/eLearning/eLearning_expov5_files/frame.htm.

Chen, Y. S., Kao, T. C., Sheu, J. P. & Chiang, C. Y. (2002). A Mobile Scaffolding-Aid-Based Bird -Watching Learning System. *Proceedings of IEEE International Workshop on Wireless and Mobile Technologies in Education (WMTE'02)*, pp.15-22.

Chiu, P. S., Kuo, Y., Huang, Y. & Chen. T. (2008). A Meaningful Learning based u-Learning Evaluation Model. *Eighth IEEE International Conference on Advanced Learning Technologies*, pp.77-81.

Curtis, M., Luchini, K., Bobrowsky, W., Quintana, C. & Soloway, E. (2002). Handheld Use in K-12: A Descriptive Account, *Proceedings of IEEE International Workshop on Wireless and Mobile Technologies in Education (WMTE'02)*, pp.23-30.

Daniels, T. D. & Spiker, B. K. (1991). *Perspectives on Organizational Communication* (2nd edition). Iowa: Wm. C. Brown Publishers.

Dochev, D. & Hristov, I. (2006). "Mobile Learning Applications: Ubiquitous Characteristics and Technological Solutions". *Cybernetics and Computer Technologies*, 6(3), 63-74.

Goldhaber, G. M. (1993). *Organizational Communication* (6th ed.). Dubuque, IA: Brown & Benchmark.

Hwang, G.-J., Tsai, C. C. & Yang, S. J. H. (2008). "Criteria, Strategies and Research Issues of Context-Aware Ubiquitous Learning". *Educational Technology & Society,* 11(2), 81-91.

Johnson, T. (1996). *The 1995 Course Experience Questionnaire*. Parkville, Victoria: Graduate Careers Council of Australia.

Jones, V. & Jo, J. H. (2004). "Ubiquitous Learning Environment: An Adaptive Teaching System Using Ubiquitous Technology". In R. Atkinson, C. McBeath, D. Jonas-Dwyer & R. Phillips (Eds), *Beyond the Comfort Zone: Proceedings of the 21st ASCILITE Conference*, pp.468-474. Retrieved on March 2, 2009 from http://www.ascilite.org.au/conferences/perth04/procs/jones.html.

Kim, C. H. (2005). *A Study of the Factors of DMB Adoption for Korean Users. Department of Image Media*. The Graduate school of Sogang University.

Kuo, F-R., Hwang, G-J., Chen, Y-J. & Wang, S-L. (2007). Standards and Tools for Context-Aware Ubiquitous Learning. *Proceedings of Seventh IEEE International Conference on Advanced Learning Technologies (ICALT 2007)*, Retrieved on March 2, 2009 from http://csdl.computer.org/comp/proceedings/icalt/2007/2916/00/29160704.pdf.

Lyytinen, K. & Yoo, Y. (2002). "Issues and Challenges in Ubiquitous Computing". *Communications of the ACM* , 45(12), 62-65.

Lytle, J. R. & Chamberlain, V. M. (1983). *The Consistency of Attitude and Behavior by Adolescents in the Area of Energy Conservation.* ERIC Document Reproduction Service No. ED 241-732.

Ogata, H., & Yano, Y. (2004). Context-Aware Support for Computer-Supported Ubiquitous Learning. *Proceedings of the 2nd IEEE International Workshop on Wireless and Mobile Technologies in Education,* pp.27-34.

Ogata, H., Akamatsu, R. & Yano, Y. (2004). *Computer Supported Ubiquitous Learning Environment for Vocabulary Learning Using RFID Tags*, TEL2004 (Technology Enhanced Learning 2004). Retrieved on August 7, 2008 from http://www-yano.is.tokushimau.ac.jp/ogata/pdf/tel04ogata.pdf.

Ogata, H., & Yano, Y. (2004). Context-Aware Support for Computer-Supported Ubiquitous Learning. In 2nd IEEE International Workshop on Wireless and Mobile Technologies in Education, pp.27-34.

Sakamura, K. & Koshizuka, N. (2005). Ubiquitous Computing Technologies for Ubiquitous Learning, *Proceedings of the 2005 IEEE International Technologies in Education (WMTE '05)*, pp.11-20.

Schiffman, L. G. & Kanuk, L. L. (2010). *Consumer Behavior* (10th edition). Englewood Cliffs, N. J.: Prentice-Hall.

Vance, R. J. & Colella, A. (1990). "Effects of two types of feedback on goal acceptance and personal goals". *Journal of Applied Psychology*, 75(1), 68-76.

Yahya, S., Ahmad, E. A. & Jalil, K. A. (2010). "The definition and characteristics of ubiquitous learning: A discussion". *International Journal of Education and Development using Information and Communication Technology(IJEDICT)*, 6(1), 117-127.

Yang, T. Z., Kuo, F. R., Hwang, J. G. & Chu, H. C. (2008). A Computer Assisted Approach for Designing Context-Aware Ubiquitous Learning Activities. In IEEE International Conference on Sensor Networks, Ubiquitous and Trustworthy, pp.524-530.

三、網際網路

經濟部能源委員會（1998）。能源政策白皮書。http://www.moeaec.gov.tw/02/02/htm/index-1.htm.

關懷篇

第五章

數位時代網路霸凌

壹、前言

　　一九六〇年代，加拿大文學家麥克魯漢（Marshall McLuhan）提出「媒介即訊息」（media is message）一說，被視為科技決定論的先驅。加拿大政治經濟學者殷尼斯（Harold Innis）則對所謂「集權」抱持著懷疑的態度，關切更新的傳播科技勢必帶來更大的集權政體，憂心形成傳播偏誤（bias of communication）。

　　兩位學者提出的時間早在五十年前，如今資訊社會的確應證網路承載資訊的型態，而當資訊過度超載或人們重度上網，甚至沉迷或成癮，往往形成新的挑戰或問題！

　　英國作家兼實證學者培根（Francis Bacon）相信擁有知識就是力量，生活的理想就是為了理想的生活。資訊科技社會公民是否經歷擁有科技就是力量？抑或，善用科技才是力量？

　　賀依（David Couzens Hoy）認為知識並非是優先於權力，也非獨立運用來取得權力；每個社會每個時代都會有源自於權力關係的真理政權（a regime of truth）。真理政權未必是國家政權，可能來自於學術殿堂、階級意識、社團或企業等組織，以及資訊科技。

　　教育部青年政策論壇二〇一五年以網路相關議題為主軸，青年代表提到網路霸凌問題，討論網路上如何理性溝通，尊重不同意見。

　　網際網路與日常生活緊密結合，彈指間瞬息萬變！真實生活應對進退的禮節，即便以化名上網，也要注意這條資訊高速公路的交通安全。

　　根據歐盟對於網路霸凌的界定，凡透過數位科技使特定人士感到不安，不論基於有意或無意，皆屬於網路霸凌，如校園同學間在網路上對特定同學持續品頭論足、傳遞傷害對方的不實謠言；或因

為同學間彼此志趣不同，持續透過網路發言分享、忽略、排擠特定同學的行為。

　　甚至，任意在網路分享來源不明的影片不僅可能觸法，將影片加入播放清單也挨告！

　　台北一位張小姐收到地檢署傳票，才得知自己被告，電影片商發現她用手機瀏覽 YouTube，把兩部電影加入自己的播放清單，由於智慧型手機常與 Goolge 帳號綁定，導致張女用 YouTube 也同時登入 Google，新增的播放清單，形同類似個人頻道、個人部落格，張女等於散播不明來源的電影，被片商索賠三萬元。

　　校園同學之間作弄他人的惡搞影片，網友互相分享，是「好笑的影片與他人分享」，如果非出自影片中當事人的意願，分享傳遞過程，形同助長這種不當的行為，參與分享已形同加害人了。

　　政大與中華白絲帶關懷協會長期觀察發現（黃葳威，2017），超過七成五的青少兒學生擁有自己的手機（占 75.4％），其中九成二以上都是智慧型手機。青少年喜歡上網及使用智慧型手機，分享上傳資訊，稍有不甚可能助長網路霸凌。

　　本文將透過文獻分析與次級資料分析法，探討何為網路霸凌？先進國家青少兒上網發生網路霸凌的現象如何？如何因應？

貳、網路霸凌意涵類型

一、嘻笑、瞎鬧、霸凌與網路霸凌

　　霸凌（bully）一詞，原意有違反規範、欺侮他人之意。就意象而言，與帶有兩個銳利牛角的公牛（bull）相似。可想而知，是相當魯莽、具威脅性的意味。

　　所謂霸凌，是帶有攻擊的行為，或故意、重複且持續的「傷害行為」，形同人際關係權力的不對等（Olweus,1999）。

(一)嬉耍瞎鬧與霸凌的差異

　　那麼，同儕間的嬉耍瞎鬧與霸凌有何差異？黃葳威（2015d）從發生過程前、過程中、過程後觀察其差異，包含；

■過程前

1.動機：是否有傷害意圖？校園同儕間的嬉耍瞎鬧，目的在打發時間或作弄他人、嬉戲為主；霸凌初始的動機，也可能是無聊、作弄他人，但動機往往具有傷害意圖。

2.參與意願：主動參加與否？嬉耍瞎鬧可以有自主意願選擇加入；霸凌受害者或旁觀者未必有自主意願選擇加入與否。

3.熟識度：嬉耍瞎鬧的參與者彼此多為熟識關係；霸凌加害者與受害者可能為熟識關係或否，霸凌旁觀者與受害者也可能為熟識關係或否。

■過程中

1.互動：表情愉悅／歡愉或輕視／仇視？嬉耍瞎鬧者的相處過程，多為愉悅、調皮有趣的表情；霸凌受害者與加害人的互動，雖未必面對面溝通，但受害者因感受到敵意，其表情往往帶有恐懼、無奈、憂傷等。

2.角色扮演：主動性與被動性？嬉耍瞎鬧者可以主動參與彼此的互動或遊戲；霸凌受害者並非主動參與，往往被迫牽扯其中。

3.參與：時間可隨時加入或退出？嬉耍瞎鬧者可以隨時加入或退出彼此的互動或遊戲；霸凌受害者無法決定何時加入或退出其中。

4.攻防：侵略、攻擊程度高低？嬉耍瞎鬧者的互動過程，彼此侵略、

攻擊程度不高；霸凌受害者與加害者或旁觀者的互動過程，彼此侵略、攻擊程度較高。

■過程後

1.效應：身心受損與否？嬉耍瞎鬧者的互動相處，引發歡愉或增進情誼；霸凌受害者經歷過後，引發被拒絕、隔離感且有損彼此關係。

2.結果：繼續群聚玩耍遊戲？嬉耍瞎鬧者相聚互動可以增進關係與情感，之後仍有機會重複群聚玩耍；霸凌受害者在過程中（身）心情受創，不意繼續群聚玩耍嬉戲。

3.後果：重複發生頻率？嬉耍瞎鬧者後續不定期會重複相聚嬉鬧；霸凌受害者在定期間，以蔓延方式急遽重複遭受霸凌。

表5-1 比較嬉耍瞎鬧與霸凌

過程前	過程中	過程後
1.動機	1.互動表情	1.效應
2.參與意願	2.角色扮演	2.結果
3.熟識度	3.參與時間	3.後果
	4.攻防	

資料來源：研究者整理。

(二)網路霸凌與傳統霸凌的差別

網路霸凌（cyberbullying），顧名思義，是一種身心騷擾、霸凌（bullying）；網路霸凌是透過資訊傳播科技，特別是手機和網路，故意使他人不安（黃葳威，2015b）。

分析網路霸凌與傳統霸凌的差別在於（黃葳威，2015d）：

1.加害人：多半年齡相仿，四成至八成二真實生活認識受害人（Wolak

　　et al., 2006; Hinduja & Patchin, 2009；Hof, Berg & Schermer, 2014），
常採匿名方式。

2.受害者：往往為重度網路使用者（Tokunaga, 2010）、日常遭受霸
凌者（Smith et al., 2008; Ybarra et al., 2006; Li, 2007）。

3.旁觀者：網友。二○一二金車教育基金會調查顯示，六成青少年認
為現在網路霸凌嚴重，但 43％選擇「淡定回應」，39％選擇「潛
水（視而不見、不回應）」等冷處理方式，不對霸凌者發表任何意
見……如果 82％（43+39）的不選擇冷漠，那這社會將變得怎樣呢？

4.時間：持續且重複傳遞。

5.空間：相關人士不需要在同一物理空間，但可全天候發生且可侵入
家庭／個人空間。

6.形式：文字、圖片、影音、語言等。

7.管道：網際網路。

8.原因：負面情緒，或被負面解讀。

9.影響：在網路上迅速蔓延，長期存在。

10.回饋：負面情緒化內容居多。

二、網路霸凌類型

　　網路霸凌反映權力關係的不對等，審視網路霸凌的內容與型態，有以
下幾種類型（黃葳威，2015b）：

1.語言霸凌：以情緒化語言透過手機持續嘲弄、惡意傷害、恐嚇，或
貶抑他人，如刻意嘲笑對方的外型或行為表現、散布不實謠言等。

2.文字霸凌：以文字在網路平台散播具威脅意味、攻擊性言詞，如一
些藝人被網路酸民評頭論足，或校園學生在網路平台上嘲諷特定人
士等。

3.文本霸凌：文本源自英文 text，係指未經授權使用他人資料或作品，侵犯他人智慧財產權或肖像權。如將他人圖像張冠李戴，惡意拼貼於不雅圖片，或使用他人資料未註明資料出處等。

4.肢體霸凌：以魯莽、具威脅性的行為傷害他人，如施以拳打腳踢、強行推拉或足致當事人肢體受到損傷等侵犯行徑。

5.關係霸凌：以冷漠、隔離等方式排擠他人、操弄人際關係，或刻意形塑小團體，形成內團體與外團體的差別待遇，如刻意拉攏同儕一起冷落特定對象，使對方感受被孤立或無助。

6.性霸凌：根據性別平等教育法第 2 條第 5 項，性霸凌係指透過語言、肢體或其他暴力，對於他人之性別特徵、性別特質、性傾向或性別認同進行貶抑、攻擊或威脅之行為且非屬性騷擾者。如嘲笑他人的性特徵或身材等。

7.逆向霸凌：原本為反制霸凌行徑，卻可能因抵制過當形成相對霸凌，或因失控導致傷害第三方。如某演藝人士臉部照片被拼湊於偷拍反不雅照片，為抵制自己遭受到文本霸凌，卻牽連引發網友肉搜被偷拍不雅照的受害當事人；或為反制網路霸凌行徑，過當致使權力不對等，反導致另一霸凌的形成。

參、國際兒少上網趨勢

一、歐洲

(一)英國

英國二○一五年七月公布的一項質性研究，針對孩子使用智能手機和平板電腦，二○一四年一月至九月間，以焦點座談方式蒐集老師、家長和孩子們的觀點。

學生焦點座談分為男、女學生兩組，共有十九位九歲至十六歲的學生代表；三場家長代表座談，合計有十七位家中有十一歲至十七歲的家長代表出席、兩位家長採深度訪談；兩場教師組，共有十三位教師代表參加；一場兒少團體代表座談，共有四位參與兒童工作。研究發現如下（Haddon & Vincent, 2015）：

1.孩子在經濟上大量依賴家長。
2.家長嘗試對於孩子在科技使用的優先順序與數量，進行時間管理。
3.孩子使用科技用品的空間限制，以學校或公共場所為主。
4.智慧型手機讓孩子感覺社交活躍，卻也導致分心與閒散，定睛手機螢幕反阻礙面對面社交互動的能力。
5.有關網路色情的接觸，孩子擔心的不是內容本身，而是家長的反應。
6.針對行動載具可能助長的網路霸凌的發生，或被陌生網友掌握其行蹤；少部分孩子在辨識加害人、遭遇網路同儕誹謗等，表示有負面經驗。

(二)義大利

二〇一五歐盟兒少行動上網調查，共計調查包含丹麥、義大利、羅馬尼亞、英國、愛爾蘭、匈牙利、比利時等七國。透過邀請九歲至十六歲的二百一十九位兒少代表出席的五十五場焦點座談，一百零七個深度訪談（一百零八位受訪）；一百八十位成人代表出席的四十場焦點座談、四十四個深度訪談（五十位受訪），其中義大利的發現有（Mascheroni & Ólafsson, 2015）：

1.行動載具使得兒少上網行動更加個人化。
2.行動上網豐富兒少的創意，也增添兒少接觸不良內容的機會。
3.義大利兒少常透過行動載具，使用臉書及 Instagram 社群。
4.多數受訪義大利兒少表示，智慧型手機使他們方便連絡朋友。

5. 兒少將社群平台視為個人人脈的延伸，一般平均連結網友數低於一百，雖然連結網友數低於過去幾年的數量，仍高於整體平均，但低於葡萄牙與英國。

6. 五成以上義大利兒少承認自己常常過度使用智慧型手機。

7. 兒少家長引導兒少上網的比例從過去的七成，減低為六成五。

(三)愛爾蘭

二〇一三年十一月至十二月，五百位九歲至十六歲的青少兒，在家中接受面對面的訪談。二〇一四年四月至六月，深度訪談三十二位九歲至十六歲的兒少，及十位兒少家長。愛爾蘭的兒少行動上網調查發現（O'Neill & Dinh, 2015）：

1. 35%受訪青少兒用智慧型手機行動上網，29%用筆記型電腦行動上網，27%用平板電腦行動上網。

2. 近 46%青少兒每天在臥房上網，其中 22%一天會上網多次。

3. 多數青少兒在白天上網。少部分在晚上九點後上網，其中 28%為輕度使用者，14%為重度使用者。

4. 53%青少兒表示不會在學校上網，僅 7%表示會在學校上網。

5. 87%行動上網主要動機是使用影音，四成三的青少兒用智慧型手機透過 Wi-Fi 上網。

6. 42%的 9 歲至 16 歲青少兒最常使用的社群平台是 Instagram。

7. 20%的受訪青少兒表示在過去一年被網路上的人事煩擾，較 2011 年呈現雙倍成長。

8. 愛爾蘭發生的網路霸凌比例與歐盟不相上下，但網路霸凌卻愈來愈普遍，有 13%兒少曾遭遇網路霸凌，高於 2011 年的 4%，且常發生在社群網站。

9. 九歲至十六歲青少兒觀看色情影像的比例，從 17%增加至 28%。

2011 年，愛爾蘭青少兒觀看色情影像的管道，以傳統大眾媒體為主，2015 年，青少兒觀看的管道先後為：社群平台、錄影帶及電視。

10. 相較於 2011 年，愛爾蘭青少兒上網更容易碰到網友分享的負面訊息，自 12%升為 16%，仍低於歐盟的 25%。

11. 雖然上網遭遇的經驗各有不同，有 17%的愛爾蘭青少兒不會告訴他人。

12. 網路霸凌、網路色情影像，先後為歐盟青少兒上網感到最困擾的經驗，其中有 17%表示不安。

二、亞太地區

(一)台灣

《二○一五年兒童 3C 產品使用與上網行為大調查》顯示（黃葳威，2016），3C 產品已成台灣小小「行動原生族」生活中的必備品，超過一半（57.4%）的國小高年級學童擁有自己的電腦（包括平板電腦、筆記型電腦及桌上型電腦）；近一半擁有自己的智慧型手機（47.9%），相較於 2013 年成長了 1.6 倍。其他重要發現包括：

1. 上網看影音是孩子使用 3C 最大目的，其次為玩遊戲與上社群網站：孩子最常使用 3C 產品觀看影音網站（93%），其次為玩遊戲（81.7%）及上社群網站（80.6%）。

2. 孩子觀看影片的種類多元：多數孩子透過影音網站觀看音樂 MV（58%），近半數的孩子會用來觀看爆笑短片（48%）或是卡通（42%）。其餘則是用來觀看偶像劇（27%）、綜藝節目（25%）、教學影片（24%）。

3. 近三分之一的孩子接觸超齡遊戲：超過八成的孩子會使用 3C 產品

玩遊戲，其中近三成的孩子未遵守分級規定，即每三個用 3C 產品玩遊戲的小孩中就有近一個玩過超齡遊戲。

4.社群網站最常拿來聊天：孩子用社群網站最常聊天（52.7%），其次是看家人朋友動態（46.5%）、玩小遊戲（43.9%），但仍有少數的孩子會透過社群網站結交新朋友（16.1%）。

兒少常見的網路危險行為：

1.接觸不當資訊：34.1%的孩子曾經在使用 3C 產品時接觸過色情裸露、暴力血腥等不雅內容，更有一成以上（12.2%）的孩子表示他們曾經主動搜尋這些不適齡的內容。

2.輕信網路訊息：雖然大部分的孩子（78.1%）認為網路上的資料來源並不可靠，不過仍然有兩成以上（21.9%）的孩子認為網路上獲得的資訊是可以相信的。除此之外，有 16.3%的孩子會轉傳幸運信給其他人。

3.輕忽個資保護：約三成五的孩子曾經用生日、個人基本資料或是簡單數字組合（例如：1111、0000 或 1234 等等）當作自己的密碼，對於帳戶安全是一大威脅。

政大數位文化行動研究室與白絲帶關懷協會公布「2015 台灣青少兒上網安全長期觀察」調查（黃葳威，2015a），台灣青少兒學生網路社群參與比例大幅增加，由二〇一〇年的一成七遽增為五成九以上，將近六成的八歲至十八歲在學學生加入網路社群。

青少兒上網動機，主要為聽音樂、使用部落格、看影片，且各達六成五以上；其次才是玩線上遊戲。

青少兒常用電子產品，以可上網的電腦、智慧型手機為主，其次為數位電視、平版電腦等。

近七成的青少兒學生不同意「網路上的任何資料可任意複製使用且不

須註明出處」，八成三以上同意：不要在網路上給別人自己的個資。青少兒對於個人隱私的觀念，高於對數位智財權的重視。

進一步進行分析影響青少兒數位智財權、個人隱私觀念建立的因素發現：

　1.女學生較男學生重視數位智財權以及個人隱私。

　2.青少兒個人持有手機，其對於個人隱私觀念得分較未持有手機者高；但是，青少兒未持有手機，其對數位智財權的重視，高於持有手機者。

　3.持有智慧型手機者，對於數位智財權的觀念得分，低於一般手機持有者者；但對個人隱私的得分較高。

　4.青少兒愈常上網，愈重視數位智財權及個人隱私權。但是，青少兒週末或週間上網時間過長，其數位智財權及個人隱私觀念愈缺乏。

　5.社群網站重度使用者如以臉書為入口網站的青少兒，雖然會留意個人隱私，卻輕忽他人的智慧財產權益。

由此可見，網路社群彼此分享交流，為當代青少兒的日常生活形態。

著作權法第十一條：著作人享有禁止他人以歪曲、割裂、竄改或其他方法改變其著作之內容、形式或名目致損害其名譽之權利。

青少兒學生也逐漸留意個人隱私的重要，但在傳遞、轉貼檔案的同時，對於維護他人的智慧財產權的知能仍待加強。

如何享受並善用社群分享平台？提出以下建議（黃葳威，2015a）：

1.R（Respect）尊重：尊重智慧財產權與個人隱私。

2.I（Interact）溝通：溝通網路規範與倫理。

3.G（Guide）指引：校園與網站業者提供上網安全規範指引。

4.H（Hotline）熱線：撥打網安熱線（02-33931885）求助。

5.T（Time）時間：規劃上網時間、維持健康作息。

6.S（Safety）安全：設定手機或電腦網路安全機制。

(二)中國

根據中國新聞稿報導（許婧，二〇一五年五月十九日），上海交通大學社會調查中心等十九日公布《二〇一五年中國大學生媒體使用調查報告》顯示，超過九成中國大學生每日上網超過兩小時，一半以上的受訪大學生每日不閱讀報紙。

這份調查報告針對中國二十九個省份（除港澳、青海省、西藏自治區以外）的 2,240 所中國浦東高等學校（機構）在校大學生的媒介使用習慣等進行調查，經過兩個月實地調查，共發出 10,300 份問卷，回收有效問卷 9,781 份。調查發現：

1. 受訪大學生有 12.2% 每天上網超過八小時以上，高於每日接觸報紙（0.4%）、廣播（0.5%）、電視（0.9%）、雜誌（0.7%）達八小時以上的大學生；僅有 1.1% 的大學生每日不上網。大學生每日不閱讀報紙的比例為 50.3%。近七成大學生每日收視時間在半小時以上。

2. 不同主修領域的大學生使用媒介的動機有所差異，人文科學背景學生最主要的動機是獲取信息，醫藥背景大學生較注重愉悅身心，農林背景的大學生選擇使用媒介用來打發時間的比例最多（51.6%）。

3. 中國大學生最常使用的社群平台有：QQ、微信、微博；其中，工科生使用 QQ 媒介的比例最高，達 91.2%。報告指出，中國大學生使用微信、微博的主要目的是社交；女生使用微信、微博進行休閒娛樂的比例高於男生。

三、美國

　　美國 Pew Research Center 公布的「二○一五美國青少兒社群媒體與科技使用」報告（黃葳威，2016），兼採網路問卷與電話訪問調查。網路問卷部分，二○一五四年九月至十月間調查 1,060 位年齡在十三歲至十七歲的青少兒，電話訪問調查在二○一五年二月至三月間針對 1,016 對親子檔進行。透過電話訪問與網路問卷調查發現：

1. 十三歲至十七歲的青少年最常使用的社群平台先後是：Facebook（71%）、Instagram（52%）、Twitter（41%）、Snapchat（33%）、Google+（33%）、Tumbir（14%）、其他社群平台（11%）。

2. 不同族裔的受訪青少兒，上網頻率有別。其中 34%的非洲裔青少兒表示常常上網，32%西班牙裔青少兒常上網，19%白種美國青少兒表示常上網。

3. 71%的青少兒 使用的社群平台超過七個以上。22%青少兒常使用特定一個社群平台，其中，66%使用臉書，13%使用 Google+，13%使用 Instagram，3%使用 Snapchat。

4. 不同性別的青少兒使用社群平台動機有差異。女生偏好瀏覽影音，男生偏好遊戲。以 Instagram 為例，女生用來瀏覽影音的女生有六成六，男生則占四成四。玩遊戲機的男生達九成一，女生佔七成；透過連線或智慧型手機玩線上遊戲的男生佔 84%，女生佔 29%。

四、小結

　　綜合以上歐洲、美國、亞太地區等國家的青少兒上網行為調查有以下特點：

1. 各國除不定期針對青少兒上網行為進行定量調查，為深入爬梳特定網路使用新興型態如網路霸凌，也採焦點座談的定性方法，蒐集青少兒、家長或教師的經驗與意見。

2. 除中國大陸的調查以大學生為主，其他各國的調查涵蓋國小、國中、高中或大學、學齡前等青少兒。

3. 各國調查均顯示，青少兒最常使用的媒體以網路為主，且以行動載具上網為趨勢。

4. 部分國家的青少兒上網行為，逐漸以瀏覽影音為主。

5. 不同性別，上網動機有差異。遊戲軟體使用，男生多於女生；影音瀏覽使用，女生多於男生。

6. 多個國家的青少兒上網安全，皆面臨網路霸凌、個資隱私、網路交友陷阱、網路資訊分辨、時間管理等挑戰。

肆、各國網路霸凌治理

　　美國國家科學工程醫學院（The National Academies of Science-Engineering-Medicine）針對層出不窮的網路霸凌，提出透過科學研究、政策擬定與實踐行動，進行防治（Rivara & Menestrel, 2016）。

　　《世界日報》日前報導，紐約市長白思豪（Bill de Blasio）在競選市長時便承諾「將手機帶入學校」。他和教育總監法瑞娜（Carmen Farina）共同推動管理制度 A-413 規定，允許學生帶手機進學校，但要求各校校長自行協商制定手機管理政策，加強教育與培訓，防止學生網路暴力。對於違規的學生則採取「亂用手機，就會失去手機」的政策。

　　紐約市公立學校自一九八八年開始執行手機禁止令，至二〇〇八年蘋果智慧手機開始盛行，前市長彭博（Michael Bloomberg）再次加強推動這

項政策，他認為帶手機進入學校會讓學生分心，更可能出現考試作弊、網路霸凌等問題。

面對網路霸凌頻傳，英國數位、文化、媒體暨體育部（Department for Digital, Culture, Media & Sport）八月指出（Department for Digital, Culture, Media & Sport, 2017/8/7），英國政府正醞釀推動新的資料保護法案（Data Protection Bill），納入「被遺忘權」並賦予民眾更大的資料控制權，維護網路使用者的權益。

「被遺忘權」（right to be forgotten）主張人們有權利要求移除有關自己負面、過時的個人身分資訊搜尋結果，然而由於此舉可能和「言論自由」衝突，產生網路資訊審查疑慮，因此目前相關細則還不明確，也還只在歐盟內討論。

至於資料控制權也和被遺忘權相關，根據英國新法，民眾可以要求企業移除他們的個人資料，如果企業違反相關規定，導致民眾資料外洩，可能面臨一千七百萬英鎊或全球營收 4%的罰款。

除了要求企業刪除個人個資之外，這項法案也保障家長和監護人可以決定兒童資料使用權；企業處理機密個人資料必須明確取得個人同意；個人資料的範圍也不僅只限於個人身分識別和相關內容，擴大範圍到 IP 位置、電腦 Cookie 以及 DNA 都是保護對象。

無論「被遺忘權」或英國新法的發展，都揭示當今人們對於個人資料保護意識已經逐漸抬頭，面對這樣的趨勢，企業或政府都必須提出更積極的因應之道。

新加坡廣電局將網路視為廣電媒體之一，因而負責管理網路內容，網路內容服務業者必須遵照一九九六年根據廣電法所頒布的網路自律公約（code of practice）與網路內容指導原則（Internet Content Guidelines）規定才核發營運執照（黃葳威，2016）。

網路內容指導原則第 4 條禁止網路傳遞有害公共安全與國家安全的

內容，第五條則禁止透過網路傳遞有害種族與宗教和諧的內容，最特別的是第六條，禁止網路宣揚傳遞與新加坡道德標準相違的內容，包括色情、性、裸露、暴力、恐怖與同性戀。凡是違反上述規定傳遞禁止內容的網路業者將被廣播局吊銷執照，網友也會受到嚴格的處分。

日方相當重視網路安全素養（Internet Safety Literary），此外，日方在網路媒體自律相關立法（青少年が安全に安心してインターネットを利用できる環境の整備等に関する法律；Act on Development of an Environment that Provides Safe and Secure Internet Use for Young People, Act No. 79 of 2008），完善青少年網路利用環境法要求手機業者須提供青少兒用戶過濾軟體服務，以及在賣場販售電腦給未成年用戶時須提供過濾軟體安裝服務（黃葳威，2016）。

二〇〇六年十二月韓國政府頒佈了促進資訊與通訊網路使用及資訊保護法，以建立第三方身分認證機制、賦予網際網路業者得暫時移除或封鎖有害資訊之權利等方式管理網路違法內容，期望藉此促進業者自律，並在言論自由及受害者權益中尋得平衡，該法已於二〇〇七年七月正式實施（黃葳威，2016）。

韓國放送通信審議委員會受理來自對網路內容不滿，或遭受各類違法和有害信息傷害的舉報，並且還提供輔導服務。檢舉通報非法與有害兒少的網站內容，可透過以下管道：網頁、藍芽、電話申訴、電子郵件、郵寄或是線上申訴（https://www.kocsc.or.kr/eng/report02.php）或傳真。

韓國對於非法網路內容的界定：所有違背韓國在地法律、並侵犯公共利益與社會秩序的內容。有害兒少的網路內容就廣義而言係指：被韓國放送通信審議委員會或青少年保護委員會通知有不道德、暴力、猥褻、投機與反社會等具體內容。

中國在二〇一三年打擊「網絡散布謠言」的行動之後，二〇一六年十一月七日正式通過《網路安全法》，於二〇一七年六月一日正式實施（中

國人大網，2016/11/7）。中國《網路安全法》總共有七章七十九條，除了網路詐騙和網路攻擊的罰則，展現中國想降低網路威脅的決心之外，中國政府用法律明確定義網路營運商的種種責任。

《網路安全法》明訂任何個人和組織不得利用網路發佈與實施詐騙，製作或者銷售違禁物品、管制物品以及其他違法犯罪活動的信息。其中最關鍵的四大點是：嚴懲網路詐騙及網路攻擊、保護關鍵信息基礎設施、網路實名制法令化、危及國家安全的重大突發事件可限制通訊 。

台灣對於網路安全的治理，主要根據二〇一一年十一月三十日修正的兒童及少年福利與權益保障法第 46 條為防止兒童及少年接觸有害其身心發展之網際網路內容，由通訊傳播主管機關召集各目的事業主管機關委託民間團體成立內容防護機構。

國家通訊傳播委員會召集各目的事業主管機關委託民間團體成立內容防護機構，藉由內容防護機構建立溝通機制，推動業者自律及適時擔任政府、民間團體及業者溝通平台角色，提供有效率的網路內容爭端解決機制，建立產官共管，促進產業發展與創新。

為即時處理民眾有關網路問題之申訴案件，國家通訊傳播委員會自二〇一〇年八月二日起依行政院國家資通安全會報第十七次委員會議決議，與教育部、內政部兒童局（衛生福利部兒少保護司）、內政部警政署、經濟部工業局及經濟部（商業司）共同設置「WIN 網路單 e 窗口」。透過專業人員及電子信箱作業系統，將民眾申訴案件轉請相關權責機關或網路平台業者妥善處理，使民眾對網路內容安全疑義，能快速獲得回應。

自二〇一〇年起，經公開提案評審機制，白絲帶關懷協會陸續承辦之行政院跨部會 WIN 網路單 e 窗口專案計畫、iWIN 網路內容防護機構計畫，受理有關兒少色情、網路性交易、未經認證的性侵藥品網路廣告等申訴案件，相關違法與有害兒少身心健康的訊息，經由函轉目的事業主管機構，網站業者已依據兒少法進行移除，所屬縣市警政單位也查獲性交易等不法情事。

　　白絲帶關懷協會承接行政院跨部會 iWIN 網路內容防護機構多年，多次接獲民眾申訴，未經授權的作品或個人資料被轉貼分享，此舉既違法也損及原作者或當事人的權益。

　　台灣藝人楊又穎二〇一五年四月下旬在台中住處自殺身亡，遺書抱怨網路酸民霸凌，認為「根本是鍵盤殺人！」。

　　根據白絲帶關懷協會統計，二〇一五年四月至二〇一六年七月霸凌申訴案件數為 556 件，熱線申訴 159 件；其中以霸凌案件發生平台分類，並以個別網址計數，最多為「社群網站（FB）」159 件，其次為「其他社群或平台」175 件，「新聞霸凌（誹謗、個資、不實）」為 248 件；內容已下架數以個別申訴網址計共有 419 件，未下架申訴網址則有 122 件，下架比例為 59.28%。

伍、台灣青少兒社群資訊分辨

　　政大數位文化行動研究室與白絲帶關懷協會針對小學三年級至高中三年級的青少兒學生調查發現（黃葳威，2015a），台灣青少兒學生網路社群參與比例大幅增加，由五年前的一成七遽增為五成九以上，將近六成的八歲至十八歲在學學生加入網路社群。

表5-2　青少兒網路社群參與

	次數	百分比
有加入	7,721	58.7
沒有加入	4,069	30.9
不知道	1,366	10.4
總和	13,156	100.0

　　參加網路家族社群的青少兒學生，近三成六示會出席（35.5％），五成青少兒不會出席網聚（48.7％），從經常、偶爾、到不常出席。

表5-3　青少兒網聚出席

	次數	百分比
經常出席	370	4.4
偶爾出席	1,468	17.4
不常出席	1,155	13.7
從不出席	4,114	48.7
不知道	1,348	15.9
總和	8,455	100.0

　　青少兒參與的網路社群以「娛樂流行」類型佔最多數（47％），其次依序為「親友學校」（36.2％）、「運動休閒」（25.5％）、「聯誼交友」（24.9％）、「電腦通訊」（23.6％）。

表5-4　青少兒參與的網路社群類型

	次數	百分比
娛樂流行	3,986	47.0
親友學校	3,050	36.2
運動休閒	2,163	25.5
聯誼交友	2,126	24.9
電腦通訊	2,006	23.6
藝文學術	1,205	14.2
星座命理	1,162	13.7
不知道	872	10.3
其他	419	5.0
醫療保健	295	3.5
商業金融	157	1.8

青少兒上網動機，主要為聽音樂、使用部落格、看影片，且各接近七成；其次才是玩線上遊戲。

青少兒常用電子產品，以可上網的電腦、智慧型手機居多，其次為數位電視、平版電腦，再者為MP3／MP4、不能上網的手機、及電動遊樂器等。

表5-5　青少兒上網動機及家中科技用品使用

上網動機	次數	百分比	家中科技用品	次數	百分比
聽音樂	8912	70.4	電腦上網	9654	71.0
使用部落格/FB	8775	69.4	智慧型手機上網	7300	53.7
觀賞影片	8644	68.3	數位電視	6530	48.1
玩線上遊戲	7210	57.6	平版電腦	4872	35.8
查詢資料	6593	48.3	MP3/ MP4	2437	17.9
看娛樂資訊	4351	34.4	手機（不能上網）	2512	18.5
下載軟體	3352	26.5	電動遊樂器	2193	16.1
上聊天室或 BBS	2698	21.3	數位相機	1529	11.2
用即時通	2036	16.1	電子辭典	1468	10.8
寄發電子信件	1594	12.6	都不使用	445	3.3
看色情網站	628590	5.0	語言學習機	384	2.8
其他	590	4.7	其他	120	0.9

資訊社會網路深入公私領域，網路霸凌事件時有聽聞，如何陪伴青少兒走過網路霸凌？

一、網路使用資訊分辨

網路霸凌行動網路霸權，可能來自網路謠言，也是一種網路騷擾，那麼，青少兒在面對網路資訊分辨的知能如何？

　　參考「二〇一五台灣青少兒網路使用與資訊分辨調查」報告（黃葳威，2015a），相較於對散佈網路謠言的關注，青少兒學生對於學校上網的規定、網友聊天內容分辨及數位智財權的知能仍待加強。

　　研究進行分析影響青少兒網路資訊分辨知能的因素發現：

1.女學生較男學生重視分辨網路資訊。

2.高年級學生較低年級學生的網路資訊分辨知能高，但在學校網路使用規定正好相反，低年級的知能高於高年級。

3.上網頻率越低，越不同意「網路上的任何資料可以任意複製使用而且不須註明出處」，但越同意「我知道學校對網路使用的規定」。上網頻率越高，越同意「在網路上散佈不實謠言是不對的」者。

4.周末上網時數越低，越不同意「網路上的任何資料可以任意複製使用而且不須註明出處」，越同意「我會特別注意在聊天室中的聊天內容」。

5.周間上網時數越低，越不同意「網路上的任何資料可以任意複製使用而且不須註明出處」。

6.整體而言，平日或周末在晚間十點、凌晨時段或中午時段上網者，其網路內容分辨知能較低。

7.有參與網路社群，在「在網路上散佈不實謠言是不對的」、「我會特別注意在聊天室中的聊天內容」題項得分，較沒有參加者高；但在「我知道學校對網路使用的規定」題項得分，較沒有參加者低。

8.周末用手機時數越低，越不同意「網路上的任何資料可以任意複製使用而且不須註明出處」，越同意「我知道學校對網路使用的規定」。

9.周間用手機時數越低，越不同意「網路上的任何資料可以任意複製使用而且不須註明出處」。

10.有智慧型手機者，在「網路上的任何資料可以任意複製使用而且

不須註明出處」、「在網路上散佈不實謠言是不對的」、「我會特別注意在聊天室中的聊天內容」等題項得分較沒有智慧手機者高；但在「我知道學校對網路使用的規定」得分較沒有智慧手機者得分低。

11.受訪學生的成績表現越好，越不同意「網路上的任何資料可以任意複製使用而且不須註明出處」，越同意「在網路上散佈不實謠言是不對的」，越同意「我知道學校對網路使用的規定」，越同意「我會特別注意在聊天室中的聊天內容」。

12.越同意「我知道學校對網路使用的規定」者，越同意「我會特別注意在聊天室中的聊天內容」。越同意「在網路上散佈不實謠言是不對的」，越同意「網路上的任何資料可以任意複製使用而且不須註明出處」。

13.越同意「在網路上散佈不實謠言是不對的」者，越同意「我會特別注意在聊天室中的聊天內容」，越同意「網路上的任何資料可以任意複製使用而且不須註明出處」。

值得注意的是，參與網路社群、使用智慧型手機未必對網路資訊分辨造成負面影響。然而，上網頻率過高、上網時間過長，或深夜凌晨上網，過於專注網路資訊的變換，加上精神不濟，個人反思能力減弱，其在數位智財權、學校上網規定的知能較低。學習效能較高的在學學生，其網路資訊分辨知能亦較佳。

青少兒學生主要上網地點在家中，如何做好上網時間分配管理，家長可適時從旁疏導。

由於青少兒學生在與社群分享影音的上網動機日趨頻繁，對於相關影音分享的網安素養及倫理法律，仍待提升。

校方應定期檢視更新校園網路使用規範，因時因地制宜，定時向全校教職員生公告，並透過有效方式溝通，健康上網；對於高中生、高年級在

學生的網路安全教育，尤待加強。

二、台灣網路霸凌防治

　　整體而言，台灣在處理網路霸凌議題，以民間團體行動實踐與科學研究為主，包含執行上網行為研究、預防教育及關懷輔導等。以下提出台灣民間團體的行動策略。

（一）面對網路霸凌

■支持受害者（Support）

　　向受害者保證他們有權利表達遭受霸凌，轉介既有輔導支持系統，並通知家長。

・提供以下建議步驟

　　1.確定當事人沒有回應或回覆訊息。

　　2.請當事人回想他們在公共平台留下那些訊息。

　　3.協助當事人保留相關證據。如不刪除訊息、留下影像紀錄、留意網路霸凌傳遞的網址。

　　4.確認當事人知道避免再收到的方式，例如改變聯絡細節、封鎖對方的來信或離開聊天室。

・當內容已遭散佈的採取行動

　　1.如果知道訊息來源，要求對方移除內容。

　　2.聯絡網站管理員進行通報且移除訊息。

　　3.採取沒收訊息載具（如手機）的懲罰。要求對方說明訊息已傳送給誰。

　　4.如果是非法內容，儘快報警處理。

■調查個案（Survey）

　　1.勸告當事人設法留下霸凌紀錄，作為佐證。

　　2.採取分辨霸凌的步驟，檢視學校系統，指認與訪問可能的證人，有
　　　必要或者聯絡警方。

（二）對反霸凌應採取的措施

　　1.理解網路霸凌（Perceive）：整體校園社區對於網路霸凌的界定有
　　　共識。每一個人需要覺察網路霸凌的衝擊，及可能出現的形式。

　　2.更新現有政策（Policymaking）：檢視及更新學校反霸凌與相關政
　　　策，例如有關行為、教學輔導以及線上學習策略的政策。

　　3.讓通報成為易事（Process）：沒有人會感覺到要孤單面對網路霸凌，
　　　但受害者與旁觀者往往難以說明霸凌事件。

　　4.推廣善用科技（Promote）：包含支持正面、有效、有創意的學習，
　　　看重自尊、自信、有參與感和建立友誼的安全方式。

　　5.評估行動效應（Prevent）：執行青少兒網路霸凌與上網之調查，使
　　　網路霸凌成為生活話題，並表揚推動成功的經驗。

（三）個人對反霸凌應採取的措施

　　1.尊重他人（Consideration）：留心個人在網路上的留言，以及所傳
　　　輸的影像。

　　2.三思後行（Care）：我們傳遞的內容可以快速傳佈，且一直留意網
　　　路上。

　　3.看重密碼（Containment）。

　　4.封鎖霸凌行徑（Close）：學習如何封鎖並通報霸凌來源。

5.拒絕傳輸回覆（Contained）。

6.保留證據（Conservation）：學習如何保存這些冒犯訊息、圖片或線
　上留言。

7.進行通報（Communicate）：

　(1)向所信任的成年人通報，或向 iWIN 網路內容防護機構申訴。

　(2)向訊息提供平台通報，查詢網路平台的事件通報管道。

　(3)向校方通報，包含老師或反霸凌的處理人員，尋求協助。

　　各國因應網路新興議題與挑戰，隨著社會文化與國情不同，有針對手
機或網路安全訂立相關自律規範或法案，以維護青少兒上網安全。

　　有關網路霸凌相關政策制定，台灣由於政黨主張不同，在野黨中國國
民黨主張訂立網路霸凌防治法，執行黨民主進步黨主張不立法，目前沒有
共識。

附錄 台灣網路霸凌防治沿用相關法律

在網路散布謠言可能涉嫌觸法，如社會秩序維護法第 63 條第 1 項第 5 款妨害安寧秩序、刑法第 151 條恐嚇公眾罪、刑法第 305 條的恐嚇危害安全罪。分享網路影音不可不慎。

涉及網路霸凌的法律，依照案例不同而各有對應條文。相關法律條文包括：

恐嚇公眾罪

刑法第151條　以加害生命、身體、財產之事恐嚇公眾，致生危害於公安者，處二年以下有期徒刑。

散播猥褻物品罪

刑法第235條　散布、播送或販賣猥褻之文字、圖畫、聲音、影像或其他物品，或公然陳列，或以他法供人觀覽、聽聞者，處二年以下有期徒刑、拘役或科或併科三萬元以下罰金。意圖散布、播送、販賣而製造、持有前項文字、圖畫、聲音、影像及其附著物或其他物品者，亦同。前二項之文字、圖畫、聲音或影像之附著物及物品，不問屬於犯人與否，沒收之。

傷害罪

刑法第277條　傷害人之身體或健康者，處三年以下有期徒刑、拘役或一千元以下罰金。犯前項之罪因而致人於死者，處無期徒刑或七年以上有期徒刑；致重傷者，處三年以上十年以下有期徒刑。

刑法第279條　當場激於義憤犯前二條之罪者，處二年以下有期徒刑、拘役或一千元以下罰金。但致人於死者，處五年以下有期徒刑。

刑法第282條　教唆或幫助他人使之自傷，或受其囑託或得其承諾而傷害之，成重傷者，處三年以下有期徒刑。因而致死者，處六月以上五年

以下有期徒刑。

刑法第283條　聚眾鬥毆致人於死或重傷者，在場助勢而非出於正當防衛之人，處三年以下有期徒刑，下手實施傷害者，仍依傷害各條之規定處斷。

恐嚇危害安全罪

刑法305條　以加害生命.身體、自由、名譽、財產之事，恐嚇他人致生危害於安全者，處二年以下有期徒刑、拘役或三百元以下罰金。

公然侮辱罪

刑法第309條　公然侮辱人者，處拘役或三百元以下罰金。以強暴犯前項之罪者，處一年以下有期徒刑.拘役或五百元以下罰金。

誹謗罪

刑法第310條　意圖散布於眾，而指摘或傳述足以毀損他人名譽之事者，為誹謗罪，處一年以下有期徒刑、拘役或五百元以下罰金。散布文字、圖畫犯前項之罪者，處二年以下有期徒刑、拘役或一千元以下罰金。對於所誹謗之事，能證明其為真實者，不罰。但涉於私德而與公共利益無關者，不在此限。

參考書目

一、中文部分

中國人大網（2016/11/7）。「中華人民共和國網路安全法」，http://www.npc.gov.cn/npc/xinwen/2016-11/07/content_2001605.htm.

中華白絲帶關懷協會（2017/8/9）。「請你忘了我！英國新資料保護法納入被遺忘權」http://www.cyberangel.org.tw/tw/news/item/42-114.

李韻、元真（2017/6/1）。「中共網路安全法實施」，http://www.ntdtv.com/xtr/b5/2017/06/01/a1327249.html.

吳明烈（2002）。〈全球數位落差的衝擊及終身學習因應策略〉。中華民國成人教育學會主編，《全球化與成人教育》，頁 301-329。台北市：師大書苑。

政大數位文化行動研究室（2015）。《2015 台灣兒少行動上網安全報告》。http://www.cyberangel.org.tw/tw/research/e-generation-research.

許婧（2015 年 7 月 19 日）。「調查顯示超九成中國大學生每日上網超過兩小時」，http://www.chinanews.com/sh/2015/07-19/7414178.shtml.

黃葳威（2008）。《數位傳播資訊文化》。台北市；揚智文化。

黃葳威（2012）。《數位時代資訊素養》。新北市：威仕曼。

黃葳威（2015a）。「2015 台灣青少兒網路使用與資訊分辨調查」，6 月 2 日發表於亞太地區行動上網安全論壇。台北市：國立政治大學公企中心數位文化行動研究室。

黃葳威（2015b）。《網路無霸凌・樂活e世代》。台北市：中華白絲帶關懷協會。

黃葳威（2015c）。「104度網際網路內容防護機構計畫」。台北市：國家通訊傳播委員會。

黃葳威（2015d）。「網路霸凌現象防制與因應」，11月27日發表於第十一屆教育理論與實務對話研討會論文集，頁1-12。台北市：國立台灣大學。

黃葳威（2016）。「105年度網際網路內容防護機構計畫」。台北市：國家通訊傳播委員會。

黃葳威（2017）。「2017台灣青少兒網路使用與資訊分辨調查」，1月5日發表台灣非政府組織NGO會館。台北市：國立政治大學公企中心數位文化行動研究室。

葉慶元（1997）。〈網際網路上之表意自由──以色情資訊之管制為中心〉。台北市：國立中興大學法律研究所碩士論文。

賴溪松、王明習、邱志傑（2003）。全球學術研究網路「網路安全、不當資訊防制及商業機制規劃服務」期末報告。新竹市：國家高速電腦中心。

二、英文部分

Department for Digital, Culture, Media & Sport (2017/8/7). "Government to strengthen UK data protection law", https://www.gov.uk/government/news/government-to-strengthen-uk-data-protection-law.

Haddon, L. & Vincent, J. (2015). *UK Children's Experience of Smartphones and Tablets: Perspectives from Children, Parents and Teachers.* LSE, London, Net Children Go Mobile.

Hinduja S. & Patchin, J. W. (2009). *Bullying Beyond the Schoolyard: Preventing and Responding to Cyberbullying*. Corwin Press, Thousand Oaks.

Li, Q. （2007）. New bottle but old wine: a research of cyberbullying in schools. *Computers in Human Behavior*, 23(4), 1777–1791.

Mascheroni, G., & Ólafsson, K. (2015). *Net Children Go Mobile: il report italiano*. Milano: OssCom, Università Cattolica del Sacro Cuore.

O'Neill, B. & Dinh, T. (2015). *Net Children Go Mobile: Full Findings from Ireland*. Dublin: Dublin Institute of Technology.

Olweus, D. (1999). *The Nature of School Bullying: A Cross-national Perspective*. London, Routledge, pp 7-27.

Rivara, F. & Menestrel, S. L. (2016). *Preventing Bullying Through Science, Policy, and Practice*. Washington D.C.: The National Academies Press.

Smith, P. K., Mahdavi J., Carvalho M., Fisher S., Russell S. & Tippett, N. (2008). "Cyberbullying: its nature and impact in secondary school pupils". *J Child Psychology Psychiatry,* 49(4), 376-385.

Tokunaga, R. S. (2010). "Following you home from school: a critical review and synthesis of research on cyberbullying victimization". *Computer in Human Behavior*, 26(3), 277-287.

Van der Hof, S., Van der Berg, B. & Schermer, B. (2014). *Minding Wandering the Web: Regulating Online Child Safety*. Information Technology and Law Series Vol.24. T.M.C. Asser Press.

Wolak, J., Mitchell, K. J. & Finkelhor, D. (2006). Online victimization of youth: five years later. www. unh.edu/ccrc/pdf/CV138.pdf.

Ybarra, M. L., Mitchell, K. J., Wolak, J. & Finkelhor, D. (2006). Examining characteristics and associated related to internet harassment: findings from the second youth internet safety survey. *Pediatrics*, 118(4), 1169-1177.

第六章

遊戲玩家情緒調整

壹、前言

　　隨著數位經濟的推動與科技的進展，電競產業成為可能帶動經濟發展的火車頭。電競比賽結合專業的節目製作團隊、亮麗的比賽舞臺、高畫質網路直播，試圖吸引全世界數百萬、甚至數千萬人關注選手精彩的表現跟戰況。韓國、日本、中國、台灣、香港、澳門，都有穩定的賽事組織，加上政府大力推動，各項電競賽事報導此起彼落，好不熱鬧。

　　電競產業規模日漸擴大，近來被部分人士視為產業火車頭的電競賽事，以台灣來說，其進展卻充滿不確定性。《英雄聯盟》開發商 Riot Games 行銷與電競總監陳柏壽指出（陳耀宗，2018），周杰倫與南韓明星 LOL 選手 Faker，後者知名度在年輕人可能更高，但周杰倫一場演唱會賣五千大家不嫌貴，一場電競比賽可能一、兩千就嫌貴，這是價值的差別待遇。進一步而言，是否意味著背後充滿了疑慮？

　　南韓政府在亞洲金融危機後，將網路資訊業視為重點項目，並大力支持電競發展。中國將電競列入第 99 項職業運動，電競不再是過去被視為打電玩的休閒活動（蘇玉芸，2017）。追隨的商機趨勢，臺灣媒體也越來越關注電競相關新聞。

　　香港電競公司 HKE 原定 2018 年入住南港「華固奧之松」，卻遭大樓管委會以「電競選手會吸毒、打架生事」為由，直指電競選手是讓大廈治安轉壞的社會渣滓，搬入社區會影響樓價，強硬拒絕電競選手入住，引發社會熱議（黃韻文，2018）。

　　有國小在從事相關產業家長的支持下，推出電競研習營，希望讓年輕的一代早一些接觸相關產業，帶動台灣經濟。此舉各有褒貶，一些家長在群組討論何去何從，擔心孩子有更多的正當藉口，花時間玩電動。

　　自從網際網路興起之後，人們得以享受上網的樂趣與便利，舉凡瀏覽新聞、組織讀書會、部落格創作、蒐尋各國經典、與人聊天聯絡，或閱聽接收網路影音內容；隨著上網人口數量漸增、年齡漸低的趨勢，上網早已成為現代人日常生活的一部分。

　　根據「2017 台灣青少兒上網安全長期觀察報告」（黃葳威，2017），超過八成五的小三至大三的青少兒擁有自己的手機（85.2%），其中近八成八直播族有手機。不論整體樣本或直播族，九成五以上受訪者都擁有智慧型手機，顯示智慧型手機與青少兒生活緊密相連。

　　這項由政大和白絲帶關懷協會公布的報告指出，直播族上網主要為看影片（85.5%）、聽音樂（83.7%）、玩遊戲（81.8%）、使用社群網站（67.5%）、以及查資料（62.9%）；其次，五成六青少兒直播族透過即時通訊工具與他人聯繫（56.1%）；再者是下載軟體（55.2%）、看娛樂資訊（48.7%）、看新聞等（35%）。

　　行動上網成為 e 世代青少兒重要的人際互動與社會化管道。

　　網友在網路可以發展出新的互動關係，不論是在電子布告欄系統（BBS，Bulletin Board System）上建立新的人際關係，或是透過連線與他們的朋友聯繫，他們將電腦視為一個社區，也將電腦當作社會關係的基礎（Howard & Jones, 2004；Watkins, 2009）。

　　一旦有較長時間的接觸，如資訊互換行為，網路社群間的成員就可以發展出良好的互動關係，彼此間的情感、信任感等都會增加（Chidambaram, 1996）。

　　如此來看，數位網路也如同人的延伸與代理，人類一方面參與使用數位網路，一方面心理會發生微妙的影響，這種影響並非如我們所想像的急劇變化，而是潛移默化的。情緒調整便是其中的一種過程。

　　情緒是瞬息間因應有意義的刺激的調適反應，通常涉及個體的感覺狀態，行為和生理，以及瞬息之間的感情回應（Rottenberg, 2017）。

情緒調整係一種隨著外在訊息刺激與內在心理表徵（mental representation）形成機制與反應的過程（Ochsner & Gross, 2005）。文獻指出（Eisenberg & Moore, 1997; Losoya, Eisenberg & Fabes, 1998；黃葳威，2012），情緒管理或調適能力對於人格發展與社會功能有重要影響。

情緒調整或管理涉及每個人的情感產生的機制，像是行為、經驗、與生理反應系統（Cacioppio, 2000）。情緒調整能力的形塑，可透過直接或間接的社會化歷程習得（江文慈，2004）。如果將線上遊戲視為國小國中生社會化的一部分，線上遊戲對於國中生情緒調整的影響如何？

貳、情緒與個人傳播

白絲帶家庭網安熱線接到家庭暴力防治中心轉介的求助者，家長表達對孩子黏在手遊或線上遊戲的焦慮，但與遊戲為伍的青少兒則覺得相當開心。但家長突然介入遊戲與孩子間的控管，往往引發親子衝突，甚至暴力相向。

從個人傳播觀點審視，情緒是一種涉及主觀經歷、行為與生理機能改變的多面向現象（Mauss, Bunge & Gross, 2008；黃葳威，2012）。

夏農與韋伯（Shannon & Weaver, 1949）認為，傳播包括每個能夠影響他人心意的程序。牽涉的範疇有寫作、演講、音樂、戲劇等；事實上，所有的人類行為皆可視為傳播。

關於人際傳播的概念取向，大致有以下兩方面——它可被定義為兩人與多人間的互動（McKay & Gaw, 1975），或兩人之間面對面的接觸（Reardon & Rogers, 1988）。Reardon 與 Rogers（1988）將人際傳播限制為兩人之間面對面的傳播。McKay 與 Gaw（1975）等學者則是將小組傳播視為人際傳播的一種，他們不認為面對面是人際傳播的必要條件。

面對面接觸是直接的個人接觸，它需要接觸雙方處同一環境且可看到彼此的肢體語言。間接接觸則不然，溝通雙方可藉由電話、電子書信、傳真機、留言等進行接觸。間接接觸可能成為間接的「面對面」接觸，譬如經由電子會議、影像通話機，但溝通雙方只能以有限的「肢體語言」進行互動。

人際傳播與大眾傳播在(1)傳播的管道形式；(2)訊息傳遞的潛在接收者數目；(3)回饋的潛力等三種基礎有所區別（Readon & Rogers, 1988; Huang, 2009）。Readon 與 Rogers 認為人際傳播和大眾傳播不應該被區分，而應進行整合。

事實上，不同型式的傳播有時可同時並存。例如，任何形式的傳播都需經過個人傳播（interpersonal communication），即個人本身製碼與譯碼的過程。個人情感與思考的過程，包含編碼（encoding）、儲存（storage）、回讀（retrieve），三者同時發生（Lang, 2006）。個人傳播也被視為內在傳播，形同個人內在思維與情感調適。

疑慮消除策略

疑慮消除理論原屬於人際傳播的理論範疇，來自資訊學說中傳遞者和接收者的概念（Shannon & Weaver, 1949），由伯格與凱樂伯斯（Berger & Calabrese, 1975）提出，後經顧棣剛等級許多跨文化和語藝傳播學者（Berger, 1995; Gudykunst & Hammer, 1988; Gudykunst, 2004）延伸擴大驗證。

個體為了適應一個不同情境或不同的人際關係，會嘗試消除各方面的疑慮、不安或不確定感。伯格（Berger, 1987）同時強調，人們交換訊息的質對疑慮消除與否，較交換訊息的量對疑慮消除與否，具較大的影響。心理學者以為（Caston & Mauss, 2009），人們面對壓力會產生不確定感，情緒調整的過程可以降低壓力所帶來的疑慮。

　　疑慮消除（即知識獲取或資訊尋求）策略先後由伯格等學者（Berger, 1987, 1988, 1995; Berger & Bradac, 1982; Gudykunst & Hammer, 1988）驗證發展而來。他們提出三種個體消除疑慮的策略：被動（消極）、主動（積極）與互動。

　　被動策略的研究取向有：(1)不打擾的觀察對方（Berger, 1988），即觀察所處情境人們的互動；(2)閱讀有關所處環境人們的書籍、觀賞相關電視及電影（Gudykunst & Hammer, 1988；Huang, 2002, 2009）。

　　主動策略的研究取向如下：(1)向其他同為陌生人打聽對象（Berger, 1979, 1982, 1987; Gudykunst & Hammer, 1988）；(2)從第三團體間接獲知對象的相關資訊（Berger, 1995；Huang, 2002, 2009）。此種策略進行過程中，資訊尋求者與所尋求對象之間並無直接接觸。

　　互動策略的研究取向包括：(1)詰問、表達自我、分辨溝通真偽；(2)資訊尋求者與對象面對面、直接的溝通。互動策略在本文中也包含間接的人際互動。

　　在直接面對面的互動策略方面，詰問係資訊尋求者直接詢問對象有關的問題；自我表達指向對方交換、透露個人自我的經驗；分辨溝通真偽則牽涉到資訊尋求者，區別對象意見真偽的能力（Berger & Bradac, 1982）。

　　正如同被動、主動策略的取向，互動策略也有直接、間接的方式。後者未必是面對面的接觸。例如，資訊尋求者與所觀察對象可經由電話及電子書信互相溝通。線上遊戲的網友在連線上網時，也可彼此聯絡溝通。

　　當國中生面對與家人爭執、或因線上遊戲所產生的衝突時，國小國中生的情緒調整如何？

　　傳播學者史陶瑞（Storey, 1991）談及詰問與表達自我時，將詰問視為一種尋求資訊的方式，自我表達則係給予資訊。

　　情緒或情感的研究關照個體「心理狀態」（psychological states）的心理研究，亦或個體「情感處理歷程」（affective processing）的社會心理學

習或說服研究（Andersen & Guerrero, 1998）。心理學家（Lang, 2006）將人類的維持動機與保護動機分別概念化為「趨近系統」以及「避開系統」，長期且固定的系統驅動模式會累積成經驗，這些即形成情緒（emotion）。情緒的存在與意義，是個體與其社會情境網絡互動建構而成。

　　情感的產生在於個體嘗試且評估達到與其目標相關的一種狀態或情境（Gross & Thompson, 2007）。情緒調整係一種隨著外在訊息刺激與內在心理表徵（mental representation）形成機制與反應的過程（Ochsner & Gross, 2005）。情緒調整來自有意或無意改變情感的回應，包括釐清狀態、覺察、評估、主觀經歷、行為及生理機能（Bargh & Williams, 2007; Gross & Thompson, 2007）。

　　情緒調整不僅是個體用來監控、評估和修正個人情緒的能力，情緒調整也是個體用來面對情緒情境有效管理與控制的歷程。透過情緒調整的歷程，可以使個體能以社會所允許的方式，緩和個體的自身情緒，並達成個人目的。

　　情緒調整的主要目的在於處理負向的情緒，避免造成不良的情緒結果。學者 Gross 與 Thompson（2007）認為，情緒調整就是個體透過運用替代、轉換、減弱、抑制等方式處理自我負向情緒，以達成個人目標的內、外在歷程。意即透過情緒調整策略的運用，使個體在面對困難或挫折情境時，能有效的調和本身主觀的經驗與行為，並且在社會規範中達成良好的適應。

參、情緒調整內涵

　　情緒調整是個體對內、外在情境的主客觀條件進行評估後，對情緒加以控制、修正，進而能在情緒產生的過程，做出適切反應的心理歷程。心

理學者將情緒調整分為成就（achievement）與過程（process）兩個取向
（Lazarus, 1999；陳世芳，2001）：

一、視情緒調整為成就（achievement）

當情緒調整成為成就取向，其調整可分成三種方式：

(一)消極的

消極的情緒調整將「好」的調整，視為對不良的結果的規避。這種調整方式主張，一個良好的情緒調整者，必須接受符合其所處社會文化的機制，不能脫離社會規範。

(二)積極的

積極的情緒調整重視努力與成效，未必顧及可能產生的壓力現象或症狀為何。其主要論點在於：壓力是健康正常生活的一部分。情緒調整目的既要滿足個人心理需求，也要符合社會他者的要求，以達到心理與行為的協調和平衡。

(三)統計性的

統計性的調整則是客觀的評估在調整之後會得到多少的支持與時間，而不是依據價值判斷作決定。在此觀點中，行為規範是依據客觀對照其他個人可測量的調整行為所做的判斷。

二、視情緒調整為過程（process）

從歷程取向看情緒調整，個人的調整方式需要進行價值判斷選擇，每一項選擇是為針對需要調整的現象進行實用的決定，實用的決定則以「被理解的情緒調整歷程是什麼」為依據。過程取向所關注的焦點是：調整本身的過程，其中包括：探索個人的情緒調整如何呈現？有哪些影響情緒調整的條件？及任何特定的情緒調整方式所導致的結果。

當個體面臨威脅與挫折情境時，其處理情緒的方式（forms of coping），還可分為「直接行動導向」（direct-action tendencies）與「防衛性調整」（defensive adjustments）兩類（Lazarus，1999；陳世芳，2001）

(一)直接行動導向

主要包括：

■對抗傷害的準備狀態（preparing against harm）

面對外在危險，人們常會採取行動步驟去消除或降低自身所處情境的威脅。隨著對威脅的評估，其判斷後所做成的行動，也關注到是否適合所對抗的危險。

■對加害者進行反擊（attack on the agent of harm）

反擊是自我保護的常見方法。一個身陷危險的人，會考慮採取破壞、傷害、移動以及抵抗他人或動物的方式，來使自身脫離險境。促使進行反擊的原因可能來自於生氣（anger），或是被誤導。

■傷害的避免（avoidance of harm）

就如同反擊一般，避免傷害被發現是所有動物（包括人類）面臨威脅時的一種處理方式；因為這是調整的基本形式。當一個威脅性的原因被認為具有壓倒性的力量與危險時，如果沒有其他直接的方法或行動可以提供個體安全的保護，避免傷害及逃跑則是一種個體最直接的解決方式。

■忽略，或對傷害漠不關心（inaction, or apathy toward harm）

忽略或無為而治屬於消極的處理方式，即當人們面臨威脅情境時，對於改變或克服傷害表現出毫無能力與希望，或對傷害漠不關心。在面對被視為無力改變的威脅情境時，個體可能無法以反擊或逃避方式來處理自己面臨的困難或障礙，相對採取無為、漠不關心的態度面對所處困境。

(二)防衛性調整

防禦的機制與心理歷程中的意識有關。這種防禦方式透過心理的策略，

來掩飾個人威脅的刺激。這些防禦方式包括：認同（identification）、取代（displacement）、壓抑（repression）、否認（denial）、反向作用（reaction formation or reversal）、投射（projection）以及理性思考（intellectualization）等。

三、社會文化與情緒調整

無論情緒調整屬於過程導向、成就導向，抑或個體遇到挫折威脅所採取的因應手段為直接行動或防衛性的傾向，其最終目標，在於協助當事人達成其所認為的心理與生理安全狀態。

學者還從反應導向，或先前導向來探討情緒調整。反應導向意味著在情緒產生後進行情緒調整；先前導向則是在情緒未出現之前，進行情緒調整（江文慈，2004）。情緒調整能力的養成，可透過直接或間接的社會化歷程習得。

從社會文化層面觀察，不論反應導向、先前導向的情緒調整，都包含情緒過程（emotional process）、調整策略機制（regulatory mechanisms）、情感結果（affective consequences）。以**圖6-1**為例，先前導向情緒調整能力的情緒過程來自情境線索，情境線索有情境、覺察及辨識，並導致的情緒反應。情緒反應諸如主觀經歷、行為與生理機制。調整策略機制像是：情境選擇與調整、覺察力、評估調整，是否產生認知或行為調整。情感結果指是否減緩負面情緒，或經歷調適後的生理反應，亦即產生的情緒調整效能。

參酌情緒調整與社會文化的文獻，均主張情緒調整能力與所處情境相關。學者薩霓（Saarni, 1999）在其著作《情緒能力的發展》（*The Development of Emotional Competence*）說明情緒調整所具備的情緒能力：

1.情緒覺察：隨著身心健康發展，個體有能力察覺個人情緒，或潛意識情感，甚至未留意的情緒選擇。

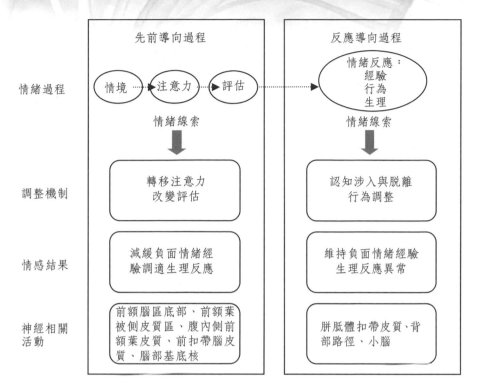

圖6-1　反應導向與先前導向情緒調整
（Mauss, I. B., Bunge, S. A. & Gross, J. J., 2008）

2.辨識外界情緒：有能力參考情境發展、情緒表達的線索，理解周遭他人的情感意義。

3.情緒知識：有能力使用各種情緒語彙表達個人情緒，理解情境與各人角色的形成，也就是明白所處社會文化的情緒腳本。

4.理解他人情緒：具備同理心或可以明白他人情緒經驗的能力。

5.情緒表達：辨識出內在情緒經驗未必與外在表達行為相同，明白情緒外在表達形成的影響，選擇合宜的情緒表達策略。

6.情緒調整策略：察覺情境角色的個人情緒，使用調整策略機制，改善溝通情境。

　　7.情緒溝通：依據不同程度的情緒表達經驗，分辨人際相處之道。

　　8.情緒效能：可以接納與省察個人的情緒經驗，具備處理情緒的能力。

　　傳播心理學者（Andersen & Guerrero, 1998）認為情緒是人類對外在環境的辨識與認知評估（appraisal）後的反應，且具兩種呈現的形式：情緒體驗（emotional experience），為外在刺激所激起的個體內在反應；情緒表達（emotional expression），則為伴隨情緒相繼產生的行為，如過怒憤怒外顯於嘴角顫抖等。因此，情緒為生存適應法則（adaptation）下的機制。情緒經驗知識的累積反映人類演化（evolution）的經驗，情緒歷經社會化的過程，建立、維持個體與環境互動的關係。

　　整體來看，情緒調整歷程大致歸類為（江文慈，2004）：情緒覺察與辨識、情緒反應表達、調整策略機制、情緒調整效能及情緒評估反省。

　　情緒調整的目的之一，在於管理與調適問題情境及問題情境中伴隨而來的情緒。一項「情緒調整方式的因素與實例的調查表」（Folkman & Lazarus, 1988），說明個體面臨情緒時的調整方式：(1)正視因應方式（confrontive）；(2)遠離（distancing）；(3)自我控制（self-controlling）；(4)尋求社會支持（seeking social support）；(5)接受責任（accepting responsiblity）；(6)逃避－迴避（escape-avoidance）；(7)有計劃解決問題（planful problem solving）；(8)積極重新評估（positive reappraisal）。

　　有關國小學童玩網路遊戲的情緒調整策略發現（黃葳威，2009），學童依賴線上遊戲的程度會影響其情緒調整策略；高度依賴線上遊戲學童的後設情緒表現，學童對於由分擔家務引發的衝突所形成的情緒調整效能，比寶物被盜的情緒調整效能低。

　　本章探討國中生在面對家人衝突、被迫中止玩線上遊戲以及線上遊戲寶物遺失情境中的情緒調整與人際互動反應。

肆、案例分析討論

　　線上遊戲闖關的過程與結果，往往牽引著玩家的心思意念，情緒隨之起伏。情緒是一種涉及主觀經歷、行為與生理機能改變的多面向現象（Mauss, Bunge & Gross, 2008）。情緒是一種個人內在傳播，其外顯方式涉及與他人的人際溝通；對於線上遊戲玩家而言，還涉及線上與線下生活的轉換與因應之道。

　　國小學童玩網路遊戲的情緒調整策略發現（黃葳威，2009），學童在面對由分擔家務引發的衝突所形成的情緒調整效能，比寶物被盜的情緒調整效能低。

　　至於高中生在面對家人衝突、被迫中止玩線上遊戲、以及線上遊戲寶物遺失情境中的情緒調整與人際互動反應，因人格發展與自我管理能力的培養，有所差異。

　　根據訪談七位高中職學生的分析發現（黃葳威，2012），僅管情緒覺察的程度差異不大，高中生在與家人意見不同、被迫中止玩線上遊戲或遊戲寶物被盜，的確會因為對所處環境與人際關係的認知不同，或因依賴網路的程度，而採取各式人際溝通策略與情緒調整。

一、與家人意見不同

(一)情緒覺察

　　十二位受訪國中生在與家人意見不同的情緒覺察能力，情緒狀態大致有行為反應、混雜情緒、單一情緒三種。九位受訪者會出現行為反應。三位採取隔離方式，六位採取宣洩方式。

　　他們採取宣洩的方式，包含直接和家人吵架，或和友人、乾妹訴苦，

或打電動、打球，或聽音樂等。另有一位男學生出現單一情緒，混雜情緒者各有一位男女學生。

行為反應

JM3-7：很生氣，把門關很大聲，去房間打電動。

JM4-9：心情很不好，就自己關在房間，不想說話。

JM5-7：會直接跑到我房間，不要理他們。

JM6-8：會一直生悶氣，會找一些東西來做當成發洩，像大聲唱歌或打籃球。

JF1-9：覺得很煩、生悶氣，會剛我朋友和乾妹妹講，或是聽聽音樂。

JF2-7：我一生氣就會把門關得很大聲，要不然就直接跑出去、打球發洩。

JF3-9：會走上樓把房間關著、聽音樂，心中想為什麼不理我。偶爾會小吵一下，表達我的立場。

JF4-9：就會和對方吵架。

JF5-9：會生氣，會被罵到哭，覺得自己很委屈，躲在房間睡覺或看小說。

混雜情緒

JM1-9：忍耐，而且會生悶氣。

JF6-9：很生氣，心裡不好受、很難過。

單一情緒

JM2-9：我會很不爽。

(二)情緒表達

受訪國中生的情緒表達在外顯方式與內隱方式各占一半。採取外顯方式的以女性受訪者為多，其中有兩位女性受訪者和直接和家人爭執，其他

以間接宣洩為主，像是打電動、打籃球、聽音樂等，另有一位女性受訪學生會告訴乾妹妹。

有一半的受訪學生以內隱方式表達情緒，有四位為男性受訪學生，其中有兩位會關在房間與家人隔離，暫不溝通。另有一位女性受訪學生會躲在房間哭，其他大多是生悶氣、難過、忍耐或不爽。有兩位女學生一面生氣、一面會覺得為何家人不理自己。

外顯方式

JM3-7：很生氣，把門關很大聲，去房間打電動。

JM6-8：會一直生悶氣，會找一些東西來做當成發洩，像大聲唱歌或打籃球。

JF1-9：覺得很煩、生悶氣，會剛我朋友和乾妹妹講，或是聽聽音樂。

JF2-7：我一生氣就會把門關得很大聲，要不然就直接跑出去、打球發洩。

JF3-9：會走上樓把房間關著、聽音樂，心中想為什麼不理我。偶爾會小吵一下，表達我的立場。

JF4-9：就會和對方吵架。

內隱方式

JM1-9：忍耐，而且會生悶氣。

JM2-9：我會很不爽。

JM4-9：心情很不好，就自己關在房間，不想說話。

JM5-7：會直接跑到我房間，不要理他們。

JF5-9：會生氣，會被罵到哭，覺得自己很委屈，躲在房間睡覺或看小說。

JF6-9：很生氣，心裡不好受、很難過。

(三)調整策略

　　十二位受訪國中生的情緒調整策略包括間接排遣、逃避隱忍、尋求支持或溝通爭取等。有六位受訪學生以逃避隱忍方式，調整和家人之間的溝通衝突，其中四位是男學生。

　　採取間接排遣、溝通爭取方式的各有三位。三位採取間接排遣的學生中有兩位是男學生。三位採取溝通爭取方式的學生有兩位是女學生。另有一位女學生採尋求支持的調整策略。

　　嘗試採取溝通、尋求支持情緒調整策略的女學生居多。男學生較傾向以間接排遣或逃避隱忍方式處理負面情緒。

逃避隱忍

JM1-9：忍耐，而且會生悶氣。有時候會放在心上，不說出來。

JM2-9：我會很不爽。覺得爸媽無理取鬧，就不和他們說話。

JM4-9：心情很不好，就自己關在房間，不想說話。

JM5-7：會直接跑到我房間，不要理他們。

JF5-9：會生氣，會被罵到哭，覺得自己很委屈，躲在房間睡覺或看小說。

JF6-9：很生氣，心裡不好受、很難過。

間接排遣

JM3-7：很生氣，把門關得很大聲，去房間打電動。

JM6-8：會一直生悶氣，會找一些東西來做當成發洩，像大聲唱歌或打籃球。

JF2-7：我一生氣就會把門關得很大聲，要不然就直接跑出去、打球發洩。

溝通爭取

JM1-9：忍耐，而且會生悶氣。有時候會對爸爸媽媽說，有時候溝通
　　　　失敗，有時候成功。

JF3-9：會走上樓把房間關著、聽音樂，心中想為什麼不理我。偶爾
　　　　會小吵一下，表達我的立場。

JF4-9：就會和對方吵架。

尋求支持

JF1-9：覺得很煩、生悶氣，會和我朋友和乾妹妹講，或是聽聽音樂。

(四)情緒反省

　　後設情緒表現部分，受訪國中生的情緒反省表現分別有主動正面態度、主動負面態度、負面否定態度三種。十二位國中生有七位會主動反省情緒，其中有五位抱持主動且正面的態度，有兩位男學生抱持主動但負面的態度。另有五位國中生在情緒反省部分，抱持負面且否定的態度。

　　五位採取否定且負面態度的國中生，有三位是男學生。五位採取主動且正面態度的國中生，有三位是女學生。這意味著受訪女學生的後設情緒反省能力，略勝於受訪男學生。

主正

JM3-7：很生氣，把門關很大聲，去房間打電動或外出打籃球。打完
　　　　籃球後，偶爾才和媽媽談。媽媽有時會罵我，罵完後我就沒
　　　　有生氣了。

JF1-9：覺得很煩、生悶氣，會跟我朋友和乾妹妹講，或是聽聽音樂。
　　　　過了就不去想了。

JF3-9：會走上樓把房間關著、聽音樂，心中想為什麼不理我。偶爾
　　　　會嘗試溝通、小吵一下，表達我的立場，認為自己沒錯，幹

嘛要道歉；但如果是我的錯，我會和家人說對不起。

JF4-9：就會和對方吵架、會和媽媽講看看。吵一吵又和好了。

JF5-9：會生氣，會被罵到哭，覺得自己很委屈，躲在房間睡覺或看小說。之後就不生氣了。

否負

JM1-9：忍耐，而且會生悶氣。有時想和爸爸媽媽溝通，有時候成功，有時候失敗。不太想和他們說，都已經習慣了。

JM2-9：我會很不爽。氣了兩天，不想和他們說話，覺得很煩。

JM6-8：會一直生悶氣，會找一些東西來做當成發洩，像大聲唱歌或打籃球。他們在氣頭上，會固執他們的想法，要我聽他們的。真煩！

JF2-7：我一生氣就會把門關得很大聲，要不然就直接跑出去、打球發洩。不知道怎麼和他們相處。

JF6-9：很生氣，心裡不好受、很難過。好像都是我的錯。讓他氣消就沒事了。

主負

JM4-9：心情很不好，就自己關在房間，不想說話。讓他們生氣好像不太好。覺得很煩，他們不聽我解釋，一直罵我。

JM5-7：會直接跑到我房間，不要理他們。這樣好像不對。之前有溝通過，但還是挨罵。

(五)情緒效能

受訪國中生面對衝突，以中、低情緒效能為主，各有五位國中生分別屬於中、低情緒效能；中情緒效能者以男生稍多，低情緒效能者男生略多。僅有兩位男女國中生屬於高情緒效能。

兩位展現高情緒效能的國中生，分別屬於中度、低度依賴網路者，高

度依賴網路者的情緒效能屬中度或低度。這代表高度依賴網路者的後設情緒評估能力較差。

低度

JM2-9：我會很不爽。氣了兩天，不想和他們說話，會覺得很煩。

JM5-7：會直接跑到我房間，不要理他們。這樣好像不對。之前有溝通過，但還是挨罵。

JM6-8：會一直生悶氣，會找一些東西來做當成發洩，像大聲唱歌或打籃球。他們在氣頭上，會固執他們的想法，要我聽他們的。真煩！

JF2-7：我一生氣就會把門關得很大聲，要不然就直接跑出去、打球發洩。不知道怎麼和他們相處。

JF5-9：會生氣，會被罵到哭，覺得自己很委屈，躲在房間睡覺或看小說。

中度

JM3-7：很生氣，把門關很大聲，去房間打電動或外出打籃球。打完籃球後，偶爾才和媽媽談。媽媽有時會罵我，罵完後我就沒有生氣了。

JM4-9：心情很不好，就自己關在房間，不想說話。讓他們生氣好像不太好。覺得很煩，他們不聽我解釋，一直罵我。希望可以改善。

JM1-9：忍耐，而且會生悶氣。有時想和爸爸媽媽溝通，有時候成功，有時候失敗。不太想和他們說，都已經習慣了。

JF1-9：覺得很煩、生悶氣，會跟我朋友和乾妹妹講，或是聽聽音樂。過了就不去想了。

JF6-9：很生氣，心裡不好受、很難過。好像都是我的錯。讓他氣消

就沒事了。

高度

JF3-9：會走上樓把房間關著、聽音樂，心中想為什麼不理我。偶爾
　　　　會嘗試溝通、小吵一下，表達我的立場，認為自己沒錯，幹
　　　　嘛要道歉；但如果是我的錯，我會和家人說對不起。

JF4-9：就會和對方吵架、會和媽媽講看看。吵一吵又和好了。

二、家人禁止連線

(一)情緒覺察

　　當家人阻止國中生繼續使用連線遊戲時，產生混雜情緒、單一情緒兩
種覺察者，各居一半。六位產生混雜情緒者中有四位是男學生，除了不開
心外，還常以拖延方式延遲回應，或完全不處理。

　　六位產生單一情緒覺察者中有四位是女學生，他們大多是不開心。受
訪學生一旦被家人禁止連線，大多出現生氣的反應，代表學生感覺沒有受
到尊重。但他們不諱言應該要幫忙，只是時候不對。

　　各有兩位男、女學生會採取一概相應不理的方式，繼續打電玩。

混雜情緒

JM1-9：說等一下，心裡不高興，叫線上朋友幫我打，拖一陣子再去
　　　　買。

JM3-7：我會不高興，不會馬上去買，把自己鎖在房間打電動。

JM4-9：我會假裝沒聽到，不想理。如果再催，就把門鎖起來打電動。

JM6-8：會說等一下，心裡不是很高興，很忙時會叫哥哥姊姊去買，
　　　　反正想說趕緊買回就好了。

JF1-9：覺得很不高興，會先把電腦事情放一邊，會去做但不太舒服，
　　　　悶在心裡，之後就去打怪發洩。

JF2-7：　繼續玩，我還是不會去買，不理她，叫她不要吵，之後就會
　　　　　吵起來，就會挨巴掌，一直挨罵，我就回嘴說幹嘛一直找我，
　　　　　反正就一直僵持。

單一情緒

JM2-9：會去買，有一點不高興啦。

JM5-7：把遊戲儲存起來，馬上去買。臉會有點臭啦。

JF3-9：我會不太高興，先停在遊戲裡的安全區域才會去買。

JF4-9：會邊走邊念，或拖一下，有時推卸責任叫哥哥去買。

JF5-9：會不爽得出去買。

JF6-9：很生氣，會繼續玩不理。

(二)情緒表達

　　被迫中止連線遊戲的國中生的情緒表達，外顯、內隱方式各占一半。
六位內隱方式的學生中有四位是女學生。六位以外顯方式表達情緒的學生，
有四位是男學生。

　　採取內隱方式表達情緒者，僅有一位不會聽從指示協助。採與外顯方
式表達情緒者，有五位不會聽從指示，繼續玩電動。甚至將房間鎖起來，
相應不理。

內隱方式

JM2-9：會去買，有一點不高興啦。

JM3-7：我會不高興，不會馬上去買，把自己鎖在房間打電動。

JF1-9：覺得很不高興，會先把電腦事情放一邊，會去做但不太舒服，
　　　　　悶在心裡，之後就去打怪發洩。

JF3-9：我會不太高興，先停在遊戲裡的安全區域才會去買。

JF5-9：會不爽得出去買。

JF6-9：很生氣，會繼續玩不理。

外顯方式

JF4-9：會邊走邊念，或拖一下，有時推卸責任叫哥哥去買。

JM1-9：說等一下，心裡不高興，叫線上朋友幫我打，拖一陣子再去買。

JM4-9：我會假裝沒聽到，不想理。如果再催，就把門鎖起來打電動。

JM5-7：把遊戲儲存起來，馬上去買。臉會有點臭啦。

JM6-8：會說等一下，心裡不是很高興，很忙時會叫哥哥姊姊去買，反正想說趕緊買回就好了。

JF2-7：　繼續玩，我還是不會去買，不理她，叫她不要吵，之後就會吵起來，就會挨巴掌，一直挨罵，我就回嘴說幹嘛一直找我，反正就一直僵持。

(三)調整策略

　　受訪國小國中生面臨被迫停止連線時，會分別以逃避隱忍、繼續拖延、尋求支持、正面思考或回嘴不理處理。五位受訪國中生會採逃避隱忍策略，其中四位會聽指令，但不太情願；有一位會一直假裝沒聽到。

　　採取繼續拖延、尋求支持、回嘴不理策略的學生各有兩位。各有一位男女學生會一直拖延且不搭理家人。兩位尋求支持的男學生，分別會向網友或手足求助；請網友協助打怪，或請手足協助處理家務。

　　兩位採取回嘴不理的女學生，會邊回嘴邊玩，或推卸責任改要求手足協助負責家務。僅有一位男學生稍稍抱持正面態度，會立刻處理，好立即回來續打。

　　四位採繼續拖延策略或回嘴不理的學生有三位高度依賴線上遊戲，往往一上線就打五至八小時以上。相較之下，部分受訪女學生在有其他手足替代的考量下，會相應不理，刻意不合作。

逃避隱忍

JF1-9：覺得很不高興，會先把電腦事情放一邊，會去做但不太舒服，悶在心裡，之後就去打怪發洩。

JF3-9：我會不太高興，先停在遊戲裡的安全區域才會去買。

JM4-9：我會假裝沒聽到，不想理。如果再催，就把門鎖起來打電動。

JM5-7：把遊戲儲存起來，馬上去買。臉會有點臭啦。

JF5-9：會不爽地出去買。

繼續拖延

JM3-7：我會不高興，不會馬上去買，把自己鎖在房間打電動。

JF6-9：很生氣，會繼續玩不理。

尋求支持

JM1-9：說等一下，心裡不高興，叫線上朋友幫我打，拖一陣子再去買。

JM6-8：會說等一下，心裡不是很高興，很忙時會叫哥哥姊姊去買，反正想說趕緊買回就好了。

回嘴不理

JF2-7：繼續玩，我還是不會去買，不理她，叫她不要吵，之後就會吵起來，就會挨巴掌，一直挨罵，我就回嘴說幹嘛一直找我，反正就一直僵持。

JF4-9：會邊走邊念，或拖一下，有時推卸責任叫哥哥去買。

正面思考

JM2-9：會馬上去買，然後馬上回來。

(四)情緒反省

當玩線上遊戲闖關到一半,被家人打斷中止連線,有五位受訪國中生會在衝突發生後主動反省情緒,且抱持自己當時的處理是不適切的回應。另有一位男生、四位女生認為自己的反應適切,自以為是。其餘兩位學生會主動反省,但仍堅持己見。

主動反省的學生事後會覺得理應協助家務,但的確不高興在打電動時被打斷,抱持著趕緊完成家務協助的任務,便可解決「干擾」。也有國中生事後反省:協助家事是應該的,但不甘心中斷玩電玩。

整體來看,在進行情緒反省時,多數學生認為當在玩電玩過程,被迫中斷遊戲,是家長不夠體諒所致,因而採取相應不理,繼續玩線上遊戲。而不是反省是否因為受制於線上遊戲而與家人起衝突。

否適

JM4-9:我會假裝沒聽到,不想理。如果再催,就把門鎖起來打電動。媽媽就會叫別人買。

JF1-9:覺得很不高興,會先把電腦事情放一邊,會去做但不太舒服,悶在心裡,之後就去打怪發洩。媽媽很少花時間在我身上。我生氣又沒害到別人。

JF2-7:繼續玩,我還是不會去買,不理她,叫她不要吵,之後就會吵起來,就會挨巴掌,一直挨罵,我就回嘴說幹嘛一直找我,反正就一直僵持。看我情緒好不好,媽媽很懶,都叫我去買。

JF4-9:會邊走邊念,或拖一下,有時推卸責任叫哥哥去買。會講清楚,找人代打電玩。

JF5-9:會不爽地出去買。我知道不對,但就不太甘願。

主正

JM1-9:說等一下,心裡不高興,叫線上朋友幫我打,拖一陣子再去

買。只要東西買一買就好了。

JM2-9：會馬上去買，然後馬上回來。

JM5-7：把遊戲儲存起來，馬上去買。臉會有點臭啦。東西買一買就好了。

JM6-8：會說等一下，心裡不是很高興，很忙時會叫哥哥姊姊去買，反正想說趕緊買一買就好了。

JF3-9：我會不太高興，先停在遊戲裡的安全區域才會去買。會想一下處理。

主負

JM3-7：我會不高興，不會馬上去買，把自己鎖在房間打電動。我知道不對，但就是不高興。

JF6-9：很生氣，會繼續玩不理。事後想自己不對，但我一碰到這種狀況就會生氣，不會怕爸媽生氣。

(五)情緒效能

　　十二位受訪國中生被迫中止玩線上遊戲後，其情緒後設認知以中情緒效能較多，其次是低情緒效能，再者為高情緒效能。他們事後反省會承認協助家事理所當然。但闖關到一半、被迫中斷，的確感到生氣、不開心，且往往因自己拖延忽略家務而挨罵，感到困擾。

　　不論是否立即回應家務需要，國中生更關心的是：如何讓家長不要再度干擾自己玩連線遊戲。

　　除了一些低情緒效能的學生會與家長僵持不下，中情緒效能者會找他人代玩，會希望其他手足來協助家務，以免自己被干擾。

中

JM1-9：說等一下，心裡不高興，叫線上朋友幫我打，拖一陣子再去買。只要東西買一買就好了。

JM5-7：把遊戲儲存起來，馬上去買。臉會有點臭啦。東西買一買就好了。

JM6-8：會說等一下，心裡不是很高興，很忙時會叫哥哥姊姊去買，反正想說趕緊買一買就好了。

JF4-9：會邊走邊念，或拖一下，有時推卸責任叫哥哥去買。會講清楚，找人代打電玩。

JF5-9：會不爽地出去買。我知道不對，但就不太甘願。

JF6-9：很生氣，會繼續玩不理。事後想自己不對，但我一碰到這種狀況就會生氣，不會怕爸媽生氣。

低

JM3-7：我會不高興，不會馬上去買，把自己鎖在房間打電動。我知道不對，但就是不高興。

JM4-9：我會假裝沒聽到，不想理。如果再催，就把門鎖起來打電動。媽媽就會叫別人買。

JF1-9：覺得很不高興，會先把電腦事情放一邊，會去做但不太舒服，悶在心裡，之後就去打怪發洩。媽媽很少花時間在我身上。我生氣又沒害到別人。

JF2-7：繼續玩，我還是不會去買，不理她，叫她不要吵，之後就會吵起來，就會挨巴掌，一直挨罵，我就回嘴說幹嘛一直找我，反正就一直僵持。看我情緒好不好，媽媽很懶，都叫我去買。

高

JM2-9：會馬上去買，然後馬上回來。

JF3-9：我會不太高興，先停在遊戲裡的安全區域才會去買。會想一下處理。

三、遊戲寶物被盜

(一)情緒覺察

當玩連線遊戲過程，發現自己辛苦闖關得來的寶物不見了，國中生的情緒覺察以行為反應、混雜情緒覺察居多，僅一位女學生表示沒有特別的情緒。

八位採取行為反應情緒表達的有五位是男學生，除了消極地生氣，或找網友、友人訴苦外，有兩位以積極方式處理，例如：趕進換帳號、密碼，或報警處理。相較之下，男生的覺察過程，有針對變化處理的層面，女生則以面對當下的情緒為多。

行為反應

JM1-9：我會罵人，會想是誰搶走我的東西，會把情緒怪到別人身上。

JM3-7：我會很生氣，如果帳號被盜，我會報警，也會告訴朋友。

JM4-9：我會很生氣、很難過，覺得怎麼會搞丟呢？會向朋友訴苦。

JM5-7：算自己倒楣，趕緊換帳號、密碼。

JM6-8：會很驚訝，想罵人，會告訴朋友，自己也很難過，可能會怪罪他人。

JF1-9：　覺得很不高興，我會跟朋友講，不讓家人知道。

JF2-7：　很生氣，找同學訴苦，也會影響自己下一次玩的情緒。

JF5-9：生悶氣，告訴網友，但不讓家人或朋友知道。

混雜情緒

JM2-9：很不爽，很生氣，很想罵人，會懷疑是誰拿走的？會告訴爸媽。

JF3-9：感覺不好受，希望那個人能自首，如果不承認而被我發現，便不再是朋友。

JF4-9：會不高興，生悶氣，也在想是自己不小心，或他人惡意所為。

沒有情緒

JF6-9：不會怎樣，不會生氣。

(二)情緒表達

　　十二位國中生中有八位以外顯方式表達情緒，七位中有五位為男學生。兩位男生與一位女學生以內隱方式表達寶物遺失的負面情緒，另有一位女學生表示不會有情緒。

　　兩位男學生表示，除了生氣外，也會將情緒移情罵人、怪罪他人；女學生傾向向他人訴苦，希望他人分擔自己的難過與委屈。

　　僅有一位男學生表示會告訴爸媽，向爸媽說明自己的憤慨，其他不論男女學生，他們都不希望家人知道這樣的事，僅會向友人或網友訴苦。

外顯方式

JM1-9：我會罵人，會想是誰搶走我的東西，會把情緒怪到別人身上。

JM2-9：很不爽，很生氣，很想罵人，會懷疑是誰拿走的？會告訴爸媽。

JM3-7：我會很生氣，如果帳號被盜，我會報警，也會告訴朋友。

JM4-9：我會很生氣、很難過，覺得怎麼會搞丟呢？會向朋友訴苦。

JM6-8：會很驚訝，想罵人，會告訴朋友，自己也很難過，可能會怪罪他人。

JF1-9：覺得很不高興，我會跟朋友講，不讓家人知道。

JF2-7：很生氣，找同學訴苦，也會影響自己下一次玩的情緒。

JF5-9：生悶氣，告訴網友，但不讓家人或朋友知道。

內隱方式

JM5-7：算自己倒楣，趕緊換帳號、密碼。

JF3-9：感覺不好受，希望那個人能自首，如果不承認而被我發現，
　　　　便不再是朋友。

JF4-9：會不高興，生悶氣，也在想是自己不小心，或他人惡意所為。

沒有情緒

JF6-9：不會怎樣，不會生氣。

(三)調整策略

　　國國中生面對連線遊戲寶物被盜，會以尋求支持或報復反擊來調整個人情緒；三位使用報復反擊策略者有兩位是男生；五位採取尋求支持策略者有兩位是男學生。

　　各有兩位學生採取間接排遣或正面思考來調整情緒；前者以女生為主，後者以女生為主。不論男女學生都傾向告訴網友或友人，而不是家人。僅一位男生表示會告訴爸媽。

　　多數受訪學生表示情緒過後，會繼續玩，僅一位女學生表示會因有餘悸，影響下一次玩的心情。

報復反擊

JM1-9：我會罵人，嘴巴唸一唸，想是誰搶走我的東西，會把情緒怪
　　　　到別人身上。

JM6-8：會很驚訝，想罵人，會告訴朋友，自己也很難過，可能會怪
　　　　罪他人，繼續玩。

JF3-9：感覺不好受，希望那個人能自首，如果不承認而被我發現，
　　　　便不再是朋友。

尋求支持

JM2-9：很不爽，很生氣，很想罵人，會懷疑是誰拿走的？告訴爸媽。

JM3-7：我會很生氣，如果帳號被盜，我會報警，也會告訴朋友。

JM4-9：我會很生氣、很難過，覺得怎麼會搞丟呢？會向朋友訴苦。

JF1-9：覺得很不高興，我會跟朋友講，不讓家人知道。

JF2-7：很生氣，找同學訴苦，也會影響自己下一次玩的情緒。

間接排遣

JF4-9：會不高興，生悶氣，也在想是自己不小心，或他人惡意所為。

JF5-9：生悶氣，告訴網友，但不讓家人或朋友知道。

正面思考

JM5-7：算自己倒楣，趕緊換帳號、密碼。

JF6-9：不會怎樣，不會生氣。

(四)情緒反省

　　國中生玩線上遊戲遭遇寶物被盜，十二位受訪者中有七位會主動進行個人情緒評估，他們不否認會有憤怒的情緒，也會向友人、網友或爸媽訴苦，多數會暫時追究係何人所為？但過事後評估反省，覺得沒那麼嚴重，便繼續玩。七位中有五位是男學生，且有兩位男學生會以報警，或更換個人帳號密碼處理。

　　四位受訪者不會進行主動反省，除了找人訴苦外，他們會以換遊戲、或與發現的盜用者絕交，也有表示不知如何面對這樣的不幸事件。這四位受訪者都選擇不告訴家人，而是告訴網友、朋友，或生悶氣。

主正

JM1-9：會罵人，嘴巴唸，想是誰搶走我的東西，把情緒怪到別人身上。氣過就沒事了。

JM2-9：很不爽，很生氣，很想罵人，會懷疑是誰拿走的？告訴爸媽，他們會說不要經常玩。

JM3-7：我會很生氣，如果帳號被盜，我會報警，也會告訴朋友。不

　　　　　　　讓媽媽知道以免擔心。

JM4-9：我會很生氣、很難過，覺得怎麼會搞丟呢？會向朋友訴苦。
　　　　　氣消就沒事了。

JM5-7：算自己倒楣，趕緊換帳號、密碼。經常被盜，已經習慣了。

JF1-9：覺得很不高興，我會跟朋友講，不讓家人知道。曾經持續發
　　　　生，一開始想砸掉電腦，後來就覺得再練就有了。

JF4-9：會不高興，生悶氣，也在想是自己不小心，或他人惡意所為。
　　　　過一陣子就繼續玩。

否負

JM6-8：會很驚訝，想罵人，會告訴朋友，自己也很難過，可能會怪
　　　　罪他人，繼續玩。

JF2-7：很生氣，找同學訴苦，也會影響自己下一次玩的情緒。便去
　　　　玩其他的遊戲。

JF3-9：感覺不好受，希望那個人能自首，如果不承認而被我發現，
　　　　便不再是朋友。

JF5-9：生悶氣，告訴網友，但不讓家人或朋友知道。會繼續練，不
　　　　知道如何面對這種倒楣事。

沒有情緒

JF6-9：不會怎樣，不會生氣。再玩就有了。

(五)情緒效能

　　國中生面對線上遊戲寶物被盜的事件，後設情緒表現方面以低情緒效
能居多，有五位國中生屬於低情緒效能，其中有三位為女生。四位中情緒
效能表現者中有三位為男生。各有兩位男學生、一位女學生的情緒表達屬
於高情緒效能。

　　五位低情緒效能表達者關注的是寶物被盜用，生氣的情緒可能向他人

發洩，也影響下一次的使用心情，甚至換一種線上遊戲，但卻沒有自省的表現，對於個人情緒調整策略也缺乏反省力。

四位中情緒效能者關注的也是當下的憤怒，向他人訴苦、情緒過後，生活恢復如常。他們不告訴家人的考量，是擔心挨罵。

有三位國中生的後設情緒表現屬於高情緒效能，他們抱持類似意外屬於常態，或以更換個人帳號、密碼，積極處理應變；或報警，並向家人說明個人情緒波動的原因。

這些線上遊戲受訪者的情緒調整偏重面對遊戲寶物的遺失，較少顧及周圍遭受波及家人或親友的感受。

低

JM1-9：會罵人，嘴巴唸，想是誰搶走我的東西，把情緒怪到別人身上。氣過就沒事了。

JM6-8：會很驚訝，想罵人，會告訴朋友，自己也很難過，可能會怪罪他人，繼續玩。

JF2-7：很生氣，找同學訴苦，也會影響自己下一次玩的情緒。便去玩其他的遊戲。

JF3-9：感覺不好受，希望那個人能自首，如果不承認而被我發現，便不再是朋友。

JF5-9：生悶氣，告訴網友，但不讓家人或朋友知道。會繼續練，不知道如何面對這種倒楣事。

中

JM2-9：很不爽，很生氣，很想罵人，會懷疑是誰拿走的？告訴爸媽，他們會說不要經常玩。

JM4-9：我會很生氣、很難過，覺得怎麼會搞丟呢？會向朋友訴苦。氣消就沒事了。

JF1-9：覺得很不高興，我會跟朋友講，不讓家人知道。曾經持續發
　　　　生，一開始想砸掉電腦，後來就覺得再練就有了。

JF4-9：會不高興，生悶氣，也在想是自己不小心，或他人惡意所為。
　　　　過一陣子就繼續玩。

高

JM3-7：很生氣，如果帳號被盜，會報警，也會告訴朋友。不讓媽媽
　　　　知道以免擔心。

JM5-7：算自己倒楣，趕緊換帳號、密碼。經常被盜，已經習慣了。

JF6-9：不會怎樣，不會生氣。再玩就有了。

伍、結論與討論

　　線上遊戲闖關的過程與結果，往往牽引著玩家的心思意念，情緒隨之起伏。情緒是一種涉及主觀經歷、行為與生理機能改變的多面向現象（Mauss, Bunge & Gross, 2008），情緒是一種個人內在傳播，其外顯方式也涉及與他人的人際溝通。

　　根據訪談分析結果，儘管情緒覺察的程度差異不大，國中生在與家人意見不同、被迫中止玩線上遊戲或遊戲寶物被盜，的確會因為對所處環境與人際關係的認知不同，或因依賴網路的程度、性別差異，而採取各式人際溝通策略與情緒調整。

　　比較國中生在人際互動所採取的疑慮消除策略，女學生會嘗試以互動策略向家人溝通表達，男學生以被動策略較多。或許因本研究對象為國中生，結果有別於文獻主張，男性大學生比女性大學生在人際互動，更會採協調解決並說服對方的方式（方紫薇，2002）。

　　在被迫停止連線時，少數女學生會嘗試以互動策略向家人溝通爭取，

男學生以被動策略較多。面對連線遊戲寶物被盜，少數男生傾向採取積極或互動策略求助或爭取，女生則以消極策略為多。這有別於國外相關發現，女性會以積極方式調整負面情緒（McRae, Ochsner, Mauss, Gabrieli & Gross, 2008）。

國中生處理與家人面對面的衝突情境，嘗試採取溝通、尋求支持情緒調整策略的女學生居多。男學生較傾向以間接排遣或逃避隱忍方式處理負面情緒。國中生與家人意見不同時，多出現自我隔離，卻又期待家人的關心或安慰；國中生的生氣反應，意味著男生感受到被責備，需要家人給予尊重。

本深度訪談國中生呈現，四位高度依賴線上遊戲的國中生，在面對與家人衝突時，皆不會主動反省個人情緒，且抱持即使調整溝通表達，也不會有適切的結果。高度依賴網路者的後設情緒評估能力較差。這應證實驗研究文獻（方紫薇，2002），高度網路沉迷者在情緒調整方面，比低度網路沉迷者在生活中較採壓抑逃避。

被迫中止連線遊戲的國中生的情緒表達，女生傾向以外顯方式表達；男生則傾向以控制方式處理情緒。相較於與家人之間的衝突，男學生在被迫中止連線時，傾向自行排遣負面情緒：女學生則會帶著惱怒進行人際溝通或反擊。這呼應國小學生玩線上遊戲的情緒調整發現（黃葳威，2009）。

在進行與家人溝通衝突的情緒反省時，多數國中生是希望以適切的反應與溝通，表達個人被誤解的感受，且少數與家人有爭執的女學生會期待日後改善溝通方式。

當玩線上遊戲闖關到一半，被家人打斷中止連線，有五位受訪國中生會在衝突發生後主動反省情緒，且抱持自己當時的處理是不適切的回應。另有一位男生、四位女生認為自己的反應適切，自以為是。其餘兩位學生會主動反省，但仍堅持己見。多數學生認為當在玩電玩過程，被迫中斷遊戲，是家長不夠體諒所致，因而採取相應不理，繼續玩線上遊戲。而不是

反省是否因為受制於線上遊戲而與家人起衝突。

　　國中生玩線上遊戲遭遇寶物被盜，十二位受訪者中有七位會主動進行個人情緒評估，他們不否認會有憤怒的情緒，也會向友人、網友或爸媽訴苦，多數會暫時追究係何人所為？但過事後評估反省，覺得沒那麼嚴重，便繼續玩。七位中有五位是男學生，且有兩位男學生會以報警或更換個人帳號密碼處理。

　　四位受訪者不會進行主動反省，除了找人訴苦外，他們會以換遊戲、或與發現的盜用者絕交，也有表示不知如何面對這樣的不幸事件。這四位受訪者都選擇不告訴家人，而是告訴網友、朋友，或生悶氣。

　　四位採報復反擊的國中生中，三位屬高度依賴線上遊戲者。由於寶物被盜的確損及個人權益，男國中生據理抗爭的回應表露無遺。但男女國中生都不會向家長求助，頂多向手足求助。這意味著國中生較多採取積極策略因應。

　　多數受訪國中生在面對家人衝突時，後設情緒表現傾向記取經驗，將初始的反應導向，反省於先前導向情緒調整（Mauss, Bunge & Gross, 2008），部分受訪國中生也覺察到家人的用心與立場。

　　然而，在玩連線遊戲被要求協助家務或寶物被盜時，國中生的後設情緒表現相較薄弱。根據訪談意見，國中生的情緒調整策略多以玩遊戲為主要思考，並未顧及所處環境及周邊成員（如家人或被遷怒的他人）。參酌學者薩霓（Saarni, 1999）說明情緒調整所具備的情緒能力，其中在辨識外界情緒與理解他人情緒，顯然不足。這與線上遊戲的其他玩家，皆透過虛擬空間互動有關，加上玩家注意力與情緒完全被遊戲情境占據，對於所處虛擬環境的辨識力，也存有不確定感和疑慮。

　　從疑慮消除策略角度觀察，國中生面對與家人的溝通失調、被迫中斷玩連線遊戲或遊戲寶物被盜三種情境，多數學生皆以被動策略處理與家人的互動。

僅有兩位女生在面臨衝突時，會嘗試與家人溝通（爭執），形同採取互動策略。

其次，少數女學生在被要求協助家務時，會以躲在房間、推卸給手足分擔的冷處理，主動探詢家人的底線；極少數願意以互動方式和家人溝通。尤其當寶物被盜時，僅有一位男生表示事後會告訴父母所發生的事。

整體來看，國中生在面臨面對面的人際衝突的疑慮消除策略以被動策略居多。反倒是當發生與連線遊戲使用的糾紛時，傾向向友人、同學或網友（而非家人）自我揭露，形同互動策略。

站在遊戲玩家的家人角度，一些玩連線遊戲前的約法三章、先前溝通，誠屬必要，顯然比當玩家正打怪火熱時，再從旁「溝通」協助家務或產生爭執，來得有意義。

後續研究可進一步追蹤國中生家長面臨因線上遊戲引發的家庭衝突，所採取的情緒調整模式？甚至不同年齡層的青少兒因線上遊戲引發的衝突，所可能採行的情緒調整與疑慮消除策略？線上遊戲對於青少年同理心的建立與影響？值得持續關心探討。

表 6-1　國中生疑慮消除策略及後設情緒效能檢核表

疑慮消除策略	被動策略	主動策略	互動策略
與家人溝通失調	X	X	
中斷連線協助家務	X	X	
遊戲寶物被盜	X	X	X
後設情緒效能	低情緒效能	中情緒效能	高情緒效能
與家人溝通失調	X	X	
中斷連線協助家務		X	
遊戲寶物被盜	X		

附錄　研究設計

　　研究者經由國中教師轉介，徵得校方與學生同意，以深度訪談方式訪問十二位國中生，每位國中生的訪談時間四十分鐘至八十分鐘不等。十二位受訪國中生背景（JM 表示國中男生，JF 表示國中女生；編號後最後數字表示就讀年級）如下：

編號	初次接觸	初次地點	喜歡類型	遊戲時數	家庭成員
JM1-9	五年級	家、無聊	角色扮演	5	父母兩兄
JM2-9	三年級	網咖、表哥	CS	5-6	父母一兄
JM3-7	五年級	家、哥	天堂	2-3, 8	父母一姐
JM4-9	六年級	網咖、弟	CS	5	父母姐弟
JM5-7	五年級	網咖、友	射擊	3-4	父母一姐
JM6-8	五年級	網咖、友	CS	3-5	父母兄姐
JF1-9	八年級	家、弟	吞食、先進問	1	父母弟妹
JF2-7	六年級	網咖、乾哥	天堂	8	父母
JF3-9	八年級	網咖、友	角色扮演	0.5-1	母一弟
JF4-9	八年級	家、友	天堂	5-6	父母三兄
JF5-9	七年級	家、哥	EI	12	父母一兄
JF6-9	八年級	家、弟	CS	12	父母一弟

深度訪談問題為：

1.請問你和家人相處的經驗，你和手足（兄姐弟妹）的關係如何？
　你和父母的關係如何？
　在和家人相處的經驗中，除了父母親、兄姐弟妹之外，還和誰常常相處、比較熟悉？

2.如果你和家人意見不同，家人不聽你講話，既不顧你的說明又責備你，這時候——

　你會有怎樣的情緒（感覺）呢？還有沒有其他的情緒（感覺）呢？

　為什麼會有這樣的情緒（感覺）呢？

　當你有這種情緒（感覺）時，你會怎樣表達呢？

　你會用什麼方式來處理這種情緒（感覺）呢？

　你會不會主動想一想自己處理情緒（感覺）的方式恰不恰當？為什麼？

　整體來說，你認為自己在處理這種情緒（感覺）有沒有困難？如果有，困難在那裡？

3.談談你自己，你覺得自己有哪些特質（優缺點）？

4.你玩過連線遊戲嗎？

　當初第一次玩連線遊戲的情形與原因？

　如何得知？

5.一般來說，你每次花多少時間玩連線遊戲？

　每週會在什麼時候玩連線遊戲？

　會和家人或朋友交換連線的心得嗎？請舉例說明。

　你喜歡玩連線遊戲的內容型態是？

6.如果你正在玩連線遊戲，就快闖關成功時，家人叫你停止連線，去幫忙買醬油，家人叫你幫忙的口氣也不好，邊叫你幫忙邊責備你，這時候——

　你會有怎樣的情緒（感覺）呢？還有沒有其他的情緒（感覺）呢？

　為什麼會有這樣的情緒（感覺）呢？

　當你有這種情緒（感覺）時，你會怎樣表達呢？

你會用什麼方式來處理這種情緒（感覺）呢？

你會不會主動想一想自己處理情緒（感覺）的方式恰不恰當？為什麼？

整體來說，你認為自己在處理這種情緒（感覺）有沒有困難？如果有，困難在那裡？

7.如果你玩線上遊戲一直闖關成功，存了大筆天幣與寶物。有一天，你再次上網連線卻發現天幣和寶物全消失了，那你會有怎樣的情緒（感覺）呢？還有沒有其他的情緒（感覺）呢？

為什麼會有這樣的情緒（感覺）呢？

當你有這種情緒（感覺）時，你會怎樣表達呢？

你會用什麼方式來處理這種情緒（感覺）呢？

你會不會主動想一想自己處理情緒（感覺）的方式恰不恰當？為什麼？

整體來說，你認為自己在處埋這種情緒（感覺）有沒有困難？如果有，困難在那裡？

8.請問你還有其他要補充的意見嗎？請說明。

參考書目

一、中文部分

方紫薇（2002）。〈高低網路沈迷者在自我認同、情緒調整、及人際互動上之差異〉。《中華心理衛生學刊》，15(2)，65-97。

江文慈（1998）。〈情緒調整的發展軌跡與模式建構之研究〉。國立台灣師範大學教育心理與輔導研究所博士論文。

江文慈（2000）。〈情緒調整模式之驗證與分析〉，《世新大學人文社會學報》，2，117-146。

江文慈（2004）。〈大學生的情緒調整歷程與發展特徵〉。《教育心理學報》，35(3)，249-268。

沈明茹（1999）。〈情緒與因應方式之動態模式──以高科技研發人員為例〉。嘉義縣：國立中正大學企業管理研究所碩士論文。

黃葳威（2010/7/28）。「2010台灣青少兒上網安全長期觀察報告」，發表於國家通訊傳播委員會「網路贏家，單e窗口」啟動記者會，www.mediaguide.nccu.edu.tw。

黃葳威（2009）。〈線上遊戲使用國中生的情緒調整與人際互動探討〉。《2009數位創世紀：e 世代媒體與社會責任國際學術實務研討會論文集》。台北市：國立政治大學數位文化行動研究室，頁 1-38。

黃葳威（2012）。《數位時代資訊素養》。新北市：威仕曼。

黃葳威（2017）。「數位世代網路使用長期觀察報告」，發表於 9 月 21 日「直播不 NG，準備創新機」記者會。台北市：立法院。

陳世芳（2001）。〈國小國語課本負向情緒的調整策略之內容分析──以三、

四、五年級為例〉。花蓮縣：國立東華大學教育研究所碩士論文。

二、英文部分

Andersen, P. A. & Guerrero, L. K. (1998). *Handbook of Communication and Emotion: Research, Theory, Applications, and Contexts*. New York: Academic Press.

Bargh, J. A. & Williams, L. (2007). "The nonconscious regulation of emotion". in J. Gross (ed.), *Handbook of Emotion Regulation*. pp.429-445. New York: Guilford.

Barlow, J. & Maul D. (2000). *Emotional Value: Creating Strong Bonds with Your Customers*. San Francisco: Berrett-Koehler.

Berg, C. R. (1989). "Stereotyping in films in general and of the Hispanic in Particular". paper presented at the 39th Annual Conference of International Communication Association, May 25-29, San Francisco, CA.

Berger, C. R. (1979). "Beyond initial interaction: uncertainty, understanding, and the development of interpersonal relationships". in Giles, H., St Clair, R. N. (Eds), *Language and Social Psychology*. Baltimore, MD: University Park Press.

Berger, C. R. (1988). Planning, affect, and social action generation. in Donohew, R. L., Sypher, H. & Higgins, E. T. (eds.), *Communication, Social Cognition, and Affect*. pp.93-106. Hillsdale, NJ: Lawrence Erlbaum Associates.

Berger C. R. (1995). "A plan-based approach to strategic communication". in Hewes, D. E. (ed.) *The Cognitive Bases of Interpersonal Communication*. pp.113-140. Hillsdale, NJ: Lawrence Erlbaum Associates.

Berger, C. R. & Bradac, J. J. (1982). *Language and Social Knowledge: Uncertainty in Interpersonal Relations*. London: Edward Arnold.

Berger, C. R. (1987). "Communicating under uncertainty". in Roloff, M. E., Miller, G. R. (eds). *Interpersonal Processes: New Directions in Communication Research*. Newbury Park, CA: Sage.

Berger, C. R. & Calabrese, R. J. (1975). "Some explorations in initial interaction and beyond: toward a developmental theory of interpersonal communication". *Human Communication Research*, 1(2), 99-112.

Berger, C. R. & Gudykunst, W. B. (1991). "Uncertainty and communication". in Dervin, B. & Voigt, M. J. (eds), *Progress in Communication Sciences*, 10, Norwood, NJ: Ablex Publishing.

Cacioppio, J. T. (2000). "The psychophysiology of emotion", in Lewis, R. & Haviland, J. M. (eds.) *The Handbook of Emotion*. Guilford Press.

Caston, A. T. & Mauss, I. B. (2009). "Resilience in the face of stress: Emotion regulation ability as a protective factor". in Southwick, S., Charney, D., Friedman, M. & Litz, B. (eds.), *Resilience to Stress*. Cambridge University Press.

Chidambaram, L. (1996). "Relational development in computer-supported groups". *MIS Quarterly*, 20, 143-163.

Eisenberg, E. & Moore, B. (1997). "Emotional regulation and development", *Motivation and Emotion*, 21(1), 1-5.

Folkman, S. & Lazarus, R. S. (1988). Coping as a mediator of emotion. *Journal of Personality and Social Psychology*, 54, 466-475.

Gross, J. J. & Thompson, R. A. (2007). "Emotion regulation: Conceptual foundations". in J. J. Gross (ed.), *Handbook of Emotion Regulation*. pp.3-24. New York: Guilford Press.

Gudykunst, W. B. (2004). *Theorizing about Intercultural Communication.* Newbury Park, CA: Sage.

Gudykunst, W. B. & Hammer, M. R. (1988). "Strangers and hosts: an uncertainty reduction based theory of intercultural adaptation". in Kim, Y. Y., & Gudykunst, W. B. (eds). *Cross-Cultural Adaptation: Current Approaches*, Sage Publications, Newbury Park, CA.

Gudykunst, W. B. & Nishida, T. (1994). *Brudging Japanese/North American Differences.* Belmont, CA: Sage.

Hsu, K., Grant, A., & Huang, W. V. (1993). "The influence of social networks on the acculturation behavior of foreign students". *Connections*, 1(2), 23-36.

Howard, P. N. & Jones, S. (2004). *Society Online: The Internet in Context.* Thousand Oaks, CA: Sage.

Huang, W. V. (2002). The role of internet in uncertainty reduction and adaptation: taking Chinese immigrants in Richmond, Surrey, and Vancouver as an example", paper presented at the 3rd annual International and Intercultural Convention, Dec. 6-8, 2002, Taipei County: Tankang University.

Huang, W. V. (2009.03). "The effects of Internet upon Chinese immigrants' attributional confidence". *Taoyuan Journal of Applied English*, 2(2), 102-126.

Lang, A. (2006). Motivated cognition (LC4MP): The influence of appetitive and aversive activation on the processing of video games. in Messaris, P. & Humphreys, L. (eds.), *Digital Media: Transformation in Human Communication.* pp.237-256. New York: Peter Lang Publishing.

Lazarus, R. S. (1999). *Stress and Emotion: A New Synthesis.* London: Free

Association Books.

Lemerise, E. A., William F. & Arsenio, W. F. (2000, Jan.-Feb.). "An integrated model of emotion processes and cognition in social information processing". *Child Development*, 7(11) (Jan.-Feb., 2000), 107-118.

Losoya, S., Eisenberg, N. & Fabes, R. A. (1998). "Developmental issues in the study of coping". *International Journal of Behavioral Development*, 22(2), 287-313.

McRae, K., Ochsner, K. N., Mauss, I. B., Gabrieli, J. J. D., & Gross, J. J. (2008). Gender differences in emotion regulation: An fMRI study of cognitive reappraisal. *Group Processes and Intergroup Relations*, 11, 143-162.

Mauss, I. B., Bunge, S. A., & Gross, J. J. (2008). Culture and automatic emotion regulation. in Ismer, S., Jung, S., Kronast, S., van Scheve, C. & Vanderkerckhove, M. (eds.), *Regulating Emotions: Culture, Social Necessity and Biological Inheritance.* pp.39-60. London: Blackwell Publishing.

McKay, J. J. & Gaw, B. A. (1975). *Personal and Interpersonal Communication: Dialogue with the Self and with Others*. Columbus, OH: Charles E. Merrill.

Ochsner, K. N. & Gross, J. J. (2005). "The cognitive control of emotion". *Trends in Cognitive Sciences*, 9(5), 242-249.

Reardon, K. K. & Rogers, E. M. (1988). "Interpersonal versus mass media communication: a false dichotomy". *Human Communication Research*, 15(2), 284-303.

Rheingold, H. (2000). *The Virtual Community: Homesteading on the*

Electronic Frontier (2nd edition)˙ Mass: MIT Press.

Rottenberg, J. (2017). "Emotions in Depression: what do we really know?". *Annual Review of Clinical Psychology*, 13, 241-263.

Saarni, C. (1999). *The Development of Emotional Competence*. New York: Guilford Press.

Saarni, C. (2001). "Epilogue: emotion communication and relationship context". *International Journal of Behavioral Development*, 25(4), 354-356.

Shannon, C. & Weaver, W. (1949). *The Mathematical Theory of Communication*. Urbana: University of Illinois Press.

Storey, J. D. (1991). "History and Homogeneity: Effects of Perceptions of Membership Groups on Interpersonal Communication". *Communication Research*, 18(2), 199-221.

Watkins, S. C. (2009). *The Young and the Digital: What Migration to Social-network Sites, Games, and Anytime, Anywhere Media Means for Our Future*. Boston: Beacon Press.

三、網際網路

黃葳威（2010/7/28）。「2010 台灣青少兒上網安全長期觀察報告」，發表於國家通訊傳播委員會「網路贏家，單 e 窗口」啟動記者會，www.mediaguide.nccu.edu.tw。

黃韻文。（2018/1/24）。「豪宅拒電競選手入住」，發表於自由時報，https://tw.appledaily.com/new/realtime/20180124/ 1284845/。

陳耀宗（2018/1/24）。「電競若要成主流娛樂，進場看比賽不覺得浪費錢」，發表於自由時報，http://sports.ltn.com.tw/news/breakingnews/2323018。

教育部創造力白皮書，www.hyivs.tnc.edu.tw/creative/pa2.htm。

蘇玉芸（2017/12/6）。「【電子書】進擊的電競視界」，發表於自由時
　　報， http://mol.mcu.edu.tw/%E3%80%90%E9%9B%BB%E5%
　　AD%90%E6%9B%B8%E3%80%91%E9%80%B2%E6%93%8A
　　%E7%9A%84%E9%9B%BB%E7%AB%B6%E8%A6%96%E7%
　　95%8C20171206-pm0300/。

第七章

數位時代分級過濾

壹、前言

　　二〇一二年五月底經濟部工業局修訂「遊戲軟體分級管理辦法」，將分級制度將由原先的四級制調整為五級制，並納入時下流行的 App 遊戲。「遊戲軟體分級管理辦法」依據二〇一一年十一月三十日公告修正的「兒童及少年福利與權益保障法」第 44 條授權，針對施行五年的「電腦軟體分級辦法」進行檢討，考量遊戲發展趨勢與兼顧兒少保護所修正訂定。

　　台灣「遊戲軟體分級管理辦法」第 4 條，將遊戲軟體依其內容分為下列五級：

1.限制級（以下簡稱限級）：十八歲以上之人始得使用。

2.輔導十五歲級（以下簡稱輔十五級）：十五歲以上之人始得使用。

3.輔導十二歲級（以下簡稱輔十二級）：十二歲以上之人始得使用。

4.保護級（以下簡稱護級）：六歲以上之人始得使用。

5.普遍級（以下簡稱普級）：任何年齡皆得使用。

　　父母、監護人或其他實際照顧兒童及少年之人應協助兒童及少年遵守前項分級規定。

　　台灣電視節目分級處理辦法第 3 條規範，電視節目內容不得違反有線廣播電視法第 40 條、衛星廣播電視法第十七條或廣播電視法第 21 條之規定。電視事業對未違反前項規定之節目，將節目分為下列四級：

1.級（簡稱「普」級）：一般觀眾皆可觀賞。

2.保護級（簡稱「護」級）：未滿六歲之兒童不宜觀賞，六歲以上未滿十二歲之兒童需父母、師長或成年親友陪伴觀賞。

3.輔導級（簡稱「輔」級）：未滿十二歲之兒童不宜觀賞，十二歲以

上未滿十八歲之少年需父母或師長輔導觀賞。

4.限制級（簡稱「限」級）：未滿十八歲者不宜觀賞。

電影片與其廣告片審議分級處理及廣告宣傳品使用辦法第8條明定，經審議核准分級之電影片、電影片之廣告片，分為下列五級：

1.限制級（簡稱「限」級）：未滿十八歲之人不得觀賞。

2.輔導十五歲級（簡稱「輔十五」級）：未滿十五歲之人不得觀賞。

3.輔導十二歲級（簡稱「輔十二」級）：未滿十二歲之兒童不得觀賞。

4.保護級（簡稱「護」級）：未滿六歲之兒童不得觀賞，六歲以上未滿十二歲之兒童須父母、師長或成年親友陪伴輔導觀賞。

5.普遍級（簡稱「普」級）：一般觀眾皆可觀賞。

台灣對媒體內容的分級制度其實一直存在著多頭馬車的現象，分別由文化部、國家通訊傳播委員會和經濟部工業局三個不同的主管機關管理。

遊戲軟體獨立建立一套新的分級規則，打破原先電視、電影、錄影帶節目、電腦軟體都是「普護輔限」四級的一制性，將輔導級再細分適合十二歲以上，和適合十五歲以上這兩個級別。

二〇一一年四月間，國家通訊傳播委員會提出全面檢討現行的電視節目分級制度，分級將更細緻化，並推動優質兒少節目認證標章。二〇一五年十二月十心日，廣電三法（有線廣播電視法、廣播電視法與衛星廣播電視法）趕在第八屆立法院會期完成修法。國家通訊傳播委員會表示，將儘速完成廣電三法相關授權子法的訂定，並以廣電三法為基礎，持續推動「匯流五法」，完備通傳法制，並藉以提升通訊傳播產業競爭力，增進消費者權益與福祉。

不可諱言，傳統針對不同平台而區分的分級制度早已存在許多挑戰，其中包括了媒體內容的重複分級，以及法規制定速度趕不上新科技載具的時效性。本文將參酌新加坡、英國的相關分級實行方式，以新加坡、英國

兩國為例，探討數位匯流時代媒體分級制度是否需要統整？並檢視社區家長針對限制級內容安裝過濾軟體，其防護功能如何？

貳、新加坡、英國媒體分級

新加坡媒體發展局統管所有媒體（包含了網路新科技）。英國是由 British Board of Film Classification 主掌電影、DVD 的分級，電腦遊戲的分級也在最近與歐盟的分級統一。以下將介紹新加坡、英國兩國媒體分級方式。

一、新加坡媒體分級制度[1]

新加坡媒體發展局（Media Development Authority, MDA）成立於二〇〇三年，係新加坡廣播電局（Singapore Broadcasting Authority）、影片與出版部（Films and Publications Department）及新加坡電影委員會（Singapore Film Commission）合併後新設之機關，為新加坡媒體產業之主管機關（黃葳威，2014；http://www.mda.gov.sg/Pages/default.aspx）。

新加坡媒體發展局隸屬於新加坡政府的新聞通訊及藝術部（Ministry of Information, Communications and the Arts）之下。媒體發展局在二〇〇九年初提出新加坡媒體融合計畫（Singapore Media Fusion Plan, SMFP），目前致力於讓新加坡轉變成為一個新亞洲媒體值得信賴的全球性國都（Trusted Global Capital for New Asia Media）。

(一)電影

電影分級由電影分級審查委員會（Board of Film Censors, BFC）根據

---

[1] 筆者二〇一一年八月、二〇一五年九月兩度拜訪新加坡媒體發展局。

電影法（Films Act）與電影分級委員會審查原則（Board of Film Censors Classification Guidelines, BFC）進行。電影分級採取事先審查，所有電影和影片都要送審，沒有例外。

電影分級分為六級：普遍級（G）、保護級（PG）、13 保護級（PG13）、16 輔導級（NC16）、18 限制級（M18）、21 限制級（R21）。

電影分級參考以下主題的程度進行分類，包括：暴力、性、裸露、語言、藥物濫用、驚悚的程度。除了正片之外，電影的宣傳片或是電影周邊的藍光（Blue-ray）DVD，DVD 也必須送審分級。紙類文宣品由業者自行審查，不一定要送到 BFC。

13 保護級的預告片不能在普遍級、保護級的電影前播放。21 限制級預告片只能在 R21 電影播出。

電影分級審查委員會於二〇〇八年提出「將所有內容分級」（Classify All-Content）政策來取代原本的「不修改」（No-Edits）政策。允許修改過的電影影片也能在新加坡上映。

其次，雙重級別：容許同一部電影有兩種級別，讓業者可以針對不同年齡的觀眾，但是兩個不同級別的上映間隔至少要隔一個禮拜。

有關普遍級、保護級、13 保護級屬「忠告式」（advisory）級別，沒有嚴格的限制。16 輔導級、18 限制級和 21 限制級別，非到指定年齡，不能觀賞。換言之，公眾在電影院購買 16 輔導級、18 限制級或 21 限制級電影戲票，或在錄像店選購這類級別的錄影帶時，必須出示證件，符合規定的年齡，才能觀賞。

在送審流程部分，電影發行商送影片到電影分級審查委員會審查，具爭議性的內容會和電影諮詢小組（Films Consultative Panel, FCP）諮詢，分級決定後電影商行商有問題可以向電影申訴委員會（The Films Appeal Committee, FAC）申訴。

至於政治性電影，不由電影分級委員會分級，而是交給政治電影諮詢

委員會（Political Films Consultative Committee, PFCC）審查。

新加坡設有新加坡電影委員會（Singapore Film Commission, SFC），於一九九八年成立，自二〇〇三年以來隸屬於媒體發展局，成員來自電影、藝術、文化等領域，主要負責協助電影的贊助與拍攝等（類似台灣文化部的影視及流行音樂產業局）。

(二)電視

新加坡電視節目分級規範包括：無線電視節目守則（Free-to-Air TV Programme Code）、電視廣告守則（TV Advertising Code）、電視節目贊助守則（TV Programme Sponsorship Code）、付費電視節目守則（Subscription TV Programme Code）、隨選視訊節目守則（Video on Demand Programme Code）、數位行動電視守則（Mobile Digital TV Programme Code）、網路利基守則（Niche Code for Internet）。

相關節目分級皆由業者自行分級，免付費電視業者和付費電視業者則會按媒體發展局的分級指南，自行進行節目分級。

電視節目分級分為六級：普遍級（G）、保護級（PG）、13 保護級（PG13）、16 輔導級（NC16）、18 限制級（M18）、21 限制級（R21）。

在無線電視方面，保護級可在任何時段播出、13 保護級於晚間十點隔日早上六點播出。

在付費電視方面，13 保護級可在任何時段播出。16 輔導級、18 限制級只能在特定的付費電視上播出，18 限制級於晚間十點至隔日早上六點播出。

除電視廣告守則外，也可參考新加坡廣告標準局（Advertising Standards Authority of Singapore, ASAS）的規範。

無線免付費電視只能播普遍級、保護級、13 保護級節目；付費電視除上述級別節目外，也可播出 16 輔導級、18 限制及節目。

21 限制級節目只可在隨選視訊付費電視能播出。

新加坡媒體發展局日前決定，將從二〇一三年底開始，所有免費電視節目將逐步通過數位電視信號，與現有的類比方式同步傳送。

(三)遊戲軟體

新加坡遊戲軟體分級的法源包含電影法、電玩遊戲分級指南（Video Games Classification Guidelines），遊戲軟體分級由電影審查委員會執行，所有電玩遊戲在問世前，都需經過事先審查。

電玩遊戲分為兩級：

1.16 輔導級：適合 16 歲以上。
2.18 限制級：採強制性，禁止未滿 18 歲以下觀賞。

電玩遊戲分級依照以下主題——暴力、性、裸露、語言、藥物濫用、驚悚的程度。

新加坡電玩遊戲主要由媒體發展局予以分級，爭議性較大的會與電影諮詢小組或廣電出版藝術申訴委員會（Broadcast, Publications, Arts Appeal Committee, BPAAC）諮詢會議討論。

其次，審查後被列為十八歲以下不宜遊戲，包裝盒上必須貼上當局核發的「18 限制級」標籤，消費者必須出示身分證明購買。

電玩遊戲批發商和進口商必須在本地發行新遊戲前，上媒體發展管理局的網站申報遊戲內容，經過審查若發現屬於「18 限制級」，批發商或進口商須向當局遞交遊戲軟體和相關材料進一步確認，經六到十天後，批發商和進口商必須向當局繳付五十新元（新台幣一千一百二十元）手續費，遊戲才得以發行。

(四)出版品

新加坡出版品分級制度的法源來自報紙與印刷品法案（Newspaper and Printing Presses Act, NPPA）、不良出版品法案（Undesirable Publications

Act, UPA）、進口出版品內容指南（Content Guidelines for Imported Publications）。

分級主管機關是媒體發展局，出版品如印刷品及音樂出版分級，皆由業者自律，但必須申請執照。目前沒有相關數位出版品分級的資料與文獻。

新加坡媒體發展局發給本國印刷品的執照為期一年。新聞出版執照（Printing Press Licence）及報紙許可證（Newspaper Permit）都不需申請費。

新加坡境內出版品不需經過內容審查，若出版品出現爭議會與出版諮詢小組（Publications Consultative Panel, PCP）討論。

媒體發展局也管理表演活動：包括舞台劇、音樂劇、舞蹈表演。審查依據送審的資料，包括劇本、歌曲歌詞、影像、試映影片帶。爭議性表演會與藝術諮詢小組（Arts Consultative Panel, ACP）諮詢會議討論。表演活動分級分成：普遍級、保護級、16 輔導級、18 限制級。

(五)網際網路

新加坡廣電局將網路視為廣電媒體之一，因而負責管理網路內容，網路內容服務業者必須遵照一九九六年根據廣電法所頒布的「網路執行守則」（Code of Practice）與「網路內容指導原則」（Internet Content Guidelines）規定才核發營運執照。

該指導原則第 4 條禁止網路傳遞有害公共安全與國家安全的內容，第五條則禁止透過網路傳遞有害種族與宗教和諧的內容，最特別的是第六條，禁止網路宣揚傳遞與新加坡道德標準相違的內容，包括色情、性、裸露、暴力、恐怖與同性戀。凡是違反上述規定傳遞禁止內容的網路業者將被廣播局吊銷執照，網友也會受到嚴格的處分。

■網路治理架構

網路管制架構的法源基礎在一九九六年廣電（類別執照）通知

〔Broadcasting （Class Licence） Notification〕，網路內容供應商與服務商都在這規範下，必須遵守類別執照條件（Class Licence Conditions）、網路執行守則（Internet Code of Practice）與網路產業指南（Internet Industry Guidelines）。

管制重點採「三管齊下」（three-pronged approach）：結合低度管理（light-touch）、鼓勵業者自律、透過教育提倡網路安全觀念。

媒體發展局採取低度管理的治理，並鼓勵業者自律，訂定自己的內部標準。媒體發展局與跨部會網路健康促進委員會（Inter-Ministry Cyber Wellness Steering Committee, ICSC）和網路與媒體諮詢委員會（Internet and Media Advisory Committee, INMAC）討論有關網路安全的議題。推廣「健康上網」（Cyber Wellness）的觀念，並成立健康上網）網站，讓家長和兒童學習如何正確使用網路。

■網路內容篩選

媒體發展局與新加坡三大 IASP 業者合作，提供家長 Family Access Networks（FAN）或內容篩選軟體。其次，提供相關過濾軟體 CyberPatrol、Net Nanny、CYBERsitter 供民眾選擇。

媒體發展局於二〇〇九年製作一系列六集有關網路安全的一分鐘動畫短片，結合童話故事向青少年宣導網路安全，主題包含網路霸凌、網路成癮、網路病毒、隱私權等。

媒體素養評議會（Media Literacy Council）於二〇一二年成立，主要宣導和教育有關媒體素養與網路安全議題。

新加坡媒體發展局治理媒體議題的特色如下：

1. 分級授權制度（Class License）：目前媒體發展局從過去傳統的監理機構與管制，逐漸希望朝向媒體分級制定與提倡媒介識讀，不同的媒體適用不同的分級準則和管理辦法。

2. 共同管制（Co-regulation）：媒體發展局邀請業者共同管制，一起

制定管理辦法與規定。例如在電影、影片和電玩遊戲的範疇，業者可以透過電影審查委員會平台來表達對內容管制的意見。此外也重視民眾對於內容規範的意見，讓民眾能透過網站發表和回應自己的意見。

3.諮詢會（Consultation with Committees）：由超過二百六十位的民眾代表成立的諮詢會，幫助媒體發展局在內容規範與法規制定，希望能夠因應社會的快速變遷與民眾的期待。諮詢會主要的指導指南有三項：在保護兒童與提供大人更多節目選擇上找到一個平衡；彰顯社會價值與促進族群與宗教和諧；維護國家與公眾利益。目前共有十一個意見諮詢會與兩個申訴諮詢會。

二、英國[2]

(一)英國電影分級委員會（BBFC）行動內容規範

英國電影的主管機關是文化、媒體與運動部（Department of Culture, Media and Sport, DCMS），電影分級的法源基礎是錄影法（Video Recording Act 1984）（http://www.bbfc.co.uk/）。

適用範圍包含：電影、DVD、電視節目、預告、廣告、節目單、獎勵內容等。

根據 "Video Recordings Act 1984" 第一條，Video Work 指一系列的視覺影像（包括有聲與無聲）。分級的範圍不包括教育用途影片、運動宗教、音樂性影片和電玩遊戲。但若上述影片違反 2-2、2-3（禁止性器官裸露、暴力、色情、犯罪等）時，必須加以分級。

電影分級制度由英國電影分級委員會（British Board of Film Classification, BBFC）一九一二年組成，由電影工業資助而成的非政府獨立組織。係由內部的檢視者（examiners）決定電影的分級，他們也做內

---

[2] 筆者二○一三年九月拜會英國 Ofcom，二○一五年九月訪問 UKCCIS。

部的政策工作，包括回應民眾的問題，舉辦有關電影分級的說明會議，檢視者均來自不同的背景，例如教育、新聞、法律等等。

分級執行方式，至少由兩位檢視者依照 Published Guidelines 來分級，最終會由 Senior Examiners 做決定。電影分級採預審制，雖然 BBFC 為非政府組織，英國要求地方政府要負責電影的分級，而地方政府皆依循 BBFC 的分級制度。換言之，地方政府的權力是高過 BBFC，因此有些電影地方政府的分級會和 BBFC 有別。

英國電影分為：普級（U）、保護級（PG）、12 輔導級（12A Cinema only, 12 Video-only）、15 輔導級、18 限制級（未滿 18 歲不宜）、成人級（滿 18 歲以上，僅在特定授權電影院播放或合法成人店販售）。其分級標示，明確有年齡分級、分級解釋及內容敘述。內容包含：歧視、毒品、驚嚇、模仿行為、語言、裸露、性、議題、暴力等。

行動寬頻集團（Mobile Broadband Group）由英國電信商 Vodafone、Three、EE 組成，於二〇一三年七月宣布將與英國電影分級委員會（BBFC）合作，將手機內容分級業務，從原先由獨立手機分級委員會（Independent Mobile Classification Board, IMCB）轉移到 BBFC，並自訂自律守則（Code of Practice），於二〇一三年九月二日開始生效。

英國電影分級委員會的分級架構辦法（The Classification Framework Structure）主要是針對在手機上傳播的內容，並不包含 Apps、網路廣告及預付型影音或文字簡訊。前兩者由廣告標準局（Advertising Standards Authority, AMA）負責，預付型加值服務由手機加值服務操作守則（PhonepayPlus Code of Practice）規範。

英國電影分級委員會以十八歲為劃分界線，依循英國電影分級委員會分級指南（BBFC Classification Guide）。英國電影分級委員不會主動分級，分級為內容提供商的責任。但是，英國電影分級委員會建立並維護分級模式架構，讓透過手機網傳送的商業內容在存取控制（access control）之下，

確保兒童接觸不到 18 禁（R18）的內容，並免費提供諮詢服務（通常內容服務商會請求 BBFC 協助分級）。

(二)英國「廣告標準管理局」

英國「廣告標準管理局」（Advertising Standards Authority, ASA），由政府、法院和其他監管機構，如公平交易局（Office of Free Trade, OFT）、英國通訊傳播局（Office of Communication, Ofcom）認可，處理有關廣告的申訴；負責受理投訴調查違規廣告，該局透過調查認定是否違反廣告法之相關規定，對違反規範之廣告要求修正或撤換，若業者拒絕，可予以制裁。雖然不能罰款，但 ASA 可將不遵守規範的業者轉介給交易標準的官員調查，這可能導致業者被起訴（http://www.cap.org.uk/About-CAP.aspx）。

ASA 設有兩個委員會，負責擬定廣播電視廣告規範的「廣播電視廣告自律委員會」（Broadcast Committee of Advertising Practice, BCAP），及負責擬定廣播電視之外的廣告規範的「廣告自律委員會」（Committee of Advertising Practice, CAP）。

兩委員會的自律規範旨在確認廣告沒有誤導、傷害或冒犯消費者，並負起廣告的社會責任、尊重公平競爭的製作原則，除反映法律規定，也致力保護兒童及其他易受傷害的人，並特別關注酒類、健康與美容、環境生態、賭博及直銷產品的廣告（http://www.cap.org.uk/About-CAP.aspx）。

廣告標準管理局自己形容其規則，不僅形諸於文字也適用於其精神，使廣告商幾乎不可能找到漏洞或利用「技術性問題」脫逃。判定案例時，他們採共識決（common-sense approach），兼顧廣告產品的性質、使用的媒體、內容服務訴求的閱聽人。

從二〇一一年三月起，廣告標準管理局的職權範圍擴展到網路行銷與廣告，廣告標準管理局有權審查 Facebook 和 Twitter 等社群網站的行銷聲明，如付費的網路廣告，如橫幅廣告、彈出廣告和付費搜尋結果，公司網站放置的廣告或社群網站的粉絲團等（http://www.bbc.co.uk/news/

technology-11140676）。

　　廣告在一般電視或網路媒體，都有相同審查標準。為維護網路上的言論自由，廣告標準管理局不處理與新聞和社論內容相關內容。

(三)電視媒體規範與懲處

　　英國廣播電視的分級法源是廣播電視守則（Broadcasting Code），主管機關為英國通訊監理局。

　　英國電視分級由電視製作公司自行分級。廣播電視守則並未強調電視節目一定要分級，但在節目播放時段有明確時間要求。

　　現行節目分級計有：普級（U）、兒童級（Uc）、保護級（PG）、12 輔導級（12A Cinema only, 12 Video-only）、15 輔導級、18 限制級（未滿 18 歲不宜）、成人級（滿 18 歲以上，僅在特定授權電影院播放或合法成人店販售）。其分級標示，明確有年齡分級、分級解釋及內容敘述。內容包含：歧視、毒品、驚嚇、模仿行為、語言、裸露、性、議題、暴力等。

　　兒童不宜觀看的節目，包括出現下列畫面或情節：濫用藥品、抽菸、喝酒、暴力與危險性行為、言語侵犯、性相關內容、裸露，或節目涉及驅邪、怪力亂神、超自然。

(四)歐洲電玩遊戲內容分級制度

　　歐洲電玩遊戲內容分級制度（Pan European Game Information, PEGI）由 Interactive Software Federation of Europe（ISFE）組織於二〇〇三年建立。全球有超過三十個國家引進這套系統，目前有九個國家已訂定法令，確立 PEGI 為該國的電玩分級圭臬，包括：奧地利、法國、冰島、以色列、立陶宛、斯洛維尼亞、瑞士、英國、荷蘭（荷蘭並無 18 這個分級，只有四級）。

　　歐洲其他國家，例如德國，使用 USK 系統，分成 0、6、12、16、18 五個分級。而加拿大的法語區使用 PEGI 系統，非法語區則跟美國一樣使

用遊戲軟體分級委員會（Entertainment Software Rating Board, ESRB）系統。

其分級標示，明確有年齡分級、分級解釋及內容敘述。內容包含：暴力、不當語言、恐怖、性、毒品、歧視、賭博、線上遊戲等。

(五)網際網路

英國對網路內容並無強制性的管制，但網路平台提供者 ISPs 業者會依照英國網路觀察基金會（IWF）提供的清單，來阻擋不適合兒童的網站與內容。英國網路觀察基金會（Internet Watch Foundation）於一九九六年成立，提供 Hotline 讓民眾檢舉網路不當內容，二〇一二年總共接獲 39,211 則通報。英國二〇一一年十月十一日推出新網站 ParentPort，讓家長對不妥當的節目、廣告、產品和服務提出申訴，也可表達意見，範圍涵蓋媒體、通訊傳播及零售業，並指引家長如何增進兒童網路安全。網站由廣告標準局、隨選電視局、英國電影分級委員會、英國通訊傳播局、新聞申訴委員會、泛歐遊戲資訊局等機構聯合設置。

(六)出版

英國出版業的法律體系比較完整，形成了以普通法為主，以專業法為輔，兩者相輔相成的法律環境。英國沒有《出版法》，但涉及出版的有關部門法律約二十個；基本上涵蓋了出版的各個環節，除了版權法、資料保護法等專業法之外，涉及出版內容的其他法律還有兒童保護法、郵局法、官方機密法、商品銷售法、消費者保護法、貿易活動限制法、轉賣價格法、公平交易法和競爭法等。

這些法律對出版有許多明確的規定，如禁止出版洩露國家機密、損害國家利益、毀壞他人名譽，嚴禁有害青少年健康成長的出版物出版等。

英國文化委員會（British Council）是負責對英國出版業進行指導的政府部門，它制定有關政策，與出版商協會（The Publishers Association，

一八九六年成立於倫敦）、蘇格蘭出版商協會（Scottish Publisher Association，一九七四年成立於愛丁堡）等協同開展工作，開拓英國圖書、期刊的海外市場。

英國出版管理體制是註冊登記制，個人、團體或機構都可以申請辦出版社（公司），各種資本均可自由投資出版業。英國政府不直接干涉出版問題，也沒有新聞出版檢查制度。在英國，個人、團體或機構等開辦出版社無須通過政府審批或許可，可以隨時登記註冊，只需在威特克（Whitakers）條碼公司註冊登記，申請國際標準書號。國際標準書號只是為了方便識別，並非官方許可。

英國歷屆政府從未對圖書、期刊、報紙徵收過任何增值稅，從而使圖書與其他出版物始終處於零稅率狀態。目前，英國政府對一般商品徵收20%增值稅，對圖書、期刊、報紙均免徵進口稅。英國主要向美國、澳洲、加拿大、紐西蘭、印度等國出口圖書，主要從美國、荷蘭、義大利、法國進口圖書。目前沒有相關數位出版品分級的資料與文獻。

二〇〇七年英國多家大型出版業者達成共識，將根據文字與內容的難易程度，將童書分為四級，幫助兒童與家長選擇適當讀物，其他出版社勢必跟進。業者經過兩年的協商，決定從二〇〇八年開始，在童書上標明級別：Early（五歲以上）、Developing（七歲以上）、Confident（九歲以上）、Fluent（十一歲以上）和 Teen（十三歲以上）。研究者指出，許多家長在選購兒童讀物時，往往不知如何因應孩子的心智程度。而且英國兒童的閱讀能力令人憂心，十一歲學童每五人就有一人欠缺最基本的閱讀能力，文化界與出版業已發起搶救行動，童書分級正是方案之一。

整體來看，英國因應數位匯流的跨媒體分級處理有以下特色：

1.在電影、電視、遊戲軟體、童書出版品等皆有分級，且由各相關產業公協會自行制訂。

2.各傳統媒體、變革為數位平台的內容之分級，比照其傳統媒體的分

級制度。

3.不同媒體的分級級別未必一致。例如：電視與電影皆分為七級，其年齡分級、分級解釋與內容敘述卻不同；遊戲軟體分為五級。亦即，英國在面對數位匯流時代，其媒體分級仍與傳統媒體相接軌，且不同媒體有各自原有分級制度。

4.英國未實施網路分級制度，對於網路內容採低度監理。

5.透過網路觀察基金會的熱線（hotline）可受理不當網路內容。

為維護網路自由發展並兼顧兒少上網安全，兩國過濾軟體服務均不直接由政府出資，新加坡係結合業者合作，兩國皆透過網路安全教育，對社區家長或兒少宣導相關資訊或機制。

台灣根據國內兒童及少年福利與權益保障法第四十六條賦予 iWIN 網路內容防護機構的執行任務，並參考新加坡與英國的跨媒體治理經驗，應定期揭露過濾軟體機制相關資訊，提供社區兒少家長參考使用。

參、限制級語彙

二○○五年十月二十五日台灣網站分級制度辦法正式上路，網站中有不適宜年齡在十八歲以下者接觸的內容，都需張貼「限制級」標示，提供網路使用者辨識與參考。

「兒童及少年福利與權益保障法」於二○一一年十一月三十日修正通過，刪除「電腦網路應予分級」之規定，新增內容防護機構成立之法源。網推基金會則於二○一四年四月二十五日完成階段性任務，正式終止服務，由中華白絲帶關懷協會承接 iWIN 網路內容防護機構計畫辦公室銜接後續業務。依據兒少權法四十六條，推動網路平台業者採取自律方式，接替網際網路分級制度，並配合蒐集過濾軟體暨推廣相關資訊。

　　因應數位及資訊產業所帶來的全球化「新經濟」時代，政府部門積極地在國內策劃及推動數位科技產業。隨著網際網路的風行，企業、平面媒體（報紙、雜誌、出版社）、電子媒體（廣播、電視）和各類傳播機構均紛紛上網，透過網際網路傳遞各式訊息內容。

　　現今網路社會網站繁多紛雜，當中所夾雜的錯誤或不當的資訊，會形成不當的社會示範，足以影響個人建立正確的認知（賴溪松、王明習、邱志傑，2003）。這些不適合存取的網站，往往以強烈的字眼、圖片、影片、廣告包裝，潛藏的反社會觀點、詐騙、打架、撒謊、飲酒、性行為複雜、冷酷無情、自私、自我為中心的論調，會造成價值觀和行為的負面解讀，變相加劇社會倫理和道德觀低落，或是對自己的人身安全造成傷害，誤踏進網路的犯罪陷阱中。

　　不當資訊使用者最普遍的使用方式是透過搜尋引擎，搜尋不當關鍵字詞（如：色情和 AV 女優等），尋找特定色情網站，並透過色情網站之間的友站相連等方式，瀏覽相關不當資訊網站及內容，同時為了提高不當資訊網站的知名度及曝光率，不當資訊網站常常會利用特殊的宣傳方式，如加入情色排行榜，或是到各大留言版及情色貼圖版宣傳本身的網站內容，並透過相互的友站聯結及利益輸送，來提高本身網站的瀏覽人數及曝光率。

　　歐盟一九九六年所提「網路上非法與有害內容」（illegal and harmful content on the internet），其中非法內容明顯為違反相關法律的內容，而有害內容的界定係以對身心健康造成負面影響為考量（黃葳威，2012；http://www.cordis.lu/en/home.html）。

　　同年十月並發表《視聽與資訊服務中有關未成年與人性尊嚴保護綠皮書》（*Green Paper on the Protect of Minors and Human Dignity in Audiovisual and Information Service*），呼籲歐盟各國成員對於網路上的非法及有害內容，採取管制行動（http://www.cordis.lu/en/home.html）。

歐盟對於非法及有害內容的界定包括（http://www.cordis.lu/en/home.html）：

1. 國家安全之妨害（教人製造炸彈、生產違禁毒品、恐怖活動等）。
2. 未成年人之保護（暴力、色情等）。
3. 人性尊嚴之維護（煽惑種族仇恨及歧視等）。
4. 經濟安全（詐欺、信用卡盜用之指示等）。
5. 資訊安全（惡意之駭客行為等）。
6. 隱私權之保護（未經授權之個人資料之傳遞、電子騷擾等）。
7. 個人名譽之保護（誹謗、非法之比較廣告等）。
8. 智慧財產權之保障（未經授權散佈他人著作，如電腦軟體或音樂等）。

《視聽與資訊服務中有關未成年與人性尊嚴保護綠皮書》（林承宇，2002；黃葳威，2012）則重視未成年人與人性尊嚴的維護，如兒童色情（child pornography）、過度暴力（extremely gratuitous violence）、煽惑族群仇恨、歧視與暴力（incitement to racial hatred discrimination and violence）等。一九九九年年度行動計畫，除確認兒童色情與種族仇恨觀念的散布外，還加上人口運輸（trafficking in human being）和懼外觀念之散佈（dissemination of xenophobic ideas）。

美國聯邦最高法院在一九九七年宣布「傳播端正法」違憲後，將網路上的不當資訊交由科技來過濾處理。美國固然重視言論自由，但對於所謂「低價值言論」（low value speech）不受到憲法增修條文第一條表意自由條款保障；例如，煽惑他人犯罪之言論（advocacy of unlawful conduct）、挑釁之言論（fighting words）、誹謗性之言論（defamation）以及猥褻和色情之言論（obscenity and pornography）等範疇（葉慶元，1997）。

所謂不宜語彙，係依據過往行政院新聞局將我國電腦網路內容分為四

級，每級依其內容屬性區分為語言、性與裸露、暴力、其他等類，明定得出現之內容（即各級不得超越之內容標準），並對照國際標準（ICRA）之分級詞彙與編碼。

類似不適合存取的網站，根據教育部於二〇〇三年十月十五日之會議記錄所定義，大體上可分為五大類：(1)色情；(2)賭博；(3)暴力；(4)毒品與藥物濫用；(5)其他。其定義說明如下（黃葳威，2005）：

1.色情：
　(1)包含裸露重點部位、過分煽情、媒介色情交易、色情圖片／影片／聲音／文字、色情文學、情色聊天室、兒童色情、販賣色情用品、性行為等。
　(2)網站標明「僅供成人瀏覽」，「須年滿 18 歲以上才可進入」，「必須到可飲酒之年齡才可瀏覽」等，且其內容足以引起感官或性慾之刺激者。

2.賭博：
　(1)包含線上賭博、地下錢莊等。
　(2)教導賭博、販賣賭具等。

3.暴力：
　(1)登載或解說任何暴力行為或殘害身體如人體肢解、自殘等圖文內容之網站等。
　(2)性虐待、強烈殘暴行為之文字、圖片、影片等。
　(3)蓄意而殘忍的車禍照片。

4.毒品與藥物濫用：
　(1)鼓勵使用毒品。
　(2)毒品販賣或提供非法藥品相關資訊。
　(3)毒品種植及製作。
　(4)教導各種吸毒方式。

5.其他：其他違反 TANet 使用之目的，列為拒絕存取之資訊者如指導
或鼓勵犯罪、偷竊技巧、詐欺、自殺，以及指導製造或使用武器、
改造、販賣槍砲、武器交易等之網站或網頁。

過往行政院新聞局將電腦網路內容分為四級，每級依其內容屬性區分
為語言、性與裸露、暴力、其他等類，明定得出現之內容（即各級不得超
越之內容標準），並對照國際標準（ICRA）之分級詞彙與編碼。本表未述
及之項目或情節，應比照性質類似者處理。

其中限制級得出現的內容標準有：

1.語言：是指明顯與性相關的語言。包括：
　(1)明顯粗暴的語言，或以語言、文字、對白表現淫穢情態或強烈性
　　暗示，一般成年人尚可接受者。
　(2)以言語描述強姦、性挑逗、性虐待、愛撫性器官或性行為等情節，
　　但未包含脫離常軌的性行為、明顯性行為過程及誤導性侵害是被
　　認可之描述。
2.性與裸露：性器官。包括無性行為、猥褻意味或渲染男性或女性生
　殖器外觀者。
3.暴力：如性暴力、強暴、血腥。計有：
　(1)有殘暴、變態等情節且表現方式強烈，但一般成年人尚可接受
　　者。
　(2)描述性虐待、強迫性行為之畫面，但未包含脫離常軌的性行為、
　　明顯暴露性器官的性行為及誤導性侵害是被認可之內容。
　(3)有血腥等情節且表現方式強烈，但一般成年人尚可接受者。
4.其他：如鼓勵歧視或惡意中傷特別團體或族群，或可能造成兒童及
　少年情緒驚恐不安的內容。有：
　(1)基於性別、性向或種族、宗教或國別的不同，鼓勵分裂或中傷相

關的人或團體。

(2)恐怖、靈異情節或一再重複緊張、懸疑氣氛內容或畫面，易引起
兒童驚恐和情緒不安者。

遊戲軟體分級管理辦法第五條明文，遊戲軟體內容有下列情形之一者，
列為限級：

1. 性：全裸畫面或以圖像、文字、影像及語音表達具體性暗示等描述。
2. 暴力、恐怖：涉及人或角色被殺害之攻擊、殺戮等血腥、殘暴或恐
怖畫面，令人產生殘虐印象。
3. 毒品：使用毒品之畫面或情節。
4. 不當言語：多次出現粗鄙或仇恨性文字、言語或對白。
5. 反社會性：描述搶劫、綁架、自傷、自殺等犯罪或不當行為且易引
發兒童及少年模仿。
6. 其他描述對未滿十八歲人之行為或心理有不良影響之虞。

參考電視節目分級處理辦法第四條，電視節目有下列情形之一，不適
合少年及兒童觀賞者，列為「限」級，並應鎖碼播送。

1. 描述賭博、吸毒、販毒、搶劫、綁架、殺人或其他犯罪行為細節、
自殺過程細節。
2. 有恐怖、血腥、殘暴、變態等情節且表現方式強烈，但一般成年人
尚可接受者。
3. 以動作、影像、語言、文字、對白、聲音表現淫穢情態或強烈性暗
示，一般成年人尚可接受者。

前項所稱鎖碼，係指有線廣播電視系統經營者、有線電視節目播送系
統及直播衛星廣播電視服務經營者播送之影像或聲音，須由收視戶經特殊
解碼程序始能視、聽者。

　　根據電影片與其廣告片審議分級處理及廣告宣傳品使用辦法第九條，電影片、電影片之廣告片有下列情形之一，列為「限」級。

1. 描述吸毒、販毒、搶劫、綁架、殺人或其他犯罪行為情節細密，有誘發模仿之虞者。
2. 有恐怖、血腥、暴力、變態等情節且表現方式強烈，十八歲以上之人尚可接受者。
3. 以動作、影像、語言、文字、對白、聲音表現出強烈之性表現或性暗示，且不致引起十八歲以上之人羞恥或厭惡者。

　　網路分級系統語彙分析旨在蒐集網路限制級語彙，並按照對照國際標準（ICRA）之分級詞彙予以分類。

　　依據電腦網路內容分級標準，電腦網路內容應分為：普遍級、保護級、輔導級及限制級。其中限制級規定未滿十八歲者不得瀏覽。即逾越限制級內容不宜提供，禁止播出給年齡未滿十八歲者瀏覽。

　　二〇〇五年台灣網站分級推廣基金會成立運作，將原本分為四級的分級制度，調整為普級、限制級兩類。

　　當時網路禁止播出語彙分為以下類別：

1. 性與裸露：勃起或詳細的性器官——煽情的正面裸露，例如描述勃起幾公分。
2. 暴力：暴露性器官之性行為——明顯暴露性器官的性行為之影片、照片；明顯渲染性行為、屬於猥褻的鏡頭或情節，如誇張的性行為、性行為過程之具體描述、生殖器之撫摸或口交等；脫離常軌的性行為鏡頭，如雞姦、輪姦、屍姦、獸姦、使用淫具等；描述施加或接受折磨、羞辱而獲得性歡樂之情節；描述強暴過程細節，其表現方式使人以為對他人進行性侵害是被認可之行為。
3. 其他：其他違反相關法令使用之目的，列為拒絕存取之資訊者，如

指導或鼓勵犯罪、偷竊技巧、詐欺、自殺、賭博、毒品及藥物濫用，以及指導製造或使用武器、改造、販賣槍砲、武器交易等。

(1)賭博——網路中未確認顧客年齡的賭博網站或教導賭博。

(2)鼓勵使用武器——教導改造、使用槍械或販售槍械的網站。

(3)鼓勵使用毒品（DR）——明示或暗示吸毒可以忘掉所有煩惱。

(4)台灣相關語彙有強姦藥丸、FM2 等兩個語彙。

二〇一〇年八月 WIN 網路單 e 窗口開始運作，第一階段參考國外四大類語彙分類，並根據台灣在地民眾通報案例進行歸類。

網路限制級語彙

參考電腦網路內容分級標準，網路限制級語彙的內容屬性可分為語言、性與裸露、暴力、其他。

1.語言：明顯粗暴的語言，或以語言、文字、對白表現淫穢情態或強烈性暗示，一般成年人尚可接受者，如以言語描述強姦、性挑逗、性虐待、愛撫性器官或性行為等情節，但未包含脫離常軌的性行為、明顯性行為過程及誤導性侵害是被認可之描述。

2.性與裸露：無性行為、猥褻意味或渲染男性或女性生殖器外觀者。

3.暴力：有殘暴、變態等情節且表現方式強烈，但一般成年人尚可接受者。描述性虐待、強迫性性行為之畫面，但未包含脫離常軌的性行為、明顯暴露性器官的性行為及誤導性侵害是被認可之內容；有血腥等情節且表現方式強烈，但一般成年人尚可以接受。例如：車禍現場的照片。

4.其他：其他違反兒童少年福利法，列為兒童不宜之資訊者，如指導或鼓勵犯罪、偷竊技巧、詐欺、自殺、賭博、毒品及藥物濫用，以及指導製造或使用武器、改造、販賣槍砲、武器交易等。

肆、家長監控軟體測試

　　根據兒童及少年福利與權益保障法第 46 條第四項規定，為防止兒童及少年接觸有害其身心發展之網際網路內容，由通訊傳播主管機關召集各目的事業主管機關委託民間團體成立內容防護機構，並辦理過濾軟體之建立及推動。

　　根據前揭第四項工作事項，iWIN 網路內容防護機構著手進行過濾軟體之建立及推動工作，過濾軟體實測計畫，目的在瞭解現行網路環境之過濾機制，並提供對應之防範建議及透過本實測計畫，瞭解國內主要免費過濾軟體的使用效果，以達保護兒童及少年網路安全的目的。

一、測試軟體說明

　　針對國內免費家長監控軟體，進行為期一個月的測試計畫。共邀集二十一位家長、學生、實際使用本次施測之三項免費家長監控軟體——教育部網路守護天使、諾頓家庭防護、K9 Wweb Protection。測試資料為一百筆經 iWIN 網路內容防護機構內測後確定為可開啟之網頁，網頁包含色情、猥褻、暴力、血腥之內容。

(一)K9 Web Protection

1. 超過七十種分類攔截網站，包括：色情、賭博、嗑藥、暴力／仇恨／種族歧視、有害／間諜軟體、釣魚軟體。
2. 所有主要蒐尋引擎都有強制安全搜尋。
3. 設定時間限制，在特定時間關閉網路存取。
4. 設定客制化清單，永遠允許和永遠攔截網站。

表 7-1　諾頓家庭防護功能表

基本功能	
網頁監督	讓孩子可以自由地瀏覽網站，但同時讓您瞭解孩子造訪過的網站，並提供工具避免孩子接觸不當內容。
社交網路監督	深入瞭解孩子使用社交媒體的情況，包括他們從電腦登入 Facebook 的頻率，以及在個人設定檔中使用的名稱和年齡。
搜尋監督	顯示孩子在電腦上搜尋過的字詞、辭彙和片語，讓您深入瞭解他們的興趣，幫助他們遠離不當內容。
個人資料保護	協助孩子避免不慎透露電腦中的敏感個人資訊，包括電話號碼、住址、就讀學校或電子郵件地址。
電腦時間監督	將您孩子在使用 PC 時進行線上活動的時間始終顯示在最上方。您可以輕鬆設定時間限制，或排程一天或一週中孩子可以連線的時間。
電子郵件警示	當孩子嘗試造訪攔截的網站時會通知您，以便您透過交談告知孩子適當的內容。
存取要求	鼓勵公開討論，如果孩子想對攔截的網站或家規提出例外要求，則可以從 Norton Family 內傳送通知給您。
家長行動應用	透過 iPhone®、iPad® 或 Android™ 行動裝置對孩子的線上活動情況瞭如指掌，並隨時隨地調整設定。
進階功能	
視訊監督	列出孩子在電腦上觀看的 YouTube 和 Hulu 視訊，甚至可以讓您檢視各視訊的片段，以便您知道何時該與孩子進行交談。
位置監督	讓您從地圖上知道孩子的 Android 裝置的位置，對孩子的行蹤情況了如指掌。
行動應用程式監督	顯示孩子在 Android 裝置上所下載的應用程式，並讓您選擇他們可以使用哪些應用程式。
簡訊監督	監控孩子的簡訊交談，並控制孩子可以與誰傳送簡訊。
活動紀錄	讓您對孩子在連線裝置上的活動以及過去 90 天內花在 PC 上的時間一目瞭然，以便清楚掌握趨勢和正在形成的習慣。
月/周報告	接收孩子線上活動的詳細報告，直接傳送到您的收件匣。
Android 時間監督	控制孩子花在使用其 Android 裝置進行線上活動的時間。

資料來源：網際網路內容防護機構計畫成果報告（黃葳威，2015）

5.以密碼撤銷攔截的網頁。

6.可信賴的強化反竄改功能，小孩無法破除。

7.瀏覽簡易報告以監視和控制網站活動。

8.即時分類新的成人和惡意網站。

9.最佳免費家長監控軟體／網路過濾。

(二)諾頓家庭防護

諾頓家庭防護提供家長安裝在兒少使用的電腦中，使家長能夠輕鬆看到自己的孩子在網路上做了什麼。家長可以看得到孩子瀏覽的網站、他們搜尋的關鍵字、以及他們使用的社交網站。除此之外，也提供家長異地登入家庭防護的功能，外出、工作時也能看到孩子的網路使用狀況。

(三)教育部網路守護天使

教育部網路守護天使主要針對線上色情、賭博、恐怖暴力、毒品藥物濫用以及其他鼓勵犯罪、幫派組織、偷竊技巧、自殺等網站做防護，以常駐的方式顯示在使用者的上網平台。

軟體支援平台方面，K9 Web Protection 支援之作業系統為與 Windows 與蘋果 iOS 系統。諾頓家庭防護網支援之作業系統為 WINDOWS、Android 及蘋果 iOS 系統。教育部網路守護天使支援之作業系統為與 Windows、Android 及蘋果 iOS 系統。

二、測試方式

(一)測試時程

以周為單位，依三項免費家長監控軟體分為三組進行測試。

1.六月一日至六月七日四百九十筆。

2.六月八日至六月十四日四百九十筆。

3.六月十五日至六月二十一日四百九十筆。

4.六月二十二日至六月二十八日四百九十筆。

5.六月二十九日至七月一日一百四十筆。

表 7-2　過濾軟體測試時程

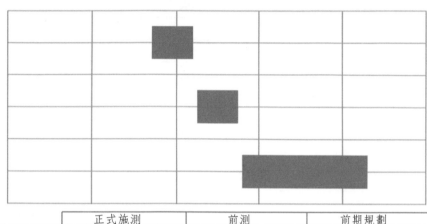

	正式施測	前測	前期規劃
開始日期	6 月 1 日	5 月 21 日	5 月 10 日
■ 維持天數	30	10	10

（二）測試員編碼分組

　　共二十一位測試員，家長組共由十一人，其中六名男性，五名女性。學生組則有十人，其中六名女性，四名男性。

三、測試結果

(一)K9 Web Pprotection測試統計資料

　　測試員 PF3、PM3、PM4、SF3、SF4、SF5、SM2 同時受測相同 2,100 筆網址，計有受測網址 14,700 筆，其中已攔阻的網址有 13,200 筆，可以正常開啟的網址有 1,082 筆。其中 418 筆為無效結果。

表 7-3　過濾軟體測試分組

	教育部網路守護天使	K9 Web Protection	諾頓家庭防護
家長組	PM1	PM3	PF4
	PM	PM4	PF5
	PF1	PF3	PM5
	PF2		PM6
學生組	SF1	SF3	SF6
	SF2	SF4	SM3
	SM1	SM2	SM4
		SF5	

表 7-4　測試項目分配-含無效網址

選項	數量	比例
已攔阻	13,200	90%
未攔阻	1,082	7%
無效網址	418	3%
總計	14,700	100%

　　扣除無效網址測試結果顯示 K9 Web Protection 於本次測試中成功攔阻的網址有 13,200 筆，佔有效資料的 92%，仍能正常開啟的網址有 1,082 筆，佔有效資料的 8%。

表 7-5　K9 Web Protection 測試結果

選項	數量	比例
已攔阻	13,200	92%
未攔阻	1,082	8%
總計	14,282	100%

(二)諾頓家庭防護測試統計資料

測試員 PF4、PF5、PM5、PM6、SF6、SM3、SM4 同時受測相同 2,100 筆網址，計有受測網址 14,700 筆，其中已攔阻的網址有 13,191 筆，可以正常開啟的網址有 1,222 筆。其中 287 為無效結果。

表 7-6　測試項目分配-含無效網址

選項	數量	比例
已攔阻	13,191	90%
未攔阻	1,222	8%
無效網址	287	2%
總計	14,700	100%

扣除無效網址測試結果顯示諾頓家庭防護於本次測試中成功攔阻的網址有 13,191 筆，佔有效資料的 92%，仍能正常開啟的網址有 1,222 筆，佔有效資料的 8%。

表 7-7　諾頓家庭防護測試結果

選項	數量	比例
已攔阻	13,191	92%
未攔阻	1,222	8%
總計	14,413	100%

(三)教育部守護天使測試統計資料

測試員 PF1、PF2、PM1、PM2、SF1、SF2、SM1 同時受測相同 2,100 筆網址，計有受測網址 14,700 筆，其中已攔阻的網址有 8,718 筆，可以正常開啟的網址有 5,640 筆。其中 342 筆為無效結果。

表 7-8　測試項目分配-含無效網址

選項	數量	比例
已攔阻	8,718	59%
未攔阻	5,640	39%
無效網址	342	2%
總計	14,700	100%

　　扣除無效網址測試結果顯示，教育部守護天使於本次測試中成功攔阻的網址有 8,718 筆，佔有效資料的 61%，仍能正常開啟的網址有 5,640 筆，佔有效資料的 39%。

表 7-9　教育部守護天使測試結果

選項	數量	比例
已攔阻	8,718	61%
未攔阻	5,640	39%
總計	14,358	100%

伍、結論與討論

　　比較新加坡、英國因應數位匯流的網路媒體治理，各隨著社會民情不同，在跨媒體分級制度有若干差異：

1.兩國電影分級級別有別：新加坡分為六個級別標示，英國有七個級別標示。

2.兩國電視分級級別有別：新加坡分為六個級別標示，英國有七個級

別標示。

3.兩國的遊戲軟體分級有別：英國依照兒少發展階段分為五級，新加坡整合電視與電影分級的部分內涵分為兩級。

4.兩國出版品管理部分：英國涉及出版品的法案採跨部會思維，僅在童書部分有分級標示；新加坡透過每年的執照申請核發，由業者自行分級。

5.兩國的網路內容治理：英國透過民間團體網路觀察基金會提供兒少不良網站通報，新加坡則由政府和業者攜手治理。

新加坡、英國面對數位匯流的網路媒體治理，亦有相似模式：

1.兩國政府對於網際網路治理，以低度管理為主。

2.兩國皆重視業者自律。

3.兩國皆未對網路進行分級，係交由業者自律；其中新加坡網路管制架構的法源基礎在 1996 年廣電（類別執照）通知〔Broadcasting（Class Licence） Notification〕，網路內容供應商與服務商都在這規範下，必須遵守類別執照條件（Class Licence Conditions）、網路執行守則（Internet Code of Practice）與網路產業指南（Internet Industry Guidelines）。

4.兩國皆重視網路安全教育，預防宣導勝於治療。

5.兩國透過結合產業任務編組的諮詢委員會（新加坡以政府和業者為主，英國以業者和民間團體為主），處理相關議題。

6.兩國的各媒體平台的內容分級，不會因為數位匯流進行一致性級別標示。

7.兩國的各媒體平台內容分級，皆整合原有傳統媒體的法案或自律規範。

8.為維護網路自由發展並兼顧兒少上網安全，兩國過濾軟體服務均不

直接由政府出資，新加坡係結合業者合作，兩國皆透過網路安全教育，對社區家長或兒少宣導相關資訊或機制。

過濾軟體測試

施測計畫經過一個月的測試，回收樣本顯示 K9 Web Protection 的防護能力為三者中最高，為九成四，其次是諾頓家庭守護，防護率為九成二，最後是教育部網路守護天使，防護率為六成一。

表 7-10　過濾軟體測試結果

	K9 Web Protection	諾頓家庭守護	教育部網路守護天使
已攔阻	13,200	13,191	8,718
未攔阻	1,082	1,222	5,640
總計	14,282	14,413	14,358
攔阻率	92％	92％	61％

測試三項免費過濾軟體中，有兩項是英語系國家開發的過濾軟體（美國的 K9、Norton），一項是國內自行開發的過濾軟體（教育部委託民間單位開發的網路守護天使）。測試攔截率的影響因素包括軟體過濾篩選功能性設計差異、測試資料來源語系、文化背景比例等因素。

(一)篩選功能性設計差異

各家軟體開發過濾功能採取不同設計結構與機制，提供篩選類別也有所不同（例如色情、賭博、藥物、暴力、仇恨、種族歧視、電玩、社群、聊天室等等多種類型可供勾選攔截設定，依文化背景不同，不良網站分類的類別著重也有所不同）。

教育部軟體主要是以資料庫加入的黑名單做比對攔截，有加入有攔截，未加入資料庫則未攔截，完全以每筆絕對網址做比對。國外其他過濾軟體

除使用黑名單比對功能外，擁有發展其他多方面處理的篩選機制，例如掃描網頁前端程式碼中的關鍵字，如 porn、sex 等色情網站一定會出現的字眼，或限制級標籤如 RTA 等網站即做攔截。有些軟體採取影像辨識功能，程式辨識到畫面有許多圖片、影像或大面積的人體皮膚，再配合關鍵字的出現即可做攔截等等影像處理技術。因此建議教育部過濾軟體也可持續發展多元篩選網站的機制，更有效防堵各類型色情或其他型態不良網站或網頁被兒少瀏覽機會。

(二)測試資料來源語系差異

　　本次測試，筆資料來源取自受理民眾通報的網址資料，逐筆預覽取得有效不良網站，內容大多為英文色情網站、部分中文媒介性交易、影音視訊交友，色情遊戲或動畫網站。因國內和國外開發的過濾軟體，通常會著重防範本國文化背景所判定的不良網站，及本地所開發的色情、社群、網路遊戲、網路販售非法藥物等各種類型內容，鑒於各國法律規範的差異性，不同國家的軟體在執行不同國家的內容上會有所差異。

　　測試樣本為民眾舉報的不良網站，以英語系色情內容，雖然大多數國外色情網站都有多國語言版本，但仍以英文版為首頁，資料也主要以網站首頁，極少以分頁為測試對象。

參考書目

林承宇（2002）。〈網際網路有害內容管制之研究〉。《廣播與電視》，18，91-113。台北市：國立政治大學廣播電視學系。

黃葳威（2012）。《數位時代資訊素養》。新北市：威仕曼。

黃葳威（2013）。「102 年度網路內容防護機構計畫」成果報告。台北市：國家通訊傳播委員會。

黃葳威（2015）。「104 年度網路內容防護機構計畫」成果報告。台北市：
　　國家通訊傳播委員會。

葉慶元（1997）。〈網際網路上之表意自由──以色情資訊之管制為中心〉。
　　台北：國立中興大學法律研究所碩士論文。

賴溪松、王明習、邱志傑（2002）。全球學術研究網路「網路安全、不當
　　資訊防制及商業機制規劃服務」期末報告。台北市：國家高速網路與
　　計算中心。

第八章

數位時代社會責任

壹、前言

「倫理道德並不是教條，而是幸福生活的鎖鑰。」（林火旺，2006）

早在一九五九年十一月二十日，第十四屆聯合國大會便通過「兒童人權宣言」。聯合國在宣言中強調，由於兒童的身心未臻成熟階段，因此無論在出生之前或出生之後，均應受到包括法律的各種適當的特別保護。

這項對於兒童人權尊重與保護的宣告，可追溯自一九二四年的日內瓦兒童權利宣言，聯合國大會為使兒童能夠有幸福的生活，重視個人與社會的福利，以及兒童能夠享受宣言所列舉的權利與自由。務期各國的父母親、每個男女、相關團體、地方行政機關和政府均應承認這些權利，以漸進的立法程序以及其他措施，努力使兒童的權利獲得保障。

台灣的兒童少年福利法自二○○二年五月二十八日發布，二○○八年八月六日再度修訂，分別依照身分、福利與保護等面向，宣示兒童為國家未來主人翁的價值和法律保障。其中關心的包括兒童基本人權、社會人權、健康權與教育權。

我國立法院於二○一一年十一月十七日初審通過行政院所提「兒童及少年福利法」修正草案，將沿用近十年的法案名稱修正為「兒童及少年福利與權益保障法」，條文由現行的七十五條增列至一百一十五條，藉此展現台灣社會維護兒童及少年的權益，從而展現我國落實聯合國兒童權利公約的努力。

「兒童及少年福利與權益保障法」四十六條規定：為防止兒童及少年接觸有害其身心發展之網際網路內容，由通訊傳播主管機關召集各目的事業主管機關委託民間團體成立內容防護機構，……網際網路平台提供者應

依前項防護機制，訂定自律規範採取明確可行防護措施；未訂定自律規範者，應依相關公（協）會所定自律規範採取必要措施。

近年以社會基層轉變為基調的聯合國系列論壇應運而生，其中為人所知的有「資訊社會高峰會」（World Summit on the Information Society, WSIS）及「網路治理論壇」（Internet Governance Forum, IGF），兩者定期關注全球經歷由二十世紀的工業化社會，快速地邁向二十一世紀資訊化社會的變遷。

二〇〇六年年底，聯合國第一屆「網路治理論壇」（IGF）在希臘雅典舉辦。會議主題為「網路的治理與發展」。首屆「網路治理論壇」集結各國產官學代表與相關 NGO 民間團體，就以下四個子題進行討論與對話（黃葳威，2008）：

1. 開放性——言論自由及觀念、資訊與知識的自由流通；。諸如資訊的自由流通、言論自由及知識的易接近性及授權。
2. 安全性——藉由合作建立信任與信心。包括避免垃圾郵件、病毒以及隱私權保護。
3. 多樣性——促進多種語言的使用及當地內容，其中包含網路內容中有多種語言的使用及在地內容。
4. 接近性——網路的接軌：政策及費用。討論議題涵蓋互相連結的費用、軟硬體的開發及開放標準，以便讓軟硬體在多種品牌機器可以相容。

隨著網路層出不窮的現象，聯合國將社會成員對於數位傳播發展的認知，視為反映資訊社會發展的成熟與否。

本研究兼採文獻分析與文本分析法，首先，分析近三年 WIN 網路單e 窗口受理通報的網路平台業者；其次，蒐集相關使用者條款資料，進行比較分析。比較蒐集相關網際網路平台提供業者對於網路自律的觀點，與

如何落實和實踐。

貳、網路企業社會責任

一、責任與企業社會責任

　　一九五六年，傳播學者施蘭姆（Wilbur Schramm）、塞伯特（Fred Siebert）及派特森（Theodore Peterson）提出傳媒的四種角色理論，分別為威權主義的傳媒（authoritarian theory of the press）、自由主義的傳媒（libertarian theory of the press）、社會責任論的傳媒（social responsibility theory of the press）、蘇聯共產主義的傳媒（soviet communist theory of the press）（戴鑫譯，2007：5）。

　　爾後，美國傳播學者馬奎爾提出六大報業理論（McQuail, 2010），包含：集權報業理論（authoritarian theory）、自由報業理論（free press theory）、社會責任論（social responsibility theory）、蘇維埃媒介理論（Soviet media theory）、發展媒介理論（development media theory）、民主參與理論（democratic-participant media theory）。

　　其中，社會責任論由美國長春藤大學學術菁英提出（李瞻，2009），是自由主義的變體，主張自由主義的傳媒必須建立在一個先決條件之上，那就是「必須要有一個觀點和信息的『自由市場』。無論是少數還是多數，強者還是弱者，都能夠接觸傳媒（access to the press）」（戴鑫譯，2007：3）；在傳媒所有權逐漸集中市場惡性競爭、政府的放任已經無法保障人民的媒體近用權時，也就出現了社會責任論的觀點，認為必須採取必要的介入以確保媒體發揮其社會責任。

　　根據牛津辭典，責任（responsibility）一字來自十八世紀末、十九世

紀的代議政治，即政府對人民負責任的相關討論。十九世紀中葉，約翰‧密爾（John Stuart Mill）關注的不在於自由意志，而係代議政治的原則；十九世紀末，馬克斯‧韋伯（Max Weber）提出責任倫理學，以政治為例，需冷靜關注真實情況以及行動的後果（McKeon, 1957）。這意味著責任需能務實，且掌握行為的後續效應。

英國學者威廉斯（Williams, 2004）從四個面向論述個人的責任：

1. 道德代理（moral agency），即一個人被認為是一個正常的負責主體。
2. 回顧性責任（retrospective responsibility），當一個人的行為被判斷，例如，在被責備或處罰。
3. 前瞻的責任（prospective responsibility），例如，連接到一個特定角色的責任。
4. 責任作為一種美德（responsibility as a virtue），當我們稱讚一個人是負責任的人。

個人層面的責任需要個人主動承擔，其責任可被檢視且具延續性，有時也可能形成典範。

集體責任重視團體層面，如政府的品質。威廉斯將集體責任區分為（Williams, 2004）：

1. 機構團體（the agency of groups）：集體包含機構、團體和組織，可以實現特定的政策、尊重法律要求、達到決定如何回應的情況下，和為其他代理創建重要的利益和價值。他們也可提供有關先前的行動和政策，闡明如何及為何做決定的問則。
2. 集體的回顧性責任（retrospective responsibility of collectives）：集體包括企業、慈善機構和政府等法定機構。集體可擁有財產並採行有系統的行動；因此，公私部門機構人員應接受他人之問則，回答組

織所採取的行動或取消特定行動法律措施；一旦其問則不被接受，需接受賠償或職務等懲罰。回顧性集體問則的實例，例如：南非知名的真相和解委員會，處理過去種族隔離政權的暴行；一九六一年耶路撒冷審判的納粹官員阿道夫・艾希曼迫害猶太人的罪行；又如臭名遠揚的凡爾賽宮協定懲罰德國第一次世界大戰的行徑。

3.群體的前瞻性責任（prospective responsibility of groups）：對於正式的組織群體，前瞻性責任往往透過法律的制訂進行。當然，在個別情況下，我們的道德判斷可能有別於法律展現的責任。企業社會責任也絕對超越其法律職責，其中包括如對社區或服務對象更廣泛的義務。

4.團體責任（responsibility as a group）：團體、公司和國家都可擁有或多或少的責任。所謂「負責任的政府」說明政府回應公民的需求與需要；同理，企業社會責任也應顧及服務對象或消費者的需求和需要。

回顧性的責任涉及團體機構的意願、賠償的能力以及從中習得的教訓。前瞻性的責任，集體的活動和政策，必須恰當地抉擇，貼近的更寬廣的道德準則，並妥善落實（Fingarette, 2004）。

集體層面的責任涵蓋機構與其成員，責任有一定時間歷史延續性，機構代表人需概括承擔經機構整體通過、共同認同之責任與義務，且形成機構整體之責任。

企業社會責任包含四面向（Ferrell, Fraedrich & Ferrell, 2009）：經濟、法律、道德和自願（含慈善）等。

1.經濟責任（economic responsibilities）：賺取利潤是經濟責任。

2.法律責任（legal responsibilities）：守法其次，企業依法營運，一企業單以追求利潤最大化為唯一目標，不太可能要考慮它的社會責任，

雖然其活動可能是合法的。

3.道德責任（ethical responsibilities）：道德責任如企業可依照公義、公平、公正且避免造成傷害的原則經營。

4.志願責任（voluntary responsibilities）：成為好的企業公民，對社區生活品質有所貢獻。

相對個人、集體之社會責任，企業社會責任的涵蓋對象有投資股東、所在地社會法治結構、免於傷害之價值以及所在社區等。

圖 8-1　企業社會責任面向

作者譯自 Ferrell, Fraedrich & d Ferrell, 2009.

亞里斯多德提及「行動」（Gómez, 2006），包含自發性與非自發性的行動，其中非自發性行動有無意造成（caused by ignorance）或無意完成（done by ignorance）兩種。無意造成如同有外力介入造成。

圖 8-2　行動的分類

作者譯自 Gómez, 2006.

　　隨著網際網路的發展與普及，兒童少年在上網學習或休閒時，也十分容易接觸到違法或是與其年齡不相當的資訊，英國、德國、義大利、澳洲、美國等國近年紛紛破獲大型兒童色情網站集團，逮捕數萬人，顯示出這個問題的嚴重性，也代表各國政府已採取必要行動來守護兒少上網安全（O'Briain, Borne & Noten, 2004）。

二、網路公民參與

　　網路安全發展已從早期非法有和內容階段、網路內容分級階段，進入網路公民參與階段（黃葳威，2014）。審視歐美先進國家，也集結資訊科技產業、兒少親師民間組織，協力推動兒少上網安全行動，促使科技產業善盡企業社會責任。

　　全美州檢察長協會（NAAF）與 Facebook 合作，推出消費者教育計畫，提供兒少及父母工具與技巧，在網路上管理隱私與能見度，並在官網上連結到 Facebook 的安全信息和資源。Facebook 與 Instagram 提供政府官員網路安全手冊，發放給民眾。

　　Facebook 與「黛安娜獎反霸凌計畫」合作舉辦反霸凌活動，並贊助反霸凌大使計畫，目的是建立資源，以促進兒少使用網路安全。

　　英國網路安全中心（UK Safer Internet Centre）提供諮詢和公眾宣導。英國兒童網路安全委員會（UKCCIS）提供策略與協調。英國警察機構「兒童剝削與網路保護中心」（CEOP）：除受理檢舉外，亦推動網路安全教育宣導及提供網安相關資訊。

　　網路觀察基金會（IWF）受理檢舉線上非法內容。Facebook 於二〇一三年與國際兒童（Childnet International）推出數字領袖計畫，提供兒少網路安全課程與教學計畫。

　　歐盟 Insafe 組織在每年二月「網路安全日」（Safer Internet Day）發起活動，促進兒少上網安全。在歐洲，Facebook 與其他業者、政府機構

和非營利組織加入 CEO Coalition for a Better Internet for Children，實行五個目標的具體行動：舉報機制、與年齡相應的隱私設定、內容分類、家長控制和有效刪除虐待兒童資料。

澳洲政府二〇一四年頒布加強「兒童網路安全立法」，並建立民事執行制度，將嚴重威脅和危害兒少的內容刪除。每年政府舉行「Stay Smart Online Week」活動，宣導網路安全提示和信息。

每年三月舉辦「全國採取行動戰勝霸凌日」，每所參與學校各自組織一項意識活動。政府線上安全工作組由科技公司（包括 Facebook）、相關政府機構及兒童安全組織組成，每六個月聚集討論網路安全的最新問題和發展。

新加坡媒體發展局設有媒介素養理事會，由 Facebook、其他業者、監管機構、教育和家長團體組成，發展媒介素養和網路安全的公眾教育及宣導方案。

Facebook 與媒介素養理事會二〇一四年合作推出「分享內容前請三思」指南，二〇一五年推出「預防霸凌中心」。

網際網路內容包羅萬象，與實體社會一般，網路涉及的新興議題或問題由各目的事業主管機關依權責處理；台灣於二〇一一年十一月三十日修正兒童及少年福利與權益保障法第四十六條：為防止兒童及少年接觸有害其身心發展之網際網路內容，由通訊傳播主管機關召集各目的事業主管機關委託民間團體成立內容防護機構。

國家通訊傳播委員會召集各目的事業主管機關委託民間團體成立內容防護機構，藉由內容防護機構建立溝通機制，推動業者自律及適時擔任政府、民間團體及業者溝通平台角色，提供有效率的網路內容爭端解決機制，建立產官共管，促進產業發展與創新。

為即時處理民眾有關網路問題之申訴案件，國家通訊傳播委員會自二〇一〇年八月二日起依行政院國家資通安全會報第十七次委員會議決議，

與教育部、內政部兒童局、內政部警政署、經濟部工業局及經濟部（商業司）共同設置「WIN 網路單 e 窗口」（網址：www.win.org.tw）。透過專業人員及電子信箱作業系統，將民眾申訴案件轉請相關權責機關或網路平台業者妥善處理，使民眾對網路內容安全疑義，能快速獲得回應。

經由白絲帶關懷協會二〇一一年通過公開投標、承辦之 WIN 網路單 e 窗口專案計畫，先後受理有關兒少色情、網路性交易、未經認證的性侵藥品網路廣告等申訴案件，相關違法與有害兒少身心健康的訊息，經由函轉目的事業主管機構，網站業者已依據兒少法進行移除，所屬縣市警政單位也查獲性交易等不法情事。相關案例可參考**表 8-1**（黃葳威，2014）。

表 8-1　白絲帶-WIN 網路單 e 窗口受理兒少色情分辦案件

案件	處理狀況
爸爸拍攝兒少色情影片	已移除
綺麗影城	評議小組投票決議處理，目前網站具分級及會員制
援交網頁	台北市警察局破獲性交易
性藥品專賣	桃園縣警察局來文依法懲處
色情網站	函轉宜蘭縣警察局，網站已移除

WIN 網路單 e 窗口自二〇一〇年八月二日上線至二〇一三年十二月申訴量累積達 28,039 件。二〇一〇年八月至十二月申訴案件為 2,145 件；二〇一一年度一月至十二月申訴案量 7,037 件；二〇一二年度 8,914 件；二〇一三年度申訴案量 9,943 件。iWIN 網路內容防護機構 103 年度受理案件一月至三月申訴案量 2,475 件，二〇一四年三月有 796 件。

iWIN 網路內容防護機構根據「兒童及少年福利與權益保障法」第 46 條設立，經由公開招標，由得標民間團體中華白絲帶關懷協會承接，於二〇一三年八月二十九日正式成立。

　　兒少法第 46 條揭櫫：網際網路平台提供者應依防護機制，訂定自律規範採取明確可行防護措施；未訂定自律規範者，應依相關公（協）會所定自律規範採取必要措施。網際網路平台提供者經目的事業主管機關告知網際網路內容有害兒童及少年身心健康或違反前項規定未採取明確可行防護措施者，應為限制兒童及少年接取、瀏覽之措施，或先行移除。前三項所稱網際網路平台提供者，指提供連線上網後各項網際網路平台服務，包含在網際網路上提供儲存空間，或利用網際網路建置網站提供資訊、加值服務及網頁連結服務等功能者。

　　資訊社會發展過程，每個人都成了資訊的提供者及接受者的角色，其資訊行為也直接或間接影響到個人與群體的權益，因此亟待資訊倫理與道德的建立，即在法律規定之前，對每個人使用資訊的行為，及早建立倫理的觀念，實踐與落實資訊倫理規範之建立（王貴珠，2006）。

　　談及專業倫理與社會責任，社會作為一個公平合作機制，他人的禍福會影響到繼續合作的意願，間接則會影響到自己的生存處境；一個社會如果忽視專業人員的社會責任和公共利益，最後必然會淪為弱肉強食、人心不安的自然狀態。因此倫理道德並不是教條，而是幸福生活的鎖鑰（林火旺，2006）。

　　不論從兒少法法源或社會責任論的觀點，資訊社會的資訊媒體產業，在兼顧言論自由、自由競爭以及維護兒少權益的前提下，建立自律公約或條款，既符合全球化資訊社會公民的期待，也反映各產業對於企業社會責任與公共利益的關注與否。

　　本文將參考兒少法四十六條第六款：推動網際網路平台提供者建立自律機制，探討過去三年被網路公民通報的網際網路平台提供者，其所提供之使用者自律調整，是否符合網路平台提供者之自律與企業社會責任價值？

參、案例分析設計

本章兼採文獻分析與文本分析法,檢視網際網路平台在兒少上網安全的社會責任表現?首先,根據近三年受理網路公民通報的網路平台者,蒐集相關使用者條款資料,進行比較分析,比較各網路平台提供業者對於網路自律的觀點,與如何落實和實踐。

兒少法第四十六條明文規定:為防止兒童及少年接觸有害其身心發展之網際網路內容,由通訊傳播主管機關召集各目的事業主管機關委託民間團體成立內容防護機構,並辦理下列事項:

一、兒童及少年使用網際網路行為觀察。

二、申訴機制之建立及執行。

三、內容分級制度之推動及檢討。

四、過濾軟體之建立及推動。

五、兒童及少年上網安全教育宣導。

六、推動網際網路平台提供者建立自律機制。

七、其他防護機制之建立及推動。

同時,網際網路平台提供者應依前項防護機制,訂定自律規範採取明確可行防護措施。

WIN 網路單 e 窗口成立三年以來,受理申訴的網際網路平台提供者包含:痞客邦(Pixnet)、中華電信(CHT)、蕃薯天空(yam)、聯合新聞網(UDN)、中時電子報、FC 部落格(FC)、露天拍賣(Ruten)、雅虎奇摩(Yahoo)、雅虎拍賣(Yshop)、優仕網(Youth)、愛情公寓(i-Part)、網路家庭(PChome)等。

十二家網際網路平台提供者計有痞克邦、FC 部落格等兩家部落格；兩家新聞網站如聯合新聞網和中時電子報；三家綜合性網站有蕃薯天空、雅虎奇摩、網路家庭；兩家拍賣網站包含露天拍賣、雅虎拍賣；兩家社群網站有優仕網、愛情公寓；一家電信產業網站中華電信。

研究者首先蒐集上述網際網路平台提供者之使用者自律條款，並以兒少法四十六條為比較基礎，進行分析探討。

肆、網路平台自律機制

兒少法四十六條的主要任務分別有：兒童及少年使用網際網路行為觀察、申訴機制之建立及執行、內容分級制度之推動及檢討、過濾軟體之建立及推動、兒童及少年上網安全教育宣導、推動網際網路平台提供者建立自律機制、其他防護機制之建立及推動等七大任務，以及訂定規範防護、兒少接取移除、家長接取移除、使用會員自律、商業行為、侵犯隱私非法處理等。

首先，以兒少行為觀察為例，十二家網際網路平台提供者對於相關數據的提供或觀察，付之闕如。

申訴機制建立方面，僅有中華電信、蕃薯天空、雅虎奇摩、雅虎拍賣網有提供相關資訊。

內容分級推動部分，十二家中有中華電信、蕃薯天空、露天拍賣、雅虎拍賣、愛情公寓等五家，有揭露相關資訊。

相關過濾軟體資訊，十二家網際網路平台提供者皆沒有提供。

兒少上網安全宣導資訊，僅雅虎奇摩、優仕網、愛情公寓等三家提供相關內容。

平台提供者自律資訊部分，除痞客邦、聯合新聞網、中時電子報之外，

其餘九家皆有提供相關訊息。

其他防護機制上，僅蕃薯天空有提供相關訊息。

訂定防護規範資訊，除聯合新聞網外，其餘十一家皆有提供。十一家中痞客邦、中時電子報兩家以宣示使用者自負其則為主。

兒少接取移除方面，有蕃薯天空、中時電子報、FC 部落格、露天拍賣、雅虎奇摩、優仕網、愛情公寓等七家提供。

家長接取移除資訊，包含痞客邦、中華電信、蕃薯天空、中時電子報、雅虎奇摩、優仕網及愛情公寓等七家。其中痞客邦、中時電子報皆提醒使用者自行負責。

有關使用會員自律方面，除痞客邦、聯合新聞網、網路家庭沒有提供，其餘九家均有提供資訊。其中中時電子報呈現使用者自行負責。

商業行為保護資訊上，聯合新聞網、中時電子報、FC 部落格、雅虎拍賣、愛情公寓及網路家庭等。

在侵犯隱私非法部分，除痞客邦、露天拍賣未提供，十家皆有相關訊息說明。

整體來看，十二家網際網路平台提供者對於兒少上網行為觀察、過濾軟體資訊提供，十二家網路平台提供者首頁或使用者條款，皆缺乏相關資訊之揭露。雖然這兩項任務需要一定經費之投入，才可進行相關調查或過濾軟體研發，但提供有關兒少上網行為觀察資料，或過濾軟體資訊，僅需要蒐集整理即可，並非難以達成。

不可否認，不同類型的網際網路平台提供者，可提供合適或需特別強調的使用者條款內容。然而，比較相同類型的網際網路平台提供者，仍可呈現平台提供者對於服務使用者之自律與其社會責任出發點。

1.部落格：以痞克邦、FC 部落格等兩家部落格業者為例。

痞克邦對於使用者服務條款之範圍，相當有限。僅觸及訂定規範防護、家長接取移除等內容，且說明以告知使用者自行負責為主，完

全避談業者層面之自律與社會責任等。

FC 部落格使用者條款內容，提及平台提供者自律、訂定規範防護、關注兒少接取移除與家長接取移除、使用會員自律、商業行為及侵犯隱私非法行為之限制等。

2.新聞網站：兩家新聞網站如聯合新聞網和中時電子報。

兩家對於部落格留言涉及侵犯隱私或非法等，皆有明確提醒與說明。其次關注涉及商業行為之言論。但是，中時電子報要求使用者自行負責。事實上，中時電子報的使用者條款也提供訂定規範防護、兒少接取移除、家長接取移除，與使用者自律等，但也聲明使用者自行負責。

3.綜合性入口網站：三家綜合性網站有蕃薯天空、雅虎奇摩、網路家庭。以蕃薯天空的使用者條款較完備，條文內容說明申訴機制服務、內容分級觀念、提醒內容提供者自律，也有分區陳列等其他防護機制、訂定規範防護、家長接取移除與兒少接取移除之警語、會員使用自律及關注侵犯隱私非法行為等。

雅虎奇摩綜合入口網站相關條款也算周全，相較蕃薯天空綜合入口網站，雅虎奇摩未觸及內容分級觀念，但有提供兒少上網安全宣導之內容。

網路家庭綜合入口網站的使用者條款，相當有限，僅僅陳列平台提供者自律說明、訂定規範防護，以及涉及商業行為或侵犯隱私非法行為之宣示。

4.拍賣網站：兩家拍賣網站包含露天拍賣、雅虎拍賣。

以雅虎拍賣網站相關說明較多元，包含申訴機制提供、網路廣告內容分級、平台提供者自律、訂定防護規範、使用會員自律要求、涉及商業行為或侵犯隱私非法行為之警示等。

露天拍賣之條款內容僅觸及內容分級觀念、平台提供者自律、訂定

規範防護、使用會員自律等；與雅虎拍賣有別的是，露天拍賣有兒少避免接取移除之警語。

5.社群網站：兩家社群網站優仕網、愛情公寓。

相較之下，愛情公寓社群網站之自律條文，較優仕網涉及多面向。愛情公寓提供之使用者自律條款，涉及內容分級觀念、兒少上網安全宣導、平台提供者自律、訂定規範防護、兒少接取移除與家長接取移除之警語、使用會員自律，以及商業行為或侵犯隱私非法行為之警語。

相較於愛情公寓，優仕網使用者條款內容之內容分級觀念，以及商業行為之處置等，並未提及。

6.電信產業網站：一家電信產業網站中華電信。中華電信使用者條款內容包括申訴機制說明、內容分級觀念、平台提供者自律、其他防護機制、訂定規範防護、家長關注接取移除事宜、使用會員自律提醒、商業行為與侵犯隱私非法行為之警語等。

中華電信之使用者條款涉及範圍尚稱寬廣，可惜輕忽行動上網時代之兒少上網安全宣導，也未宣示限制兒少接取移除，或網友間商業行為之提醒。

亞里斯多德提及「行動」（Gómez, 2006），包含自發性與非自發性的行動，其中非自發性行動計有無意造成（caused by ignorance）或無意完成（done by ignorance）兩種。無意造成如同有外力介入造成。

自發性行動為最值得尊敬的自我管理機制或自律行動，無意造成之非自發性行動可能受到外力的影響而促成；無意完成則如同無心插柳柳成蔭。

法律為保護公民權益之最後防線，兒童及少年福利與權益保障法早在二〇一一年下半年通過，其中明文規定網路平台業者自律之必要性：網際

網路平台提供者應依前項防護機制，訂定自律規範採取明確可行防護措施；未訂定自律規範者，應依相關公（協）會所定自律規範採取必要措施。

　　這代表網路平台業者應提供使用者條款等相關自律規範，且採取明確可行之防護措施。

　　從網路成為媒體的角度審視，媒體問則對於傳播媒體社會責任論的主張，認為必須採取必要的介入以確保媒體發揮其社會責任。

　　換言之，兒少法賦予網際網路平台提供業者應自律之規範，目的為確保其發揮社會責任，也屬於（平台業者）無意造成之非自發性行動。

　　然而，分析十二家網路平台業者之使用者條款內容發現，多數網際網路平台提供業者在網路平台有關商業行為、或申訴機制建立資訊揭露，顯然有限。這意味著網路平台業者之社會責任不僅在自發性的行動，即便非自發性行動，也待檢視。

伍、結論、討論與建議

　　企業社會責任包含四面向（Ferrell, Fraedrich & Ferrell, 2009）：經濟、法律、道德和自願（含慈善）等。當我們從企業社會責任觀察網際網路平台提供業者之社會責任，十二家平台業者之社會責任依其重視程度先後為：經濟責任、法律責任、道德責任與志願責任。

　　分析十二家網際網路平台提供者的網站類別，有部落格、新聞網站、綜合性網站、拍賣網站、社群網站以及電信產業網站。

　　從網路安全進入公民參與的階段，網站業者之企業社會責任涵蓋範疇與一般企業有別，在於網際網路為接觸網友或機構的公開載體，其所服務的對象包羅萬象。站在業者的角度，擔負經濟責任責無旁貸，在法律或道德，甚至志願責任，則因平台業者而異。

表 8-2　十二家網際網路平台提供者自律條款比較

	Pixnet	CHT	yam	UDN	C	FC	Ruten	Yahoo	Yshop	Youth	iP	PChome
兒少行為觀察												
申訴機制建立		X	X					X	X			
內容分級推動		X	X				X		X		X	
過濾軟體推動												
兒少上網宣導								X		X	X	
平台提供者自律		X	X			X	X	X	X	X	X	X
其他防護機制			X									
訂定規範防護	X 自	X	X		X 自	X	X	X	X	X	X	X
兒少接取移除			X		X 自	X	X	X		X	X	
家長接取移除	X 自	X	X		X 自	X		X		X	X	
使用會員自律		X	X		X 自	X	X	X	X	X	X	
商業行為				X	X 自	X			X		X	X
侵犯隱私非法		X	X	X	X			X	X	X		X

註：X 表示業者服務條款有提及相關服務；「X 自」表示業者服務條款將相關義務與權責轉嫁給網路使用者方；Pixnet 表痞客邦；CHT 表中華電信；yam 表蕃薯天空；UDN 表聯合新聞網；C 表中時電子報；FC 表 FC 部落格；Ruten 表露天拍賣；Yahoo 表雅虎奇摩；Yshop 表雅虎拍賣；Youth 表優仕網；iP 表愛情公寓；PChome 表網路家庭。

前述十二家網路平台業者以綜合性網站、電信產業網站的使用者條款較完備，與其服務業務及對象多樣化有關，比較相關平台業者即便因成本考量沒有進行兒少上網安全觀察，但是，也沒有以超連結或其他方式，定期揭露兒少上網行為觀察資訊。

部落格、新聞網站與社群網站平台的服務對象以個別網友居多，其服務對象難以預測，相較比較不具體，可惜在法律層面仍輕忽相關法律責任訊息提供，其中部落格平台業者尤其迴避集體或企業層面之法律責任、道德責任，或志願責任，流於個人層面之責任。亦即，僅提醒使用者「自求多福」！

其實，包含部落格、新聞網站與社群網站平台似可以其專業經驗，建立相關知識管理系統與溝通管道，如強化其志願責任，加強與社區或網友溝通資訊素養觀念。

拍賣網站理應關注消費者權益，照理應對法律及避免造成消費權益受損格外重視，卻仍有忽略申訴機制與消費行為等訊息之情事。除應重視與法律責任與道德責任相關違法或避免有害之訊息告知責任外，能否累積其網路拍賣案例，在網路平台善盡告知職責？或透過傳遞網路消費權益方式，實踐網站平台業者之志願責任？值得後續努力。

參酌相關文獻，個人層面的責任需要個人主動承擔，其責任可被檢視且具延續性，有時也可能形成典範。

集體層面的責任涵蓋機構與其成員，責任有一定時間歷史延續性，機構代表人需概括承擔經機構整體通過、共同認同之責任與義務，且形成機構整體之責任。

相較個人、集體之社會責任，企業社會責任的涵蓋對象有投資股東、所在地社會法治結構、免於傷害之價值，以及所在社區等。

台灣在推動網路安全的發展，先後從非法導向、分類導向至參與導向，在公民參與的時代，除留意法律這道最後防線外，關注分類並重視公民參

　　與也應並駕齊驅。網路平台業者是否準備好了呢？

　　　很明顯地，網站平台業者在兼顧其經濟責任外，目前在法律責任之實踐仍力有未逮，進一步的道德責任或志願責任之關注與實踐之可能性，也尚待數位社會公民之觀察及檢視。

參考書目

一、中文部分

王貴珠（2006）。〈二十一世紀資訊科技對倫理價值的探討〉。《警學叢刊》，36(4), 325-336。

李瞻（2009）。「英美報業危機與社會責任論及新觀念之誕生」，機構典藏演講。台北市：國立政治大學。

林火旺（2006）。《道德──幸福的必要條件》。台北市：寶瓶文化。

吳明烈（2002）。〈全球數位落差的衝擊及終身學習因應策略〉。中華民國成人教育學會主編，《全球化與成人教育》，頁 301-329。台北市：師大書苑。

黃葳威（2008）。《數位傳播與資訊文化》。新北市：威仕曼。

黃葳威（2012）。《數位時代資訊素養》。新北市：威仕曼。

黃葳威（2014）。「102 年度網際網路內容防護機構計畫成果報告」。台北市：國家通訊傳播委員會。

戴鑫譯（2007）。Siebert, F., Perterson, T., & Schramm, W.著。《傳媒的四種理論》。北京市：中國人民大學出版社。

歐盟（1996）。「網路上非法與有害內容」（illegal and harmful content on the internet）。網址：http://www.cordis.lu/en/home.html。

嚴恆元（2004）。「『莫讓網吧毀了孩子』系列報導之五：美國政企共管網路安全」（2004/02/10）。網址：http://www.ce.cn/cysc/it/xwy/hlw/t20040212_319087.shtml。

二、英文部分

Ferrell, O. C., Fraedrich, J. & Ferrell, L. (2009). *Business Ethics, Decision Making and Cases*. South Western Changing Learning.

Fingarette, H. (2004). *Mapping Responsibility: Explorations in Mind, Law, Myth, and Culture*. Open Court, Chicago.

Gómez, L. L. (2006). Acción voluntaria y responsabilidad en Aristóteles. *III Jornadas Filologicas: Noel Olaya Perdomo*, 139.

McKeon, R. (1957). "The development and the significance of the concept of responsibility". *Revue Internationale de Philosophie*, XI, no. 39, 3-32 .A historical study of the concept, stressing its political roots.

McQuail, D. (2010). *Mass Communication Theory* (6th edition). London: Sage.

O'Briain, M., Borne, A. & Noten, T. (2004). Joint East West Research on Trafficking in Children for Sexual Purposes in Europe: the sending countries, UK: ECPAT Europe Law Enforcement Group.

Williams, G. (2004). "Two approaches to moral responsibility Part I". *Journal of Philosophy*, 6, 1-8.

新聞傳播叢書

數位時代網路治理

作　　者／黃葳威
出 版 者／揚智文化事業股份有限公司
發 行 人／葉忠賢
總 編 輯／閻富萍
地　　址／新北市深坑區北深路三段 260 號 8 樓
電　　話／02-8662-6826
傳　　真／02-2664-7633
網　　址／http://www.ycrc.com.tw
　E-mail　／service@ycrc.com.tw
　I S B N　／978-986-298-297-6
初版一刷／2018 年 9 月
定　　價／新台幣 350 元

國家圖書館出版品預行編目（CIP）資料

數位時代網路治理 / 黃葳威著. -- 初版. --
　新北市 : 揚智文化, 2018.09
　　面；　公分. --(新聞傳播叢書)

　ISBN 978-986-298-297-6(平裝)

　1.數位傳播　2.資訊傳播

541.83　　　　　　　　　　　107013944